我们这样教语文

WOMEN ZHEYANG JIAO YUWEN

——核心素养视角下的初中语文教学策略

主编　崔立红

编委　崔立红　杨坤　于珍　姜媛媛

杨金利　姬佳佳　融蓉

天津社会科学院出版社

图书在版编目(CIP)数据

我们这样教语文 ：核心素养视角下的初中语文教学策略 / 崔立红主编. -- 天津 ：天津社会科学院出版社, 2019.12

ISBN 978-7-5563-0608-4

Ⅰ. ①我… Ⅱ. ①崔… Ⅲ. ①中学语文课-教学研究-初中 Ⅳ. ①G633.302

中国版本图书馆 CIP 数据核字(2020)第 003183 号

我们这样教语文 ：核心素养视角下的初中语文教学策略
WOMEN ZHEYANG JIAO YUWEN:
HEXINSUYANG SHIJIAOXIA DE CHUZHONGYUWEN JIAOXUECELUO

出版发行：天津社会科学院出版社
出 版 人：张博
地 址：天津市南开区迎水道 7 号
邮 编：300191
电话/传真：(022)23360165(总编室)
(022)23075303(发行科)
网 址：www.tass-tj.org.cn
印 刷：北京建宏印刷有限公司

开 本：787×1092 毫米 1/16
印 张：15.25
字 数：250 千字
版 次：2019 年 12 月第 1 版 2019 年 12 月第 1 次印刷
定 价：58.00 元

编委会

主　编　崔立红

编　委　崔立红　杨　坤　于　珍　姜媛媛

杨金利　姬佳佳　融　蓉

内容简介

为促进深度学习，激发课堂活力，提升学生语文核心素养，崔立红名师工作室的七名教师围绕"基于核心素养，落实高效教学"这一主题展开实践研究。本书是对七名优秀教师教学实践的提炼、概括和总结，内容涉及写作、阅读、名著导读、德育渗透、信息技术融合等初中语文教学热点、难点问题，对广大一线教师的教学和研究具有启示和借鉴意义。

目　录

第一部分　实践研究

第一章　妙笔生花——破解写作教学难题 …………………………………………（3）
第一节　语文写作教学现状 ……………………………………………………（3）
第二节　引入叙述者理论 ………………………………………………………（5）
第三节　微点写作教学 …………………………………………………………（32）
第四节　注重读写训练 …………………………………………………………（41）
第二章　问道课堂——提高阅读教学效益 ……………………………………（48）
第一节　主问题教学，释放课堂活力 …………………………………………（48）
第二节　从游式教学，引导自主学习 …………………………………………（56）
第三节　深度教学，促进思维发展 ……………………………………………（61）
第四节　创新设计，提升综合能力 ……………………………………………（70）
第三章　阅读悦享——推进名著阅读教学 ……………………………………（76）
第一节　名著阅读课程化的实施策略 …………………………………………（76）
第二节　读前“引读课”授之以渔 ……………………………………………（82）
第三节　读中“推读课”事半功倍 ……………………………………………（95）
第四节　读后“提读课”点石成金 ……………………………………………（104）
第五节　找准切入点，深入阅读文本 …………………………………………（110）
第四章　含英咀华——有效开展古诗文教学 …………………………………（118）
第一节　创设情境，审美鉴赏 …………………………………………………（118）
第二节　注重朗读，培养语感 …………………………………………………（127）
第三节　由言及文，深入文本 …………………………………………………（143）

第四节　关注生活，主体参与 …………………………………………… (148)
第五章　以文化人——巧妙进行德育渗透……………………………………… (154)
第一节　链接内外资源，加强生命教育 …………………………………… (154)
第二节　坚持多措并举，落实立德树人 …………………………………… (158)
第六章　善假于物——融合技术助推发展……………………………………… (163)
第一节　技术融合势在必行……………………………………………… (163)
第二节　典型问题不容回避……………………………………………… (168)
第三节　阅读教学融合策略……………………………………………… (171)
第四节　文言教学融合策略……………………………………………… (179)
第五节　写作教学融合策略……………………………………………… (183)
第六节　融合的效果与建议……………………………………………… (193)

第二部分　且读且思

心灵碰撞与教育断想——读《顾明远教育口述史》有感…………………… (201)
哲学的意义——读《中国哲学简史》有感……………………………………… (208)
换个角度看教育——读《教育哲学》有感……………………………………… (211)
育人的本质——读《爱弥儿》有感…………………………………………… (214)
熟读深思子自知——读《爱弥儿》《苏东坡传》有感…………………………… (216)
教学需要“顿悟”——读《课堂观察——顿悟的艺术》有感…………………… (218)
教育的使命与担当——读《在教育家的智慧里呼吸》有感…………………… (223)
读出一片新天地……………………………………………………………… (227)
师生共读，同生共长 ………………………………………………………… (231)

参考文献………………………………………………………………………… (234)

第一部分

实 践 研 究

第一章　妙笔生花

——破解写作教学难题

第一节　语文写作教学现状

一、“小散文”的文体特质决定了写作教学“无法可教”

我们强调写作要写出“真情实感”，但是学生作文普遍缺少“真情实感”。没有哪一个学生愿意说假话，也没有哪一个老师愿意学生说假话，但事实上大多数学生在写作时都在说假话。这是为什么呢？因为学生从小学到中学，尽管很多作文题都要求写记叙文，但学生写出来的作文几乎都是“散文”。王荣生教授称之为“小散文”，或者叫“不登大雅之堂的散文”①。现当代散文的核心是独抒心意。散文文体有两大特征：内容上强调独特的感悟，形式上强调独特的表达。这两大特性决定了这种形式的写作是教师教不了的。教不了，只能触发，只能培育。

二、学生缺少生活积累导致写作内容较为单一

写作是对生活经验、情感世界的投射。中学生长期生活在家和学校两点一线的生活环境中，大多数学生直接接触社会的机会较少。即使接触，也多为影视剧、网络小说、明星动态等他们感兴趣的方面。作文内容千篇一律，多关注“自我”情感，缺少对社会的深刻认识。这就需要教师引导学生通过多种途径增进对社会的

---

① 王荣生. 写作教学教什么[M]. 上海：华东师范大学出版社，2014：8.

了解，丰富他们的情感体验，为写作积累新鲜的素材。提到积累，以往我们的做法多是引导学生积累好词好句或名家名篇；练笔，往往是写随笔、日记、周记等。对于这样的写作训练，学生常常非常头疼，一是他们认为没有可写的素材，二是训练形式枯燥单一。因此，学生很少“走心”，多是机械化地完成作业，久而久之失去了写作兴趣。

三、学生缺少写作“语境”导致“说”来容易“下笔”难

我们常常可以看到这样的怪现象：有些学生特别善谈，和同学聊天“滔滔不绝”“口若悬河”，但是让他写作文却难以下笔。难道学生不喜欢、不善于文字表达吗？事实恰恰相反，他们非常喜欢表达，也善于表达。各校贴吧上犀利的语言、QQ 群里的“长篇大论”都是他们敢于表达、乐于表达、善于表达的最好证据。为什么学生会出现上述情况呢？因为缺少了“交际语境”。王荣生等教授通过对叶黎明《语文科写作教学内容研究》、魏小娜《语文科真实写作教学研究》、荣维东《写作课程范式研究》、周子房《写作学习环境的建构》等多篇博士论文的研究得出了两个结论：“写作是特定语境中的书面表达；写作活动是在特定语境中构造语篇。”①学生无话可说，一方面是缺少丰富的生活经验和情感体验，另一方面在于缺少依据作文题目联想、调取生活经验和情感体验的能力。这就告诉我们，要善于把生活中的人、事、情融入写作教学，从而创设丰富的“语境”，活跃学生的思维，激发课堂的活力，使他们“有话可说，有话可写”。

四、学生的写作行为方式违背写作实践影响作文质量

写作的过程及步骤是一个非线性的过程，从构思到起草，再到修改、修订、发表，这是一个循环往复的过程。换句话说，写作应该是不断修改的过程。以往，我们教写作，先引导学生构思，想好后下笔成文，40～50 分钟完成，然后做一点修改，有些甚至没有修改。这样的写作行为方式是违背写作实践的。除了极少数写作能力强的学生外，大部分学生的文章是需要反复修改的。因此，除了考场作文外，我们应该让学生养成边写边修改的习惯。

---

① 王荣生．写作教学教什么[M]．上海：华东师范大学出版社，2014：11．

五、作文评改低效

新课程改革以来，初中语文作文教学已经探索出许多成功的模式，积累了很多成熟的经验。例如“程序教学法”着眼增强学生写作组织系统化，强调对学生进行系统地作文训练；“趣味作文教学法”是从激发学生写作兴趣入手，调整学生的写作动机，进而提高写作能力……这些模式与经验在提高学生语文写作水平方面起到了积极的推动作用。但是，这些模式很少涉及作文批改的问题。

作文批改问题始终是困扰多数语文教师的难题。如果每份作文都详批详改，不仅耗费很多时间，而且学生也未必重视。往往是教师将作文带回家，通宵达旦地批改，转天发给学生时，获得好评的学生也许仔细地看一看，也许只扫两眼评语，至于老师的精心修改则视而不见。倘或是教师直白地提出建议或批评，学生干脆将作文揉作一团直接扔进书箱。如此令人心寒的场景，作文教学“投入”和“产出”比例失衡的现实，都在消磨着语文老师的耐心，对于作文的批改有时不得不采取粗批形式。有时只简单地写一个“阅”字和日期，有时在此基础上多一个分数或等级。有的教师可能会说：“不是还有作文讲评课吗？”但一般的作文讲评课不外乎“读范文、说问题”两个环节，教师讲得多，学生参与得少，而且作文讲评课更多的是解决学生习作中的共性问题，很难解决学生的个性问题。因此，学生写作水平的提高是缓慢的。

第二节　引入叙述者理论

语文教育以人为本，以人的言语生命、精神生命教育为本。语文教育是人性的唤醒和回归。潘新和如是说：“人因表现而存在，人因立言而不朽。写作使短暂的生命超越时空、光耀百代。语文：指向表现与存在。不以此为目的的语文教育，便是低效、无效教育。”①

写作教育是初中语文教学中的重要问题。孩子是人世间最强大的创造者，他们用自己的思维、眼光去反射社会的形形色色。他们的语言生动而富有活力，他们

① 转引自潘新和．不写作，枉为人[M]．福建：福建教育出版社，2015：6.

的表现淳朴而极具创造力。但是这样的他们一到书面表达，我们就会发现其文字不仅是苍白无力，有时连叙事的逻辑也是极端混乱的。这样的写作何谈什么“写作素养”。

姜建邦，半个多世纪前的一位民国中学教师，他通过调查统计出学生提出的十五种作文的困难。归纳起来有三个方面：一是作文的内容，二是作文的技巧，三是作文的环境。前两个困难其实就是写什么和怎么写的问题。时隔半个多世纪之久，这三个问题仍是阻止学生进步的天堑鸿沟。

法国当代哲学家萨特说：“我只喜欢词语，我将在词语天国那蔚蓝色的眼睛的注视下建造起话语的大教堂，我将为千秋万代而建造。……将来人类灭亡了，而我的作品仍将在破败的图书馆里继续存在下去。”①正如大师所言，语文教学归根结底就是作文教学，只有写作能够让精神永存，所以，对于语文教师而言所有教学的目的应该指向一个，那就是全面提升学生的写作素养，而学生写作素养的提高根本上是应该基于自身的领悟和系统的培养才可以做到。

人类在社会中生存具有社会性，在生活实际中，只要有社会性交往就会发生事情，有事情就会需要将自己的观察、经验、理想、情绪……展现给人看，以求得交流、发展、共情。这种展示越广泛越好，于是就有了口语交际，有了交流动作，甚至出现一些独特的艺术形式，比如歌唱、表演等，但是这种口语交流不易留存，易失真，于是我们就发现在各种纷繁的交流形式中最便捷、普遍的当推写作。

潘新和教授曾指出：“维持生命的生存，是动物性需求。精神的滋养、存在，才是人性需求。精神生命是以精神创造来呈现的。精神创造，主要是以言语表现——写作的形态展示的。”②人以写作彰显人性，体现生命的意义和价值。人的肉体生命在历史的长河中弹指挥间，唯有精神生命——写作可以永垂不朽。写作好，就是语文好，写作能力是语文能力的集中体现，是人的语文素养的集中体现。

记叙文写作在初中学生写作训练中尤为重要。记叙文就是写人记事，事就是生活中真实发生的，一般按照时间顺序来推进，而由事件的发展变化最终成为文章，那就要用到叙事技巧了，由叙单组事件的时间段落，叙复组事件的空间范围，因果关系的明确等构成，也就是如何将事件转变为波澜曲折的故事。文章的叙事是

---

① 转引自潘新和.不写作，枉为人[M].福建：福建教育出版社，2015：5.

② 转引自潘新和.不写作，枉为人[M].福建：福建教育出版社，2015：3.

否有理法规矩，是否明确顺畅，是否波澜起伏等直接决定叙事作品能否成功。所以，在初中阶段还是应该引入必要的叙事学知识来引导学生更有效地借助叙事来构建自己的精神家园。

一、记叙文写作是语文教学的重要内容

孔子在两千多年前就设“言语”科。言语就是说、写。语文学科的终极目的就是说和写。“我写，故我在”[①]“人的生命特性可称为言语生命。言说、写作，是人的确证、自证。这就是人的言语生命意识，是语文课程人文性的基本含义。”“人之所以为人者，言也。人而不能言，何以为人?”[②]由此可见“立言”何其重要，自古至今写作都是语文学习的重要内容。

《语文课程标准》中也对写作指出，“写作时考虑不同的目的和对象”“写记叙性文章，表达意图明确，内容具体充实”“语文课程致力培养学生的语言文字运用能力，提升学生的综合素养”“注重语言的积累”“训练语感”“具有能适应实际需要的听说读写能力”“语文教学既要重视语文的熏陶作用，也要重视学生的独特体验”。[③] 对于独特体验的表述方面，自然是写人记事对于初中学生的创作来讲更显得心应手一些。分析课标对学生语文学习的要求，我们发现写作尤其是记叙文写作能力的培养是初中语文学习的重要内容，更是学生语文素养的综合体现。

（一）叙事类写作是个人成长、社会发展的需要

现今社会多元化，挑战与机遇并存。高智能、信息化的社会使得交流越来越快捷，越来越迅速，信息量也越来越大。现今的学生广泛接触电子产品和新媒体，他们对于阅读和写作的认可度越来越低，日新月异的社会进程使他们对于流行作品趋之若鹜，而对于经典名著则避之不及，觉得纸介的阅读不时髦，不快捷，不符合现今的快餐文化。于是，弊端也随之出现，由于经典文化积淀的不够，使得他们不愿提笔写作，不会提笔写作，他们认为写作无用，对于写作的重视程度越来越低，甚至有些学生认为写作无用，在宿构作文为人诟病的时代，更是以背作文替代了自主的作文创作。这是一个极大的误区。

---

① 转引自潘新和，不写作，枉为人[M]. 福建：福建教育出版社，2015：23.

② 《春秋·穀梁传·僖公二十二年》

③ 中华人民共和国教育部. 义务教育语文课程标准（2011 年版）[S]. 北京：北京师范大学出版社，2012：1—17.

（二）学生书面叙事的现状

1. 写作的动机

“动机，在心理学上一般被认为涉及行为的发端、方向、强度和持续性。在组织行为学中动机主要是指激发人的动机的心理过程。”写作的动机就是驱使作家投入文学创作的内在动力。写作的动机有些是因为感情喷薄亟待宣泄，有些则是“大凡物不平则鸣”，总之有动机才会有创作，有动机支配的自然创作才会使作品能充分表现出作家所要表达的内容。

初中生的写作自主性缺乏，更多是为了应试而强迫进行的作文创作。这种考场的作文创作毫无动机可言，题目已经摆在那里，学生不愿意写而不得不写，不会写而不得不写，再加上即使有内容可写，好像又没有什么具体的方法可循。于是在限时的作文考察中，学生只能借助现有的资料和作文的提示语，揣摩自己的积蓄，绞尽脑汁地构筑文章，甚至有些学生只图字数，应付考试即可，章法、结构、修辞毫无目的一股脑反映在作文中，而根本没有任何精神可言，总是写一些不知所言的内容，套用一些既有的格式，后来，为了得高分就出现了套作、背作文的怪现象。以上这些就是写作动机缺失的后果。其实初中生胸中是有积蓄的，如果学生能把自己的观察、既有的知识和在某些环境中阐发出的情思主动地运用科学合理的方法转化为文从字顺，生动可感的文字，必然是好文章。那么如何引导学生将胸中的积蓄倾吐出来，最重要的当然是要有恰当的写作动机，比如学生在QQ空间中的真情流露，微博上的片段文字，微信上的心灵鸡汤等，这些随意的创作一方面说明每个学生都是写作的天才，另一方面在这些文字创作的背后，我们发现学生的创作动机对写作确实起到了决定性的作用。这就给教师的作文教学提出了一个课题——如何在学生写作动机充分的基础上引导学生借助科学合理的作文法使学生的文字飞扬起来。

2. 叙事方法的缺失

作文的立意一般涉及生命、成长、情感、兴趣四大类。近几年初中生考场作文创作的立足点也主要是涉及成长和生命类题材较多。

赞叹生命的美好，感谢成长的历练，回首过去的历程，激发前进的动力，是主要的立意方向。对于这样的作文，大部分学生会选择叙事性的作文来创作。

通过分析学生反馈的作文，我们发现学生在考场或平时作文中下笔是比较盲目的，他们看到题目后有所想，但当拿起笔来却不知从何入手叙事，在盲目和焦躁中很自然的选择在头脑已有的图式中去寻觅能用的策略和方法，而最终他们的选择就是在记忆中寻觅自己已经写过的类似的作文。

在半命题作文中，学生作文的这种盲目还表现在对题目的选择上，他们在写作伊始往往刻意追求新颖或积极向上的鲜明观点。从未考虑过这种题目虽然值得写，可是“我”能不能写，会不会写，用什么方法写。譬如：有一个学生在面对题目“我终于______”，学生写“我终于摆脱了手机的束缚”，内容大抵是，手机游戏影响他的学习，决心摆脱束缚，关机，读书，心烦意乱，不受控制又拿起手机，顿悟，再度收起手机，静心读书，收获成功。这应当是一个值得写的题目，手机是高科技产物，带给人便捷，也确实束缚人的心灵。小作者的题材选择还是比较新颖的，但是在行文过程中，学生的叙事力不从心，方法单一，文章毫无新意。

对这个题目“我”到底可不可以写呢？为什么新颖的题目在创作中还会觉得困难无比呢？

题目虽好，题材也新，但关键是将好的题材、独特的感受，怎样借助技巧进行组合，怎样表达才能使素材的展现变得文从字顺，生动形象呢？如果你自己都觉得懵懂无序，章法全无，那还写什么呢！所以再好的想法和素材，如果方法全无，只为了这个题目好，或者这个题材抓眼球，就逼迫自己写，那就不要写了。如果硬要写，那也只能泛泛地写出一些“痛苦”“纠结”“紧张”之类的形容词，自己的感受几乎没有，这种强加的了解和感受，即使写成文章，又何谈生动丰满呢？所以有时学生书面叙事产生困难，完全是囿于片面追求作文题材新颖和高大上的立意的局限，也就是说，学生一来并未说真话，抒真情；二来，没有巧妙地借助叙事方法和科学的技巧为文章锦上添花。所以这样的作文过程让学生感到：写作真困难。而读者要想与作者共情更是难上加难。

承上所说，作文是给别人读的，那么作者在创作时就要为读者着想，读者愿意读，就是愿意去了解你的感受，这样情感之间就进行了交流，经验在交流中扩大了，读者会感到无比的愉悦。如果自己的文章自己都不愿意读，就不要指望别人读了。

那么怎样才能在题材和立意把握的基础上，创作出优秀的、可读性强的文章呢？学生能做到的只能是借助事情书写“故事”，但往往这些所谓的故事其实就是流水账，流水账中的“真情实感”一点也不能打动人心。其实，学生需要的是一些方法，需要一些能指导他们恰如其分地叙事，表情达意的方法，比如，叙述者、叙述的态度、叙述的视角、叙事的顺序、描写等各种技巧。记叙文的写作只有在科学方法的帮助之下，才能更好、更容易地创作，才能更好地实现作者创作的本意，这样才能让写者轻松，读者愉悦。

1942 年，叶圣陶《略谈学习国文》："尽量运用语言文字并不是生活上一种奢侈的要求，实在是现代公民所必须具有的一种生活的能力。"①

1981 年，叶圣陶《从出题到批改——〈中学作文指导实例〉序》："练习作文是为了一辈子学习的需要，工作的需要，生活的需要……"②

1979 年，张志公《提高语文教学的效率》："为什么要培养学生写的能力，为什么要叫学生做作文？……为了日常生活要用。"③

曾国藩说："……至作文则所以沦此心灵之机也。心常用则活；不用则窒。如泉在地，不凿汲，则不得甘醴；……今古名人，虽韩欧之文章，范韩之事业，程朱之道术，断无久不作文之理。"④曾国藩之言告诉大家，学习国文，训练思想，实现成功皆要常常作文。

无论什么时代，写作能力的培养都是社会发展的必然需要。不会写作，就不能适应高智能和高挑战的工作，写作能力是现代人的基本能力之一，升学、就业都离不开写作。求职要写求职书，教师要写教学设计，律师要写法律文书，记者写新闻，科学家写论文……甚至，写信、留言条、请假条、便签、网络微博、微信，凡此种种都说明写作能力直接关系到人的生活和工作。尤其是记叙文的写作，作为社会性的人起码要对于发生的事件能有个大致的文字表述能力，就是讲故事，也要叙述地生动可感。

作文就要有作法，有准绳，有通例。高语罕曾言："文字由时间而言可以传之千百世界；由空间而言，可以传之千万里。他的组织自然要精密完整。"⑤从几位大师所言，我们发现作文能力确是社会发展的必然需要，而作文能力的培养中更重要的是要有做法的训练，记叙文的写作也不例外，因此，引入相关的理论——叙事学的理论，去指导学生作文的写作实践，将会使学生的写作更具有操作性和科学性。

---

① 转引自潘新和．不写作，枉为人[M]．福建：福建教育出版社，2015：7.

② 转引自潘新和．不写作，枉为人[M]．福建：福建教育出版社，2015：7.

③ 转引自潘新和．不写作，枉为人[M]．福建：福建教育出版社，2015：7.

④ 《曾文正公全集　复邓寅皆书》转引自高语罕．国文作法[M]．北京：北京教育出版社，2014：2.

⑤ 高语罕．国文作法[M]．北京：北京教育出版社，2014：2.

基于上文的分析，我们发现写作尤其是记叙文写作于课标的要求、人的发展都是非常重要的，是语文教学最后的归宿。初中阶段学生的作文写作主要是记叙文写作，初中作文教学上主要操作的也是记叙文写作的教学，但是，学生的写作现状到底如何呢？从作文教学的反馈上来说，效果并不尽如人意。初中阶段的学生面临着知识淡薄贫乏，缺少系统的叙事性作品的指导等问题，因此，所写的文章大体都是言而无物，单调呆板，甚至有很多初中生的记叙文基本上就是流水账。从初中生现阶段作文的反馈来看，在记叙文写作技巧方面学生系统掌握的叙事知识几乎没有。因此，我认为在初中记叙文作文教学中引入叙事学理论，是非常必要的，它可以使得作文教学更具有科学性，使得学生的记叙文的创作更具有实效性。

举学生一文来窥探现阶段学生记叙文写作的现状。

以微笑迎接每一天

李茜

每天的微笑就是对每一天最好的迎接。

在周末早上醒来时，我会伸个懒腰，先对着天花板微笑。之后我会把日历向后翻页。这对我来说是一天的开始。拉开窗帘，外面已是一片阳光明媚，我走到阳台，看到抬着头的向日葵也像那金黄色的阳光一样对我报以热情的微笑。当你以微笑迎接每一天的时候，生活会变得更快乐。我洗漱好。走进厨房，闻到煎鸡蛋的香味，看到的是系着围裙在做早饭的妈妈。我走上前闻了闻——好香啊。我看到妈妈正对着我微笑，我同样也对她报以真诚的微笑。过了一会儿，早饭做好了，妈妈端着热气腾腾的早饭快步进入客厅。妈妈看着我津津有味地吃着，她却并不动筷子，而是面带微笑地看着我。“您怎么不吃啊？”我问。妈妈说：“没事儿，妈妈不饿，你正是长身体的时候，应该多吃。”说完她还是微笑。

我们知道母亲对孩子的爱，我无法用语言来描述，只有报以微笑，幸福的微笑。

空闲的时候我会下楼去散步，每当我看到邻居家不满周岁的小弟弟，我都会停留一阵子，冲他微笑对他说：“你好啊！”他还不会说话也是冲我微笑，多么可爱的小男孩儿。我想你拥有了微笑，接下来一天将会变得特别美好。孩子的笑是天真的笑。孩子并不知道我正在做什么，我将要做什么，他只知道对我善意的微笑。我看到了童年的影子。

以微笑迎接每一个人，笑，是快乐的发自肺腑的，亲人的微笑是使人幸福的，孩子的微笑是天真无邪的。生活很美好，对生活报以一笑，生活会变得更美好。

上文小作者的记叙文写作是严格按照时间顺序来安排材料，写了两件事，一件事是妈妈给我做早饭，母子的微笑、交流让他体会到母爱的真诚。另一件事是看到路旁的幼儿，对他报以真诚的微笑，他体会到了真诚和善意。最后由这两件事，作者将主题定位于“以微笑面对生活，生活会更美好。”

首先，文章事件的记叙是以“我”第一人称来进行，却鲜少运用心理描写。从我的角度，以“微笑”为线索沿着自己的行踪按照时间先后概述了两件事。具体事前、事际、事后，斟酌详略，分清因果，全然未做交代，就是眉毛胡子一把抓。其次，在记叙的过程中反复出现“以微笑面对……”这样的点题句，作者想要反复点题，突出中心，但是除此之外，其他的叙事技巧在文中体现的不明显。这篇文章是典型的流水账，只是讲述有这么两件事，没有思考事件的安排，也没有考虑到各种描写技巧的综合运用。给读者的感觉就是不具备生动感人的特点，甚至给人一种随意的感觉。

初中生的作文囿于其生活经验和阅读经验的限制，在创作中往往有诉诸笔端的种种困难。这当然是一部分原因，但是即使有较好的素材准备发挥，由于缺少必备的叙事学知识，在创作中好像也是举步维艰，甚至就是将好的素材写成了作文，也是毫无章法，无法生动地展现。综上所述，在初中记叙文写作教学中适当地引入叙事学知识还是非常必要的，应该可以为初中记叙文的教学注入一股清流。

二、叙事学的相关理论

叙事学自20世纪六七十年代从法国兴起以来，发展迅速，超越了法国的国界。美国当代文艺理论家华莱士·马丁在其1986年出版的《当代叙事理论》一书中指出：“在过去15年间，叙事理论已经取代小说理论成为文学研究主要关心的一个论题。”①

叙事学，就是关于叙事文本的理论。承接着20年代俄国的形式主义，中间经过英美的新批评，与法国的结构主义相接。叙事学是法国结构主义的一个分支，是它的直接成果，它的发展超越了结构主义，是有着自身的显著特征和研究对象以及方法的独立学说。叙事自古有之，人们的生活就是在讲述，在人类的社会中不管处

① 严慧仁，李静．论文学叙事的起源和基础[J]．创作评谭．2006：3．

于何种历史时代，都会有与其时代历史相应的叙事作品。

梁启超《作文法》一书中强调了文章的作用是把自己的思想传达给别人。作文要有内容，有系统。所传达的恰如自己所要说的，读者也能领会作者的意愿，这就是文章。文中对“记动态之文”的研究提出两点：一，记动作集积的理法；二，求得总账的理法。文中对“记事文”的研究指出了单组事的时间和复组事的空间范围。理论联系实际深入浅出对作文的法则、规矩提出了自己的见解和主张。

《国文作法》高语罕著。高语罕是我国近现代著名的教育家。此书对于作文的意义、作文的初步、文字的要素等七个问题，做出了详解。同时对叙事文，包括其做法也进行了论述，对当下的作文教学研究有重要的启示。

《文章体例》谭正璧著。书中对每种文章体裁的性质、取材和结构进行详尽论述，明确记叙文是各体文章中应用最广的一种文体。对记叙文的种类也进行了划分，指出记叙文的特性是“真”和“活”，同时也对记叙文的材料拣择、顺序安排和叙事视角等问题进行生动讲解。

《叶圣陶教你写作文》叶圣陶、夏丏尊著。书中指出：我们平时观察的事物是繁多的，将它们叙述出来就要规定一个范围。书中也讲到了叙述的排次问题、材料的判别与取舍，叙述的快慢和叙述的场面等问题。

《西方叙事学：经典与后经典》申丹、王丽亚著。书中提道：中国自古以来就有自己的叙事传统和叙事理论，但作为一门独立学科的当代叙事学首先产生于西方，中国当代的叙事学是在西方叙事学的影响下发展起来的。

《读与写杂志》2012 年 11 月第九卷第 11 期中有文《教师如何引导学生写好叙事作文》。文中指出：教师要引导学生写好作文，一定要审清题意，把握写作中心；按照一定顺序，写清事情的经过；描写出人物的特点，抒发真情实感。

硕士专业学位论文中《初中生记叙文写作中的叙事问题研究》也提出记叙文写作是初中生作文写作中的重要组成部分，提出初中生记叙文写作实践普遍存在表达不清晰、内容空洞、结构混乱等问题。

《美国语文》第三课“有趣的故事”。[①]

---

① 马浩岚编译.美国语文[M].北京：中国妇女出版社，2009：56.

1.《美国语文》第三课“有趣的故事”中“微型文写作”的要求。

博物馆布告

为了教育今天的观众，类似底特律非洲美国历史博物馆这样的机构正在举行展现19世纪奴隶贸易文献记录的展览，设想你被邀请写一篇序言，并且这篇序言将出现在展览开始处一幅大的布告上。要求阐明奴隶贸易中事件的顺序，从非洲人在他们家乡被俘获开始，到非洲人在美洲被拍卖成为奴隶为止。

2. 写作技巧：时间的顺序

时间顺序可以使读者一步一步地把握时间的发展。简略列出你要讲述的顺序。遵循以下建议：

①从最先发生的事情开始，然后按照时间顺序继续。

②使用 next\then 和 finally 这样的单词使顺序尽可能地清晰。

③避免时间顺序上的变换。

3. 构思

利用图书馆资源收集奴隶贸易的事实。组织你的信息，最好画一张地图表明奴隶贸易的路线、日期和其他关键细节。

4. 写稿

参照你的笔记，将事件按时间顺序叙述，使用过渡词——

at first\next\while\then\finally 和 after——使你的叙述顺序清晰。

5. 修改

重读你的作文，确保你的布告能够突出奴隶贸易的重要阶段。剔除不重要的细节，增加过渡语句使事件的顺序清晰。[①]

在分析《美国语文》第三课作文要求时，我们有如下发现。首先，美国中学生第三课的作文是在阅读欧拉乌达·艾库维阿诺一生的“有趣的故事”（节选）的基础上结合阅读安排的作文训练。让学生置身于时代事件、背景以及作者的环境，调动学生的想象力和创造力，启发学生的多元思维，重视学生的独特体验，借助问题设置（比如：奴隶们因为什么罪行而受惩罚？惩罚的内容是什么？）一步步引导学生先对文本进行全面的理解和阅读，在充分阅读的基础之上给予写作的材料，这样的写作

① 马浩岚编译. 美国语文[M]. 北京：中国妇女出版社，2009：56.

素材是完整、客观、系统的，学生通过消化阅读的材料，头脑中有了积累，写的东西自然就丰富了。其次，美国中学生的作文要求中对学生的写作技巧、构思、写稿和反思有明确的规定。在写作技巧方面，明确给出了叙事的时间顺序和修改的建议。这样的作文要求不仅明确规定了学生“写什么，为什么写”，避免了学生套作文、背作文的尴尬境地，更重要的是具体明确地指出了“怎样写”，让学生在作文中学会并有针对性地训练了相应的写作技能。

基于不同的文化传统和社会形态，教育的方法和模式各有不同，各有优势，但是美国作文教学这种基于阅读的作文训练和叙事性作文的技巧训练还是有可借鉴之处的。

三、初中作文教学中如何引入叙事学理论来指导学生写作

（一）初中记叙文教学中引入叙事学理论的心理学基础

日内瓦学派认知发展理论的基本观点认为，知识是主客体相互作用的结果。“人们为了获得知识，为了认识物体必须对它施加动作，从而改变它们：他必须移动、连接、组合、拆散并再次聚拢它们。”[①]“从最基本的感知运动的动作到精巧复杂的智慧运算，即在心理上进行的、内化的动作。”[②]主体将自己的动作，作用于客体，从而形成主客体之间的相互作用。这一相互作用必然包含两种活动：一方面，主体在内部协调自己的动作，另一方面将外界的客体组织起来形成客体之间的相互关系。因此皮亚杰指出，“知识在本原上既不是从客体发生的，也不是从主体发生的，而是从主体和客体之间的相互作用——最初便是纠缠的不可分的——中发生的。”[③]一方面主体把从外界获得的信息同化于主体已经形成的结构，形成广义的物理知识，另一方面也使主体的结构顺应物的要求，在一定程度上使主体的认知结构得到长足的发展。

初中生已有一定的叙事基础，记叙文的写作的相关知识已有一定认知，这是客观存在的客体，但是这种客观存在的知识也是具有相应体系的，由于学生接受知识的过程是被动和理性的，所以根据认知发展理论的心理学基础，在学生进行记叙文写作过程中恰当地引入叙事学知识，将叙事作品中的结构要素，技巧要素，拆散后

---

① 王振宇. 儿童心理发展理论[M]上海：华东师范大学出版社，2016：184.

② 左任侠，李其维主编. 皮亚杰发生认识论文选[M]上海：华东师范大学出版社，1981：20.

③ 左任侠，李其维主编. 皮亚杰发生认识论文选[M]上海：华东师范大学出版社，1981：3.

逐一讲述，生动地进行连接、组合，然后再次聚拢它们。这就是主体（学生）通过自己的学习、理解，作用于客体，形成主客体之间的相互作用中实现学生自己对叙事学知识的内化过程。综上所述，从心理学的角度来讲，在记叙文写作中引入叙事学知识是科学可行的。

（二）恰当引入叙事学知识指导学生记叙文写作

1. 借助叙述者（谁来讲这个故事）理论指导学生记叙文写作

现在叙事学认为作家和作品的中间有一个叙述者。作家通过叙述者来叙事，叙述者是作者创造的小说中的人物，他并不是作者本人。他和作者保持着距离，叙述者能够体现作家的思想、道德、价值、审美情趣和个性风格。他是作者的一个替身，是作品中隐含的作者。作者在作品中会创作出不同的叙述者，并以不同的叙事语调来创造出不同的人物形象。

比如《孔乙己》当中咸亨酒店的小伙计“我”。“我整天的站在柜台里”“总觉得单调、无聊”“只有孔乙己到店才可以笑几声，所以至今还记得。”“我”的叙述，客观、冷酷。“我”之所以记得孔乙己，是因为能在调侃、奚落孔的过程中排解生活的无聊，一点儿对这个被封建科举制度戕害的读书人该有的怜悯和同情也没有。从“我”这个作者的代言人来看，他能体现作者鲁迅对孔乙己怒其不争的态度，但是这个“我”又绝对不是鲁迅，这个 12 岁的小伙计过于冷酷和无情的态度，既让我们能看到其自身已然受封建传统思想的影响，也能隐含猜到小伙计当时生活的教育环境和家庭环境，这些信息明显告诉读者“我”不是鲁迅本身。

高明的作者一般不自己讲故事，他们都会用一个或几个叙述者来代替自己讲故事。比如鲁迅的《祥林嫂》就有四个叙述者。第一个叙述者是讲故事的“我”，第二个叙述者是介绍祥林嫂背景的人“她死了丈夫，背着婆婆逃到鲁镇来鲁四老爷家做帮工”这是一个不知名的人讲的，是“佚名氏”讲的。“祥林嫂嫁给贺老六，额头撞香案角”是卫老婆子讲的，这是第三个叙述者。阿毛死了，故事是祥林嫂自己讲的，这是第四个叙述者。

现代小说的重要发展就是叙述者的多样化。叙述者是叙事文本分析中最核心的概念。叙述者的身份在文章中的表现程度、方式以及含有的选择，赋予了文本以独有的特征。任何作品的叙事中都至少有一个叙述者，这个叙述者可以明确用“我”直呼，也可以不用，比如说，“他打开门拿了一串钥匙又出去了”。再比如说，“小红很高兴，她遇到原来的老朋友”，在这两句话中人物只是简单地作为人物名字来出现，除叙述这一事实之外，没有任何信号指示或暗示某个叙述行为，也没有任何信号指示或暗示叙事本身，而“他”“ 小红”的行为肯定是叙述者看到的，并由叙述者把这件事叙述出来，可是叙述者本身并未在文章中出现，但是我们却能感觉到叙述者的存在。如果我们要这样说，“我打开门取了一串钥匙出去了”，那么我们除了知道有这么样一件事以外，我们还知道叙述者“我”也参与到了这个事件当中。显而易见，不管代表“他”“小红”的“我”是否出现，无论叙述者是否被称为“我”，叙述者总是会或多或少地具有介入性，也就是说作为一个叙事的自我，或多或少的会被作者性格化。除此之外，叙述者还具有大小不等的可信性。叙述者可能与被叙事事件，与所表现的人物之间保持或大或小的距离。特定叙述者的介入程度、可信性，他与被叙或受述者之间的距离，有助于描述他本人的特征，也影响我们对于叙事的解释及反应。

小说创作中不同种类叙述者的特点和作用，可以借鉴到初中记叙文的写作中，如能系统地讲解、练习和应用定会让学生作文的叙述角度丰富起来，增加学生记叙文创作的多样性、生动性和创造性。

你神气什么！

成钢

3 班与 4 班的男生在军训时被安排合住在同一间寝室。说是寝室，其实是一间大教室改造而成。寝室所在的教学楼是一栋西向的由两间大教室样大的平房，东临小广场，北靠食堂。这间寝室的东墙上开着四扇窗子，西墙的北面与南面则分别各自开了一道门，大家可以或由西北门至西南门或经西南门至西北门进出寝室。寝室内部，靠北墙与南墙分别排着一排由两张上下双层床所构成的铺位，中间则并排放着八张上下双层床，床底下密密地堆放着行李和洗漱用具。每层床上合睡两位男生，于是这间寝室便可装下四十八位同学了。3 班男生住在靠北面的床上，而南面的剩水残山则划归了 4 班。

每天晚上九点半军训结束后，两个班近五十名男生便纷纷倦鸟归巢。可一旦归巢，疲倦便消失得无影无踪，尤其是十点钟天花板上两盏昏暗的白炽灯熄灭以后，仍然是人声鼎沸，“万里江山何处？回首对床夜语”。屋内聒聒一片，内容则国内而国外、中央而地方、社会而个人等，包罗万象。

谈兴虽浓，无奈年少易困，毕竟影响睡眠，于是禁令来了：熄灯息语。但是扪虱而谈之中可以手挥五弦目送飞鸿的境界，设坛开讲，仍然让这群少年痴迷。寝室内东北方向3班刘永同学，自然而然地成为一个小坛主，周围聚集了几个谈友。为何谈及嫦娥奔月已不可考，但每逢遇此话题，刘永就会遥想他的七仙女，憧憬着吴刚捧出桂花酒的仙境。“为什么是捧出桂花酒？”黑暗中传来刘永悠长的发问。“因为桂花香啊，”“他没有别的酿酒原料，”“可能是七仙女本来就爱喝这个，后来教会了后羿的老婆嫦娥喝这个。”答案五花八门。“错，统统的错，”刘永清了清嗓子，继续说：“是因为月宫只有桂花不需要钱财购买。”

“是因为他白天不要军训，”，寝室南面靠门口的床上响起一个低沉的声音。

刘永显然被这种搅局的回答激怒了，回敬道：“白天军训不军训，关你什么事？”

寝室南部继续响起那个低沉的声音：“当然关我的事！”

“傻瓜！你神气什么！”刘永开始咆哮了。

“你神气什么！”那个低沉的声音仍然从寝室南部门口处传向每一个角落，又在低沉中略带几分威严。

于是万籁俱寂。

几日以后在基地食堂，成钢问刘永道：“你当时为什么就停下来不讲话了呢？”

“傻呀，”刘永回答道，“谁不知道是杨老师来了查寝室。”

“我睡在南面靠门口的下铺，熄灯后杨老师进来就坐在我那张床上。”成钢告诉刘永。

“老兄，你怎么不提醒我？”刘永为成刚的不仗义有点愤愤然。

“还敢提醒你？我自己大气都不敢出，”成钢又问道，“那你后来怎么作的检讨？”

“检讨，什么检讨？”刘永粲然一笑，“也提心吊胆过，但终究没人叫我做检讨。”

作者成钢写自己在军训时的一段趣事，既生动地叙述了同学们军训集体生活的快乐和难忘，也着意刻画了一位严肃又不失慈爱，令学生敬畏而又不失宽容的好老师的形象。作者写的自己的亲身经历，没有使用第一人称的叙述者，采用了“叙述代言人”的叙述技巧，让叙述的代言人隐藏在小说的背后，掩饰了自己的存在。他只是将故事完整而客观的叙述出来，不参加文章情节的发展，不把自己的观点和态度过多地显露在文章当中，就像是说书人在讲一个别人的故事一样，叙述者的巧妙使用使得文章故事性极强，也很好设置悬念，文末揭示谜底，老师的严肃认真宽容大度和同学的活泼调皮聪明伶俐一览无余，余音绕梁，读来让人津津有味欲罢不能。

在初中阶段学生的记叙文创作以第一人称，并使用戏剧化的叙述者的情况居多，这样的文章创作可以更多更娴熟地展现人物的心理也能比较直接地抒情议论。但是，初中生对于叙述者的把握往往是属于先天形成的，在混沌和懵懂中得知大部分学生都这样写作，于是随波逐流就学习下去了，真正地在写作文之前去思考以什么样的叙述者来讲故事的学生几乎没有。因此，作为初中教师，我们可以钻研一下叙述者的三种常用情况：叙述的代言人、戏剧化的叙述者、旁观者。这样用专业的叙述者的知识来指导学生写作或修改，就会使得我们学生的作文生动鲜活起来。比如：修改作文。学生的第一人称作文，我们引导学生试试用叙述的代言人的方法来给读者娓娓道来故事的始末（如上面举例的作文），也可以让学生试试借助旁观者的叙述，即参与故事的方法，又尽量客观、冷漠的叙述中来增强文章的真实性。总之，改变总是能带来新意，有科学理念指导下的改变不仅可以有新意还可以开拓学生的思维，让作文的反馈丰富多彩，百花齐放。

2. 借助叙事中的技巧指导学生写作

①叙述态度

一般来说，叙述态度可以分为两种。即可信的叙述态度和不可信的叙述态度。“四十余年前的 1961 年，W. C. 布斯在《小说修辞学》中为不能径信其辞的叙述者定了名称，当时他作了一个分区，后来在经典叙事学界广为引用：‘言语或行为与作品常规（指隐含作者的常规）相一致的叙述者是可靠的叙述者。’”[①]可信的叙述态度是指小说中的叙述者在思想规范、道德准则、价值观念等方面与作家保持一致，作家通过作品塑造的叙事者使阅读者确实认为小说中的人物命运和事件结局代表作家的观点。这样的叙述态度下，作品中的叙述者就是作家的代言人，作家借助叙述者来明确表达自己的想法，在叙述者身上烙印着作者的思想观点和价值取向，而这种思想观点与价值取向是与社会的总体道德标准和价值取向是一致的，绝大部分的读者都可以通过叙述者的叙述来明确且直接领会作者想要阐发的意图而不必去思考作者是否会把“我”故意引向某个错误的理解，作者的劝谕和说教很明确。

早期的大部分作品都是如此的。比如《红楼梦》中作者在第一回自我评价“满

① 〔美〕戴卫·赫尔曼. 新叙事学[M]. 马海良译. 北京：北京大学出版社，2002：36.

纸荒唐言，一把辛酸泪。都云作者痴，谁解其中味”。作者在开头就交代故事的结局和态度。作品展现了封建家族兴盛和衰落，这个大家庭中人物的命运，尤其是那些女子的跌宕起伏的命运还交织着宝黛之间的爱情悲剧。在这样的叙述者的引领下，作者和读者的思考、价值判断和评价标准都是一致的，读者不必怀疑作者叙述的真实性。以上就是可信的叙事态度。

后来，随着小说艺术的不断进步和发展，现在的作家在自己的创作实践中逐渐发展起一种不可信的叙述态度。所谓不可信的叙述态度是指小说中的叙述者在思想规范、道德准则、价值观念等方面与作家恰好处于相对或相反的位置。这就使得作家在小说里以一种沉默的方式来默默注视着小说。作家要么永远保持沉默，让这个与自己意见不合的叙述者讲述他自己的故事，这样一来读者就无从辨清作家的真实意图，容易将作家与叙述者一视同仁，所以，这样的作品，作家总要在其外部进行一番表白；要么在保持沉默的同时，巧妙地运用反讽、暗示与含混等技巧，把读者引到叙述者的背后，观察他或偏执的、或邪恶的、或愚昧的、或残忍的、或不光彩的、或幽默的、或滑稽的、或不正当的行为举止，从而与沉默而隐形的作家达成共谋与合作，在破译经过叙述者加密的作品的真正价值的同时，完成作家与读者背着叙述者进行的秘密交流。

比如鲁迅叙事性散文《藤野先生》“上野的樱花烂漫的时节，望去确也像绯红的轻云，但花下也缺不了成群结队的‘清国留学生’的速成班，头顶上盘着大辫子，顶得学生制帽的顶上高高耸起，形成一座富士山。也有解散辫子，盘得平的，除下帽来，油光可鉴，宛如小姑娘的发髻一般，还要将脖子扭几扭。实在标致极了。”叙述者在文中评价清国留学生的丑态，用“标致极了”，实际上是一种反语和讽刺的手法，清国留学生无所事事，无视国家的期望，在日本上野公园，那是一个有“日中甲午海战碑”的公园中嬉笑玩闹，全然不顾当时国家的危难。这样的“清国留学生”是丑陋的，在这样的叙述中，叙述者和读者及作者的价值判断标准是相反的，读者需深入分析才可发现作者的用意，从而使得读者能够越过叙述者和作者达成共识。

这种不可信叙述态度的选择，在叙述者与读者认知的强烈反差下，收到了更好的阅读效果。

初中生的记叙文写作一般都是采用可靠的叙述态度来创作，不是学生不能使用不可靠的叙述态度来创作，而是学生没有这方面的科学知识也从未系统地去学习一些行之有效的叙事学知识。其实，在初中生的记叙文教学中我们给予学生能运用、好操作的叙述学知识对学生作文水平的提高还是有积极意义的。比如上文所说的两种截然不同的叙述态度，让学生在创作中积极尝试，可以使其作文创作注入更多的活力和新意。

如下面学生的作文：

傻奶奶

刘弘宇

奶奶从农村来了，蓝布的小袄，黑布的裤子，头上胡乱挽着一个发髻，沟壑纵横的脸上嵌着一双浑浊的眼。

小宇不喜欢奶奶，因为她身上浓重的乡土气息，还有那总也荡涤不去的恼人的旱烟的味道。奶奶很少来城市，这次的到来要小住几日，这突然的变故使小宇心烦意乱，他可是独来独往偏爱安静的人。

“小宇，你下楼看看奶奶怎么还不回来，别迷路了啊。”厨房里妈妈的魔音又传过来。小宇懒散地穿上外衣，心里吐槽：“真麻烦……”走下楼来，小宇四处张望，希望能看到那蓝布衫的佝偻身影。“咦，那怎么一群人?”小宇心想，“哼，肯定又出现什么热闹事儿啦?”小宇全然忘却了出来要找奶奶的任务，快步上前，左右开弓挤开人群，抢到前面。“啊，这不是奶奶吗?”小宇一惊，目瞪口呆看着眼前的场景，地上躺着一个摔倒的老爷爷，身体颤抖，面色苍白，用手指着自己的左边口袋，眼睛盯着奶奶。奶奶蹲在地上很茫然地看着老爷爷。“这是两个老人碰到一起了吗? 这个老太太跟地上的老头儿有什么关系?”“是两个老人吵嘴了吧? 这个老人怎么了这是?”人群中的窃窃私语都飘进小宇的耳朵。小宇的脑袋嗡嗡直响，“奶奶，你干什么，赶紧起来。”小宇伸手就拽奶奶的蓝布小袄，那小袄上的油渍弄的他的手怪难受的，他又赶紧松手了，在身上抹了抹，直直看向仍然没有起来的奶奶。蓝布的小袄斜斜地挂在奶奶佝偻的身体上，一切都是那么不和谐。小宇喊：“奶奶赶紧跟我回家。”

“这老太太要干什么啊，还不快走，一会儿老头的家属来了就该被讹上了……”旁人说。这话真是说到小宇的心坎里去了，小宇生气了：“奶奶，真傻！就知道找麻烦！”这时，奶奶好像知道了什么，迅速地把手伸向老人的口袋，找出一个药盒，拧了两下……就在这时人群骚动起来，几个年轻人跟大家说：“大家散散，病人需要新鲜空气。”一个年轻人，俯下身子，接过奶奶手里的药，拧开，喂进地上老人的嘴里。

蓝色的灯光闪烁，刺耳的声音敲打着小宇的耳朵。他看见救护车来了，病人被送上车，围观众人讪讪地离开了。小宇恨恨地看着奶奶，"您估计惹事儿了，傻奶奶"小宇心想。奶奶讶异地看着小宇，理理自己的蓝布袄。扑鼻的旱烟味道更平添了小宇的烦躁。

第二天，家里摆满了水果，听妈妈说是老爷爷家的人给送来感谢奶奶。原来奶奶没有受到讹诈。小宇冷眼看着鲜红得好似滴血的苹果，讪讪地想："奶奶傻傻的，早晚会吃大亏。"

"小宇，奶奶傻吗？你到底是聪明还是糊涂啊？"作者问。

上文作者选用第三人称全知视角，借助不可信的叙述态度，讲述了发生在小宇奶奶身上的一件好事儿，小宇自私、乖戾的性格和扭曲的世界观折射出奶奶的"傻"正是奶奶朴实善良的闪光点。读者在阅读时对小宇的厌恶和鄙弃就是和作者的秘密交流，在鄙弃小宇的同时也就完成文本的深层解读，恰好利用读者猎奇的心理和对扭曲世界观的别扭激发了他们的阅读兴趣，也增强了文章的可读性。文章还安排了冷漠的旁观者，和最后突然跳出的正义的作者，使得文章真实可信而又生动活泼。

②借助叙事材料安排的时间和顺序来指导学生写作

"叙述一件事，长久的以年或月或朝代为时间的顺序，短期的则以日或时为时间顺序，遇到有不限定期，则以'初''始''继而''终则'等等表示时序，作时间的线索。"①

比如林嗣环《口技》"少顷……既而……未几……俄而……"一系列表示时间的词语将一场生动的口技表演"由睡而醒，醒而复睡，失火救火"的事件渐次呈现在读者面前。一般的叙事文都是在时间中展开的。叙述文的重要元素是变化、变迁。在作文中我们写一件事开始怎样，后来怎样，结局怎样都离不开时间，离开的时间就无法叙述。写人也一样，幼年怎样，长大怎样，后来怎样，也是离不开时间。

叙述文是事物或人物在某段时间中的经过，比如，我们写一天所做的事，从早写起，上课，午饭，再上课，然后写到睡觉为止。如果不以时间的顺序，只是颠颠倒倒地想起什么写什么，那就很不自然，别人也就看不懂了。叙事类的文章一般是按

---

① 高语罕. 国文作法[M]北京：北京教育出版社，2014：135.

时间的顺序来写，如果顺序安排与常规时间的发展相应，文章就不会特别引人注目，而将顺序变作与常规时间顺序有所偏离就会使读者为了追踪故事，了解情节的始末，去努力分析文章材料的安排顺序。这种努力能够促使人们仔细考虑文章各个部分之间的内在关系。文章的顺序安排是一种文学常规，也是吸引读者阅读兴趣的一种方法，在文章显示的内容，读者的预期与最终实现之间的微妙差距可以收到顺序叙事所不能实现的效果。

叙事性的作品，从常规的角度来讲，一般都是按照事情发展的先后时间次序排序，起码是要让人明白事情发生的先后顺序。一般来说，发生在前面的事件就先说，在后面的就后说，这样可以使读者明白。但是有的时候为了需要，常规的叙述不能使用，在叙述某一个段落时必须交代另外的情节，这样就得追述从前的事，只有这样读者方能明白，或者说一件事情头绪纷繁，两三方面都在发展，所以必须把几方面一一说明，遇到这种情形，在叙事时就不能完全是按照先后的次序来进行了。

顺序和错时可以描述素材介入时的两种方式，错时一般包括三种形态：方向、距离与跨度，而我们现阶段常用在作文中的错时，主要是方向中的追述，比如我们现今常说的倒叙、插叙、补叙。这种表述与夏丏尊、刘熏宇《文章作法》一书中对于叙事文流动的顺逆一致。此书中这样表述："叙事文是把事物的变化来展开的，所以流动的方向也有两种：一种，依次叙述，这是顺的；二种，叙述顺序颠倒，这是逆的。"①

无论是顺序还是错时抑或顺逆，都是根据事情变化的前因后果或者事件的顺次或并行发展来自然使用的。在初中生的记叙文教学中，我们发现学生最容易出现的问题就是"流水账"，完全按照时间顺序来安排事件的发生，排除内容上的问题后，我们发现合理地安排素材的顺序，有时可以恰到好处地避免此类问题。

比如，初中文章《羚羊木雕》写的是发生在两个孩子之间交换礼物的事情，歌颂了孩子们之间纯洁无私美好友情，也含蓄地批评了成年人不尊重孩子的社会问题。故事开头是以对话直接切入，妈妈询问羚羊木雕哪去了，让我把羚羊木雕要回，这些都是顺序，在顺序的过程中，又插入了以前发生的事情：我用羚羊木雕和万芳的小藏刀进行交换，我又回忆了以前上体育课时，万芳怕我挨打用她的新裤子换了我

---

① 夏丏尊，刘薰宇. 文章作法[M]北京：中华书局，2016：38.

的破裤子，在家中挨打。

再比如《蒲柳人家》中，开头“七月天，中伏大晌午，热得像天上下火。何满子被爷爷拴在葡萄架的立柱上，系的是拴贼扣。”（出自人教版语文教材九年级下册《蒲柳人家》）开头就交代了淘气的何满子被爷爷拴在立柱上，然后顺次介绍何满子、何满子的奶奶（一丈青大娘）、何满子的父亲最后交代何满子的爷爷回来，奶奶顺口给何满子告了状，爷爷就把何满子拴在了葡萄架的立柱上。

以上两例都使用了错时或者说逆行的顺序。例一在顺序的过程中根据文章事件发展的需要插入了相应的情节补充两个小伙伴真挚深厚的友情，使得文中的“我”在向朋友反悔时的内心纠结和痛苦刻画得真实而且深刻，容易打动人心，增强了文章的生动性。例二，先介绍何满子被爷爷拴在立柱上，设置悬念，吸引读者要在这种错时的材料中努力寻找原因，而在这种内驱力的作用下，就使得读者阅读时兴味盎然。反之，如果开头依次介绍各个人物的事件和性格特点，就会因为材料设计的雷同而使得作品的艺术感染力有所下降。

在初中记叙文的教学中，让学生明确顺序和错时的使用即可，顺序一般来讲很好掌握，而错时具体的方向、距离与跨度，在这里不做具体的分析研究，只要让学生能在记叙文的写作中根据需要以一种顺序为主，结合内容，合理的安排素材的顺序即可。下面举例来阐述在初中记叙文写作中引入时间和顺序这类叙事学理论如何指导学生作文的修改。

学生博弘的作文

宽　容

什么是宽容？英国人说得形象：“世界上没有不长杂草的花园。”阿拉伯人说得风趣：“月亮的脸上也是有雀斑的。”宽容地对待周围人和事，你就会发现生活中到处都是阳光和彩虹，你的生活也必将变得更加快乐。

下午，我把姨妈刚刚送给我的水晶蝴蝶小心翼翼装进礼品盒里，想带到小萱家与她一起欣赏。因为这个水晶蝴蝶真的很漂亮，晶莹剔透，别致精美，在阳光下会折射出绚丽的七彩光芒。（学生的叙述中已经无意识地出现错时）刚好，小萱这时来我家找我。我迫不及待地从盒子里拿出它。果然不出我所料，小萱一见到它就爱不释手，嘴里直夸它漂亮。

过了好一会儿，小萱仍拿着水晶蝴蝶不放，我担心小萱会不小心把它打碎，所以就叫她还给我，但小萱却说："让我再看一会儿嘛。"我急了，连忙伸手去抢，她没料想我会来抢，吓了一跳，手一松……"砰"，水晶蝴蝶被摔得四分五裂。我呆呆地望着一地的碎片。小萱不好意思地对我说："对不起，我不是故意的，对不起……"我很生气地对她说："你为什么要摔碎它！你知不知道我多喜欢它！你走啊，我家不欢迎你！"……

在那几天后我都没有理过小萱。但不知为什么，我的气非但没有消，反而越来越怨恨小萱。一天，我回到家，狠狠地把门一关。我原想走回卧室，却被妈妈叫住了："孩子，我已经知道小萱摔碎了你的水晶蝴蝶，但她的确不是故意的。你为什么就不能学着去宽容地对待别人呢？谁的生活中不会犯错误呢？""宽容？"我没有回答，默默走回房间。看着写字台上我和小萱的合影，我的心里烦躁极了，真是辗转反侧，夜不能寐。

第二天，我找到了小萱表示想和她重修旧好，小萱很高兴地答应了。从那一刻起，困扰我多天的心结解开了，我发现我不再烦躁了，心情便豁然开朗。

雨果曾经说过："比海洋更宽广的是天空，比天空更宽广的是人的胸怀。"什么是宽容？其实宽容是一种对别人、对自己的救赎。一只鞋踏在紫罗兰的花瓣上，花瓣却将香味留在了鞋上。

学生的这篇习作，写出了自己和朋友之间因为一件心爱物品的破碎而产生的波折，心爱的物品被朋友不小心打碎，友情出现破裂，久久不能释怀，这其中还有妈妈对我的劝解，最后决定宽容对待朋友的失误，友情和好如初。

作文中设计三件事：A 小萱打碎了我的水晶蝴蝶，B 妈妈对我的劝解，C 我和小萱和好如初。三件事按照时间顺序来讲述，重点突出了 A 事。如果我们稍加改变三件事的顺序并加上一件事插入文中，改改这篇习作，我们再看。

首先，我建议学生加一件以往小萱曾经帮助过我的事情。把它定位事件 D。然后我们将几件事重新排序。按照 BADC 顺序试着修改一下。

改文如下：

什么是宽容？英国人说得形象："世界上没有不长杂草的花园。"阿拉伯人说得风趣："月亮的脸上也是有雀斑的。"宽容地对待周围人和事，你就会发现生活中到处都是阳光和彩虹，你的生活也必将变得更加快乐。（此段文字虽然优美，却与下

文的事件没有过渡,显得过于生硬,删掉)

B事件开头设置悬念

“砰!”卧室的门被我狠狠地关上,同时关上的还有妈妈的声音和我的心。写字台上破碎的水晶蝴蝶,一下下地撞击我的心。妈妈的声音还依稀在耳。

“孩子,你为什么就不能学着去宽容地对待别人呢?谁的生活中不会犯错误呢?”这是被我关在门外的声音。宽容?看着写字台上我和小萱的合影,我的心里烦躁极了,真是辗转反侧,夜不能寐。

(A事件)上周日的下午,我把姨妈刚刚送给我的水晶蝴蝶小心翼翼装进礼品盒里,想带到小萱家与她一起欣赏。因为这个水晶蝴蝶真的很漂亮,晶莹剔透,别致精美,在阳光下会折射出绚丽的七彩光芒,更重要的这还是姨妈出国前送我的礼物,我倍加珍惜。(加重对这件礼物珍视的叙述,使得与后文的冲突更尖锐)刚好,小萱这时来我家找我。我迫不及待地从盒子里拿出它。果然不出我所料,小萱一见到它就爱不释手,嘴里直夸它漂亮。

过了好一会儿,小萱仍拿着水晶蝴蝶不放,我担心小萱会不小心把它打碎,所以就叫她还给我,但小萱却说:“让我再看一会儿嘛。”我急了,连忙伸手去抢,她没料想我会来抢,吓了一跳,手一松……“砰”,水晶蝴蝶被摔得四分五裂。我呆呆地望着一地的碎片。小萱不好意思地对我说:“对不起,我不是故意的,对不起……”我很生气地对她说:“你为什么要摔碎它!你知不知道我多喜欢它!你走啊,我家不欢迎你!”……

小萱伸着的手僵在半空,默默地看了我一眼,大眼睛氤氲着雾气,我狠心扭过头不去看她。大声说:“你走!”我的心里涌起的是对姨妈的惦念和对水晶蝴蝶的痛惜,眼泪顺着我的脸颊滑落。(A事件的重申,也是错时交代原因)

在那几天后我都没有理过小萱。但不知为什么,我的气非但没有消,反而越来越怨恨小萱。(躺在床上)(D事件)我看着写字台上和小萱的合影,我又想起,班里的男孩子拿走我的蜡笔时,小萱挺起瘦弱的胸脯和淘气男生的针锋相对;我又想起,小萱给我要回彩笔时,温声细语对我的安慰。妈妈的话又回响在耳旁“孩子,你为什么就不能学着去宽容地对待别人呢?……我突然明白了我烦躁和痛苦的源泉,我走到字台前,抚着破碎的水晶蝴蝶,想着我与小萱的点点滴滴,我做了一个决定。

（C事件）第二天，我找到了小萱表示想和她重修旧好，小萱很高兴地答应了。从那一刻起，困扰我多天的心结解开了，我发现我不再烦躁了，心情便豁然开朗。

一只鞋踏在紫罗兰的花瓣上，花瓣却将香味留在了鞋上。宽容就是一种对别人、对自己的救赎。就是这样的语句方能阐述我此刻的心思。

原文小作者采用正常的时间顺序，一步步娓娓道来，写作内容也算比较充实，只是第一段和正文之间缺少必要的过渡，显得生硬，而开头名人名言的使用明显感到一种刻板和套用。建议学生进行错时的修改，开头就用B时间设置悬念，让读者不太明白作者非正常行为的原因，在这种亟待释疑的内驱力作用下，吸引读者一步步往下看，再看到两个朋友之前的无意的伤害后，豁然开朗，而后交代作者内心的纠结，这时适时地插入蝴蝶的来历和珍贵以及小萱以前对作者仗义的帮助，在这种错时的处理下，使得作者的痛苦更真实，从而也就使得宽容在整件事解决的过程中显得尤为重要。时时而又适时出现的错时，可以释疑、可以呼应、可以深化中心，更重要的是增加了文章的可读性。

③调动多种感官来进行叙事

佛家语，六根指眼、耳、鼻、舌、身、意。佛家以六根清净比喻无任何欲念，谋求的是一份安宁与清净。借用六根之说，记叙文写作恰恰相反，追求的是生动和热闹（此处热闹并不是杂乱，而是多种感官的综合调动），即六根不净，用尽一切力量调动所有的感官——视觉、听觉、嗅觉、味觉、触觉，来生动地展现事件的全过程。

下附课堂教学实录片段。

师：同学们今天我们来分析一下《鲁提辖拳打镇关西》中的这三拳，我们这节课并不着眼于分析鲁达的性格，而是重点分析这三拳的叙述过程。

师：下面我请三位同学分别来读读这三拳。

生1："噗的只一拳，正打在鼻子上，打得鲜血迸流，鼻子歪在半边，却便似开了个油酱铺，咸的、酸的、辣的一发都滚出来。……"

生2："提起拳头来就眼眶际眉梢只一拳，打得眼棱缝裂，乌珠迸出，也似开了个彩帛铺，红的、黑的、紫的都绽将出来。"

生3："又只一拳，太阳上正着，却似做了一个全堂水陆的道场，磬儿、钹儿、铙儿一齐响。鲁达看时，只见郑屠挺在地上，口里只有出的气，没了入的气，动弹不得。"

师：三位同学读得很生动，作者写更生动，今天我们就来分析一下作者是如何将鲁达这三拳展现得淋漓尽致。

师：同学们认真分析鲁达的每一拳打在镇关西身上的哪个部位？

（教师观察发现，学生一边看原文，一边不由自主用拳头在自己的面部笔画，看得入神之处喜笑颜开。）

生4：这三拳分别打在鼻子、眼眶际眉梢、太阳穴

师：好，请坐。

师：请同学继续思考，镇关西被打的部位结果如何？

（引导学生用笔画在原文上）

生5：第一拳鼻子歪在半边，第二拳打得眼棱缝裂，眼珠出来了。第三拳打在太阳穴上死了。

师：好。请坐。

师：请同学认真分析作者写这三拳所使用的比喻的喻体是什么？

生：油酱铺，彩帛铺，水陆道场。

师：那么比喻的本体是什么呢？

生1：镇关西。

生2：三拳。

学生们开始躁动，好像答案不理想，但是思路又不太清晰。

师：把刚才同学找到的本体带到比喻中体会一下。

学生思考。

生3：我觉得本体应是镇关西挨打。

师：有点道理。

生2：我觉得是镇关西挨打后的感觉。

师：对。也就是——

生2：触觉

师：下面我们继续思考，这三个比喻分别从哪几个角度间接写人物挨打后的触觉？

生：味觉、视觉、听觉三个角度。

师：这种借助味觉来写触觉，借助视觉来写触觉，借助听觉来写触觉的修辞方法叫作“通感”。

师：通过对这三拳的分析，我们发现了一个让我们的文章生动起来的一个好方法，那是调动多种感官去创作，在三拳当中作者着意让大家注意的是三拳打在哪里，镇关西被打的效果如何。具体的比喻修辞和多种感官的互通和综合使用都是为了充分地写出被打位置的感受效果。

……

以上的课堂实录是对于《鲁提辖拳打镇关西》中三拳的分析，在分析的过程中希望学生能够借鉴小说中三拳的写作特色，了解多种感官在创作中综合运用达到的效果，学会将这种叙述技巧借鉴到自己平时的作文创作中。

学生在课堂上借鉴“三拳”后的自我创作。

“一阵风吹过，花海荡漾着红波绿浪，星星点点的白色摇曳身躯，宛若海上泛起的白沫。花多，香气浓郁，沁人心脾，我嗅到了绿色，那是春天的颜色……”

“闭上眼睛，薰衣草的香味闪闪烁烁地进入鼻腔，从外到里酣畅淋漓地舒服。”

“这里除了绚烂，还有满鼻的馨香，淡紫色的花海铺向远方，就连花香也似洋溢着淡紫色的气味，又像缥缈的乐音，陶醉着我在城市中几近麻木的五官。”

《乡村四月》“绿遍山原，白满川，子规声里雨如烟。”视觉听觉交相结合，江南乡村初夏美景，生机盎然的绿意展现在眼前。再如《星星奏鸣曲》“闪闪烁烁的声音从远方飘来”“一团团白丁香朦朦胧胧”写出了声音一会儿听得见一会儿听不见的听觉感受，这种隐约的感觉与视觉上一会看得见，一会儿看不见的闪烁的感觉是一样的，作者于是就借助于视觉来听觉的感受，使用“通感”让感觉相同，更生动更美好。无论是诗歌中综合使用多种感官营造美景为作品服务，还是小说刻画人物和诗歌中表达感受时使用的通感，都是感官的协同作用产生的特殊效果。不管哪种文学样式，好的写作技巧，我们都可以借鉴使用，以上对感官的充分调动，我们也可以把它们借鉴到我们的记叙文写作，作为一种叙事技巧指导学生写作，让学生生动地讲述属于自己的故事。

以上对叙事学理论在初中教学应用的一些浅见，文章的优劣，固然内容的充实和生动重要，但是技巧的纯熟运用却也不容忽视。在此部分中主要是基于内容的基础上借助技巧来为文章增色，让学生学会如何将内容更完美地展现。

三、初中作文教学中引入叙事学理论指导学生写作的策略

（一）理论基础先行，有的放矢科学指导学生的写作

“十九世纪浪漫派理论家主张‘文学为情感的自然流露’，很容易让人误解。艺术原意为‘人为’，艺术是‘人为’的可以说的人为‘创造的’，创造不是无中生有，自然为本，但也要根据自然，熔铸雕琢。”①所以说作文是真情的抒发，但也是一种技能的练习，这种技能练习适用同样的原则。就一般的技能而言想要娴熟，当然是练习越多越好，作文当然也是如此。欧阳修说为人有三多：“看多，做多，商量多。”（宋代陈师道《后山诗话》）还是不错的。学生作文，一是要有材料，二是要有组织，刘勰说：“临篇缀虑，必有二思：理郁者苦贫，辞溺者伤乱……博闻为馈贫之量，贯一为拯乱之乐。”“博文”就是要“有材料”，“贯一”就是要“有组织”。同样的材料，同样的组织，文章的技术高下不同，技术高的人却能把“人人意中有，人人笔下所无”酣畅地用文字书写出来。这文章的技术在练习时不能临时教导，重在平时的训练。所以我们在日常的记叙文写作教学中一定要有的放矢地给予学生写作理论的相关指导，比如叙述的角度、叙述的技巧、叙述的时间和顺序，等等，在作文教学的课堂上，为学生提供作文法，让学生的作文有法可依，这样再加上纯熟充实的内容就能够化腐朽为神奇。

（二）结合经典范例，指导学生将叙事理论转化为具体实践

经典的范例往往是文化、文学名著加上其相应的大量解读材料，对于经典的范例，应当是让学生透彻地把握作品本身，经典的价值不在于实用而在于熏陶，在于文化的熏陶。一方面我们通过阅读经典来得到精神的升华，另一方面，我们通过经典范例的学习可以分析体会学习其精巧的构思，完美的设计和绝妙的技巧。比如《祝福》中的四个角度的叙述者，比如狄更斯《董贝父子》托马斯·哈代《德伯家的苔丝》中的描写，等等，借助于经典作品的力量，我们可以更加顺畅地指导学生将相应的叙事学理论转化为作文实践。

（三）结合学生作品，鼓励学生主动进行理论尝试

最好的文章，可以让作者自己宣读出来给同学听，或者将学生的佳作张贴在墙上进行展示，刊印在班级或出版物里，这样很容易收到观摩的功效。作文教学，尤

---

① 朱光潜. 谈写作[M]北京：北京教育出版社，2014：123.

其是作文之后的批改，一定要鼓励学生自己结合内容适用理论来进行自我的提升。

理论的学习是一个层面，老师引导了，学生就知道了，但是学生怎样用，用的是否巧妙，就是更深层面的尝试了。学生去欣赏学生的作品，去反观自己的作品，然后去修改自己的作品，结合学过的理论知识去修改自己的作品就如同反复实践尝试理论的运用，这样的效果是好的。比如上面所提到的时间和顺序的理论应用，结合一篇文章的示例，文章的事件进行错时处理，感觉马上有了变化，让学生自己尝试，他们会在自己的成功体验理论的过程中得到快乐，又回到前文所说写作的动机十足，作文的训练就不再是令师生痛苦的尝试了。

叙事学源自西方，在我国发展的时间并不久远，但是已然自成体系，叙事学强大的指导作用使其在文艺理论中大放异彩。叙事学的理论为小说的发展带来了巨大的影响，带来了小说叙事格局的变化，对于“叙事学”的研究和阐述不仅促进了小说的蓬勃发展，也从理论上给予创作者必要的叙事方法和技巧的指导。

叙事作为社会生活、人际交往的呈现和显示的途径，它可以记录事件的始末，可以传达内心的感受，可以引领阅读者在深入作品后与作者心灵碰撞，心意相通。可以说，叙事是生活、阅历、发展、思维、情感等的整合和显示。由此可见，叙事内容是基础，怎么叙事则是关键。一篇叙事文想要传达的故事和思想能否有效地展现，能否让读者读得明白，读得进去就不仅仅是素材可以解决的，叙事的技巧更是显得愈发重要起来。

初中生的作文主要是以“叙事”为主的记叙文，学生的反馈不尽人意一直是教学中值得思考的问题。恰当地将叙事学知识，比如叙述者、叙述视角、叙事的技巧(叙述态度、描写、多种感官的综合运用)等引入初中作文教学，引导学生学会运用叙事方法和技巧生动地将事件变为故事并表现在文章中，不仅可以为教师和学生提供在记叙文创作方面可供参考的理论，也可以为具体的作文创作和作文教学实践研究提供方法和依据，让学生的记叙文创作有波澜，有曲折，耐人寻味，生动感人，给学生平淡苍白的叙述带来活力和新意。

第三节　微点写作教学

形成于20世纪60年代的微型课程和20世纪前后的“微学习”理念对微点写

作的提出具有重要的意义。

对于微点写作，邵金喜老师这样表述，微点作文是将写作训练化整为零，化难为易，化粗为细，使学生写作能力聚零为整、积少成多、积薄成厚的系列作文教学策略。微点作文是一种作文教学方法。这种策略的基础是使作文教学真正做到从细微处着手。微点作文更是一种作文教学思想。这种思想的核心是让作文教学走一条由易到难、循序渐进的道路。

微点作文写作技法总体分为基础和综合两大块，基础部分对应写作语言训练，包括选用词语、句子拟写、修辞运用、段落拟写、景物描写、细节描写、人物刻画、事情记述、抒情技巧、人称角度、改写扩写、开头艺术、结尾艺术、思维训练、议论专项、中心阐述等分支；综合部分对应取材构思训练，包括取材、构思、立意、行文等方面。

以下结合部编版教材九年级上册第六单元写作训练《学习改写》进行具体阐述。

《学习改写》教学设计

教学目标：

1. 学习改写，掌握分类

2. 运用所学方法对文章进行改写训练

3. 借助联想和想象，有创意的表达

教学重点：学习改写的方法

教学难点：进行改写实践

教学过程：

师：同学们，这节课我们学习改写，改写是作文训练的一种重要形式，可以提高我们的写作能力，今天我们就一起来探寻改写的奥秘。

（一）学习改写，明确要求

师：首先要明确什么是改写？改写就是在忠于原作内容的基础上，通过改变文体语体和叙述角度等进行再创作，以服务于特定的需要。

师：改写常见的形式有三种，我们从易到难，首先学习改变语体，最常见的是在文言文和现代白话文之间的转换。可以将文言文改写成现代白话文，文言文改写不能等同于文言文翻译。翻译文言文，我们再熟悉不过了。请看寓言故事《刻舟求剑》，请几位同学来翻译接龙，一人一句，先读原文，再翻译。

《刻舟求剑》：楚人有涉江者，其剑自舟中坠于水，遽契其舟，曰："是吾剑之所从坠。"舟止，从其所契者入水求之。舟已行矣，而剑不行，求剑若此，不亦惑乎？（出自《吕氏春秋·察今》）

师：通过刚才的翻译，我们可以明确翻译的要求：逐字逐句的对应翻译，字通句顺，文意连贯；如果把这一段文言文改写成现代白话文，首先要忠于原作内容，写刻舟求剑的故事，然后按照一定的顺序充分展开故事情节，发挥合理的想象，设想人物会有什么样的动作、语言、神态、心理，运用多种人物描写手法来塑造人物，使改写后的文章，生动有趣，可读性强。

学生试写，要求：忠于原作内容，发挥合理想象，增补必要描写。

展示学生作品：

生1：江水又急又猛，阴冷的风拍在脸上，船磕磕绊绊地前行着，乘船的客人们不知怎的躁动起来，原来一个楚国人随身佩戴的剑不小心掉入江中，眼见水这么凶猛，剑也不知掉到哪去了。正当我替客人左右为难时，却见那人匆匆标记了一下剑掉的位置，拿小刀在船上刻下一个标记，便不慌不忙重新坐在船中，周围人问他，他却自信地说，自己按这个标记能找到剑。我又同周围人提出质疑，但见他仍执迷不悟，坚持自己的想法后，便等等看他要如何找回剑。到了岸边，他急匆匆跳入水中找剑，这怎么能找到呢？

师点评：通过合理想象，增加环境描写，交代人物活动的场所，但是人物略显苍白，不够鲜活，再增加一些人物描写就更好了。

生2：在一片辽阔的江上，一只小舟载着一个楚国人驶向远方，他身上佩戴着一把漂亮的古剑。刚一上船，他就拿起剑给船夫炫耀，船夫也赞不绝口，他便得意扬扬地舞起剑来。随着一道寒光闪过，他的剑突然向水中飞去，波纹一圈圈荡漾开来。

只见那楚国人不慌不忙地找船夫要来一把小刀，把剑掉入水中位置刻在了船上，便告诉满头雾水的船夫没有问题了，让他继续行船，自己却怡然自得地坐在船边欣赏风景。不久船到了岸边，只见那楚国人脱了衣裤径直跳入水中，在浅水处找起他的剑来，而剑在湖的中心，他在岸边又能找到些什么呢？

师点评：通过动作和神态描写，写出剑掉落的原因，可见此人性格特点：喜欢炫耀，人物更加鲜活

生3：我是一个楚国人，这次有事要外出远行，就在我乘船渡江时，船忽然一晃，我的剑便掉入江河之中，船中人大叫："你的剑掉进水里了，你的剑掉进水里了！"我便马上取出小刀在船舷上刻了个记号，淡定地对船中人说："不必着急，我的剑既然是从这里掉下去的，它必然就在于此，待船靠岸再捞也不迟啊。"我十分得意，丝毫听不进他们的劝告，书上不是说物体从哪儿落下便在哪吗。一路上，我欣赏着湖面风光，很是惬意。船靠了岸，我急忙照着标记的地方下水找剑。怎么找不着了呢？奇怪，难道书上说的是错的吗？

师点评：人物形象更加突出，通过大量的神态、动作、语言描写，把一个不听劝告，死守教条，看不到事物的发展变化的人，描写得栩栩如生。

师：而且这篇文章还有一点不同，文章写道："我是楚国人，我的剑……"而原文是"其剑自舟中坠于水"，我——第一人称，其剑——他的剑，原文是第三人称，改写时人称上发生了变化，把原文的第三人称改为了第一人称。

师：这其实是我们要讲的改写的另一种形式，改变叙述角度。所谓叙述角度，就是文章对事件、情节等内容进行观察和讲述的角度。

师：包括互换人称和改变顺序。人称主要包括：第一，第二，第三人称；第一人称是叙述者作为故事中的人物来讲述故事，第三人称是叙述者以旁观者的角度来讲述故事，第二人称是以"你"为故事中人物，比较特殊的一种方式。记叙顺序有：顺叙，倒叙，插叙，补叙。

师：刚才改写的《刻舟求剑》，有改变顺序的吗？

生4：只见一个人在水中，腰弯得很低，双手在水中不停地摸索，眉头紧蹙，神色很慌张，边找还边嘟囔着："我的剑呢？怎么找不到了？"岸上的人们很惊奇，忙向

旁边的船家询问:“这位老先生在找什么啊?”船家摇了摇头,很无奈地说:“刚才我为他摇船,行至湖中央,老先生的剑突然从船边掉了下去,老先生没有立即捞剑,而是拿了一块小石子,在船边做了记号,说是要等到船停后,从作记号的地方下去捞剑。我向他说这样不行,他不听,反而说我没有学问,你们说,他这样,可能捞到吗?”

师:这篇改写的文章采用的是倒叙的写法,先写结果,再叙经过,这样的好处是?

生:制造悬念,吸引读者。

师:改换人称和改变顺序,我们基本了解了,下面提升一点难度。请同学打开课本 127 页,看《三顾茅庐》第二段,第二段出现了哪几个人物?

生:刘备,关羽,张飞,诸葛均,童子,孔明

师:第二段出现了六个人物,作者却不是故事中的任何一个人物,作者是以旁观者的角度来讲述这个故事的,但是他可以掌控一切,统摄全局,下面我们就从这六个人物中任选一个人物,用第一人称来改写课文第二段

写完后先在组内交流,推荐本组最佳作品并点评。

各组代表展示,师生点评,总结写出优秀作品的原则:描写手法综合运用,人物性格鲜明突出,联想想象增添细节

展示学生作品:

生 1:那日,我正要出门赴邀,忽见三人牵马步行,原来是刘备三人又来了,他见我后,施礼走过来,问:“令兄在否?”我还礼答到:“昨暮方归,将军今日可与相见。”说完,便抓紧离开了。想起昨日我和哥哥在庐中交谈:“兄长一直隐居于这草庐之中,究竟等待何人?”兄长答道:“我这草庐一直宾客如云,时不时便会有心思各异的人带着重礼前来,但大都意志不坚,胸无大志,不是能成就一番大业之人。”而我听后,却更不解了,问道:“可哥哥既然早已为那刘备做好规划,想来已看中他的为君之道,而今已来拜请两次,为何仍不接见?”只见哥哥嘴角微微上扬,说:“虽早已听闻他爱民如子,以天下苍生为重,而今两次拜请,也实属不易,自古名君,无不以敬贤重德为根本,若他真有如此胸襟,也不枉费我甘愿为他效犬马之劳的决心罢。”

生点评:这篇短文是从诸葛均的角度来改写的,非常巧妙,角度独特,很新颖。文章主要采用了语言描写,借助诸葛均和诸葛亮的问答,写出诸葛亮等待明君,准备出山,造福百姓的特点。

生2:今天我正在打扫院子,一阵微凉的春风吹来,光秃秃的树枝已长出了新叶,想着离上次刘皇叔前来拜谒已不知过了多久。忽然有人敲门,我赶忙去开门,是刘备、关羽、张飞三人。张飞一脸不耐烦,只有刘备和颜悦色地问我:“先生在家否?”“先生正在室内睡觉,我这就去通报。”刘备连忙摆了摆手制止了我。我走进茶房去烹茶,茶香散在空气里,抬眼向窗外望去,张飞怒气冲冲的踱来踱去,关羽捋着他的胡子,若有所思。茶又凉了一次,热气又散去一次,张飞又走了一圈,春风又吹来一次,唯有刘备一人一动不动地站在先生门外。

生点评:这篇短文是从童子的角度来改写的,融入作者自己的理解和想象,重点在环境描写,通过环境显示时间的流逝,表现刘备的恭敬。

生3:日暮夕山,余晖透过窗纸斜射在我的身上,双目紧闭,心中却不停地思量着。我知道刘皇叔已在外等候多时,更知道他已经两次前来拜访了,前两次我故意避着他不与他相见怎想他这样有毅力。想我虽为一介村夫,却满腹经纶。我愿我一身才华能为天下苍生而谋福利,前来请我出山之人何其之多,拜访我的君王也不计其数,可我为什么继续隐居于这山林之中?因为我一直在等一个人,在等一个身居高位而能不迷失于权财之中,能一心为民,更能让自己的国家国泰民安的明君,这位刘皇叔是我一直在等待的人吗?屋外隐隐传来那张飞几句抱怨的言语。我又朝里壁去,只听玄德一句“切勿惊动”,我想这应该是他阻止我那书童通报的声音罢。良久屋外又归为沉寂,我的思想却一刻没有停止,一遍又一遍地完善着我精心准备的谋略。又过了一个多时辰,我才假装悠悠转醒,理了理衣袍,去见刘备。

生点评:这篇短文是从诸葛亮的角度来改写的,写诸葛亮假装睡觉,考验刘备,特别适合心理描写,心理描写细腻充分,写出诸葛亮对刘备的考验和期待。

师:改写的第三种形式:改变文体。常见的文体有:散文,诗歌,小说,戏剧。根据需要，这几种文体形式都可以互相改换。例如我把小说节选《三顾茅庐》改写成诗歌，就要遵循诗歌的特点：形式上要分行，有韵律，有节奏，语言要高度凝练。

附教师作诗：

南阳飞马刘关张
群山环绕草木香
隆中一对起贤良
鞠躬尽瘁世流芳

师：我们可以把小说改写成剧本，有同学利用课余时间把小说节选《三顾茅庐》，改写成了剧本，班里几个爱好文学喜好表演的同学，辛苦排练，排演了一出课本剧，请同学来欣赏。

附：《三顾茅庐》剧本

角色：刘备、关羽、张飞、诸葛亮、小童

地点：新野，卧龙冈

时间：东汉末年

道具：帽子，服饰，扇子，椅子

旁白　刘备斋戒三日，此番前往隆中再访诸葛亮。（刘关张三人台下交谈）

关羽　兄长两次前往拜谒，其礼太过矣。想诸葛亮有虚名而无实学，故避而不敢见。兄长何惑于斯人之甚也！（脸上微微愠怒）

刘备　不然，昔齐桓公欲见东郭野人，五反而方得一面。况此大贤耶？（关羽无言以对）

张飞　（张飞上前一步）哥哥差矣。量此山野村夫，何足称为大贤！今番不劳哥哥前去，他若不来，我自用一条麻绳缚将来！（面露凶色）

刘备　（大声呵斥，同时面色愤怒）汝岂不闻周文王谒姜子牙之事乎？文王且如此敬贤，况元直言此人有经天纬地之才，汝何太无礼！今番汝休去，我自与云长去。

张飞　（激动地说）既二位哥哥都去，小弟如何落后！

刘备　汝若同往，不得失礼。（无奈地说）

张飞 （不情愿地说）诺。

（刘关张三人快步上场）

旁白 刘关张三人前往隆中拜谒诸葛亮，刘关张三人步行前往草堂。

（三人边说，边走）

旁白 话语间三人已来到庄前叩门，童子开门相迎。

（童子上场）

刘备 （恭敬、微微抱拳）有劳仙童转报：刘备专来拜见先生。

童子 （面露为难）今日先生虽在家，但今在草堂上昼寝未醒。

刘备 既如此，且休通报。二弟三弟你们在此稍等片刻，切不可失礼。

旁白 刘玄德徐步而入，看到诸葛亮仰卧草堂几席之上。玄德见此侍立阶下，等了一会，诸葛亮仍未醒。关羽、张飞快步走入，却见刘备仍伫立阶下。

张飞 （对着关羽）（极其愤怒）哇呀呀，这先生如何傲慢，见我哥哥侍立阶下，他竟高卧，推睡不起！待我去屋后放一把火，看他起不起！（关羽拦住张飞）

关羽 （无奈，语重心长）贤弟稍等，汝若如此岂不辜负了大哥的一番好意。

刘备 （摆摆手）三弟不得失礼，退下退下。

童子 （张嘴）先生……

刘备 （微微摆手）且休惊动。

孔明 （翻身醒来）大梦谁先觉？平生我自知。草堂春睡足，窗外日迟迟。（伸懒腰）有俗客来否？

童子 刘皇叔在此，侯立多时。

孔明 （起身） 何不早报（面朝刘备）尚容更衣。

旁白 孔明转入后堂更衣，不移时，整理衣冠出迎。

刘备 （恭敬，下拜）汉室末胄，涿郡愚夫，久闻先生大名，如雷贯耳，昨两次晋谒，不得一见，已书贱名于文几，未审得入览否？

孔明 （谦虚）南阳野人，疏懒成性，屡蒙将军枉临，不胜愧赧。

旁白 二人叙礼毕，分宾主坐。

孔明 （谦虚）昨观书意，足见将军忧国忧民之心；但恨亮年幼才疏，有误下问。

刘备 （真诚）司马德操之言，徐元直之语。岂虚谈哉？望先生不弃鄙贱，曲赐教诲。

孔明 （摇头，一丝微笑）德操、元直，世之高士。亮乃一耕夫耳，安敢谈天下事？二公缪举矣。将军奈何舍美玉而求顽石乎？

刘备　大丈夫抱经世之才，岂可空老于林泉之下。愿先生以天下苍生为念，开备愚钝而赐教。

孔明　（微笑）愿闻将军之志。

刘备　（失落萎靡）汉室倾颓，奸臣窃命，备不量力，欲伸大义于天下，而智术浅短，岂无所就，惟先生开其愚而拯其厄，实为万幸！

孔明　（嘴角微笑说）皇叔可知，自董卓造逆以来，天下豪雄并起，今曹操已拥百万之众，挟天子以令诸侯，此诚不可与争锋。孙权据有江东，已历三世，国险而民附，此可用为援而不可图也，唯荆益二州诚可图也。

（停顿一下，给小童使个手势，小童上来挂图）

孔明　（指图）此西川五十四州之图，皇叔可先取荆州为家，再取益州立业，形成三足鼎立之势，尔后伺机逐鹿中原，统一天下，成就大业。

刘备　（离席拜，恍然大悟）先生之言，顿开茅塞。（微微皱眉）但荆州刘表、益州刘璋皆为汉室宗亲，备安忍夺之？

孔明　（笑）亮夜观天象，刘表不久人世；刘璋非立业之主：久后必归将军。

刘备　（刘备拜首顿谢，茅塞顿开）备虽名微德薄，愿先生不弃鄙贱，出山相助，备当拱听明诲。

孔明　亮久乐耕锄，懒于应世，不能奉命。

刘备　（哭泣，落泪）先生不出奈苍生何！

孔明　（叹气）将军既不弃，愿效犬马之劳。①

旁白　自此刘备待孔明如师，食则同桌，寝则同榻。孔明很感激刘备的知遇之恩，鞠躬尽瘁，死而后已。而三顾茅庐的故事，也成了中华民族礼贤下士、尊重人才的千古佳话。

（全剧终）

师：感谢几位同学的精彩表演，请这位同学来讲讲小说改写成剧本的方法。

生：小说注重塑造人物，叙述故事，描写环境，剧本主要包括台词和舞台说明，

---

① 中华人民共和国教育部．义务教育教科书九年级上册．北京：人民教育出版社，2018：127—130．

改写时可以把小说中人物的语言、心理描写，改写成剧本中的台词或旁白；把小说中人物的神态、动作、肖像描写，改写成舞台说明，通过演员表现出来；小说中的环境描写，可以改写成剧本中的布景。

师：改变文体时要注意每类文体的特点，通过改写我们可以更好地了解和掌握各种文体。

（二）课堂小结，心中有数

师：改写不仅使我们更好地了解各种文体、语体、人称、顺序，学会用不同的表现形式来表现同一内容，加深对原作的理解，而且对提高阅读和写作能力很有帮助，希望我们能够运用，但不拘泥于今天所学到的方法，改写出更多更好的文章，来交流分享。

（三）学以致用，再次提升

1. 必做题

(1)将课上的练笔修改润色，誊抄在作文本上

(2)将刘湛秋的《雨的四季》改写成诗歌

2. 选做题：把《范进中举》改写成剧本。

课后反思：

（一）微点写作教学有效地落实了部编教材的编写意图

部编版新教材特别重视学生的写作训练，每册书都会有 3—5 个写作活动，每个活动都可以看作一次微点写作的训练内容，教师可以根据学生的实际情况，适当扩大或者缩小写作训练的训练点，做到更有针对性，使目标更加清晰，操作性更强，聚焦学生的写作困难点，有针对性地逐个击破，从而提高学生的写作水平，使作文课发挥更大的作用，真正把部编新教材的写作训练落到实处。

（二）微点写作教学较好地激发了学生的写作兴趣

采用多种评价方式，意在尊重学生的个体差异，能较好地激发学生的写作兴趣，体现其成就感。教师评主要从示范与指导的角度与学生沟通，重在激励与提升，小组评主要从语言和技巧方面进行评价及修改，多角度的作文评改方式，有助于师生之间、生生之间的沟通，进而激发学生的创作激情

多欣赏评价同学的佳作，让学生在认同中揣摩，有助于体会写作技巧，而且身边同学受到赞扬，能激发其他学生萌生赶超的愿望，最大限度地提高写作能力。

(三)微点写作教学有助于加强改写训练

改写不仅是初学写作者进行写作练习的一种训练方式,也是作家进行创作的一种方式。古希腊诗人荷马写了两部史诗《奥德赛》《伊利亚特》,美国的两位作家查尔斯·兰姆和丘尔契分别将它们改写成了散文,效果很好。有些基础较差的学生,面对作文题目,常常不知如何下笔,写些什么。经常进行改写训练,能使全体学生都有下笔之处,而且可以改变学生背作文套作文的坏习惯,而是试着动笔自己写作文,改作文。

微点写作能对学生写作中的关键困难提供必要的支持,可以促进学生的写作学习,知识点高度集中并能有效发挥作用,但实施的前提是对学生的写作情况有深入的了解,根据学生的情况确定写作的训练点,不能完全依照教材,而是需要教师自行开发有针对性的训练点。这对教师来说,也有一定的困难,需要我们在今后的教学中不断探索和努力。

第四节　注重读写训练

部编版教材构建了"三位一体"的阅读教学体系,即教读＋自读＋推荐阅读＋课外阅读 ,更加重视课内阅读和课外阅读。每一阅读单元后都有写作任务,让作文训练序列化,系统化。作文倡导与生活结合,与阅读结合,与实践结合,写作权重增加,注重读写结合,注重学生阅读能力和写作能力的培养。

叶圣陶先生在《〈略读指导举隅〉前言》中说道:"国文教学的目标,在养成阅读书籍的习惯,培植欣赏文学的能力,训练写作文字的技能,这些不能凭空着手,都得有所凭借,凭借什么?就是课文或选文。"①教材中的课文,都可以是学生进行写作训练的优秀范例。我们在平时的语文教学中,不仅要培养学生的阅读能力,更要在阅读中贯穿写作的思想。叶圣陶先生在一封谈语文教学的信中说道:"学生须能读书,须能作文,故特设语文课以训练之,最终目的为:自能读书,不待老师讲;自能作文,不待老师改。训练必做到此两点,乃为教学之成功。"②

---

① 叶圣陶,朱自清.略读指导举隅[M].北京:中华书局,2013:1.

② 中央教育科学研究所.叶圣陶语文教育论集[M].北京:教育科学出版社 1980:717.

一、利用教材打消畏难情绪

写作文,是中学生比较头痛为难的一件事。尽管中考作文占50分的大分值,但还是有学生一字不写。究其根本,在于学生对写作有畏难情绪,总觉得没有内容好写,即使有内容也不知道如何写。我们在平时的教学中,首先就要打消学生对写作的畏难情绪。正如部编教材七年级上册第一单元写作训练《热爱生活,热爱写作》中所说:"从现在开始,同学们不妨放下畏难心理,试一试,先别考虑像不像一篇文章,就从身边的事写起,写自己熟悉的事情,写自己最想表达的情感和想法,不给自己设定什么目标,加上什么框框,这样写起来就会很放松,不觉得难了。"学生一旦抛开畏难情绪,不把写作当成一件难事,就会思想放松,产生写作灵感,便会涌现出很多原创优秀作文。

二、利用教材进行写作训练

(一)借鉴经典语句

作文,最开始离不开借鉴和模仿,教材中的每一篇文章,小到一个标点、一个词语,大到一个句子、一个段落,都值得我们借鉴模仿。关键是教师要给学生铺好路搭好桥,指导学生"照着葫芦画瓢",即教给学生如何借鉴模仿。

比如,《社戏》中,鲁迅先生用"我的很重的心忽而轻松了,身体也似乎舒展到说不出的大。"①来写"我"终于可以去看戏的愉悦心情,又从嗅觉角度,描绘了豆麦、水草的清香;从听觉角度,描写了宛转悠扬的笛声、孩子们的欢笑声;从视觉角度,描写了淡黑起伏的连山、皎洁的月光、闪亮的渔火,写得有声有色有味更有情。把江南水乡所特有的清新优美描绘得淋漓尽致;烘托了"我"急于看到社戏的愉快和迫切的心情。

赏析了这几段描写的妙处,我给学生创设了一个具体的情境,让学生"小试身手"。

练习1:请你仿照这几段,试着写写当你得知比赛获胜或者成绩优异时的情景及心境。

---

① 中华人民共和国教育部.义务教育教科书七年级上册.北京:人民教育出版社,2017:17.

我紧张极了,手攥得紧紧的,手心里湿漉漉的都是汗,忽然听到老师念到:“第一名张书赫”时,我的很重的心忽而轻松了,身体也似乎舒展到说不出的大,我飞也似的出了校园,一下跨上自行车,它像一条上下翻飞的游龙,背着我,在车水马龙的街道中穿梭,整齐的道旁树和五彩的霓虹灯,被我的“游龙”甩得远远的,看着堵车的司机艳羡的眼光,我的心情更加美好。骑着骑着,我仿佛听到爸爸那爽朗的笑声,闻到妈妈做的饭菜的香气 。

(张书赫)

练习 2:“我不喝水,支撑着仍然看,也说不出见了些什么,只觉得戏子的脸都渐渐地有些稀奇了,那五官渐不明显,似乎融成一片,再没有什么高低。”这是描写“我”看戏累了困了的情景,想想晚上的自己,试写一段。

11∶30 了,我还没有写完,可我不想停下,支撑着依然在写,也觉不出写了些什么,只觉得试卷上的字好像活泼的小蝌蚪,不停地游动,渐渐地又融成了一片,再也看不清了。

(钟翃)

学习写作,最好的方法就是模仿借鉴,但模仿不是抄袭,而是在借鉴的基础上的一种再加工再创作。学会模仿借鉴,是迅速迈出写作的第一步。

(二)学写身边小事

初中语文教材选用的课文都是文质兼美的范文,为初中生写作提供了很好的范例。文学大咖的笔下也不乏生活中温暖人心的大情小事,有些文章非常贴近生活。例如《背影》中,父亲穿过铁道给儿子买橘子的这一段,就是描写细致,平凡普通的生活化片段。我们在教学这一部分时,不妨抛开对文章方法和特点的分析,而是以一种闲聊的态度和学生共同探讨:父亲步伐不稳,摇摇晃晃地走到铁道边,他年纪又大,腿脚不便,只能慢慢探身下去,他身体肥胖,吃力地爬上月台,只有对儿子饱含深爱,才会不顾一切,只为给已经上大学的儿子买几个朱红色的橘子。父亲对儿子的深情完全融入这一系列的动作中,发自内心,自然而然。朱自清先生之所以能够用如此直白普通又饱含深情的文字记述这一件日常小事,是因为此时此刻,父亲的行为使他深受感动,他觉得父亲可亲更可敬。

我们可以引导学生由课文走入生活，静下心来想一想，生活中，你是否留意过亲人朋友关心爱护你的细微举动？你是否深受感动？回忆一下，他们关爱自己时的语言、动作、神态又是如何？你体会到他们对你的深情了吗？能用文字表达出来吗？

这样，由阅读顺势走入写作，自然流畅，丝毫不会给学生带来写作的心理压力，而是由阅读唤起他们自身的生活体验，引导学生观察身边小事，体会平凡小事中蕴含的深厚感情，最终诉诸笔端，一篇篇优秀的文章就自然产生了。

我慢悠悠地走下楼去，一出教学楼，就远远地看到妈妈单薄的身影，她双手交叉抱在胸前，来回不停地在校门口徘徊，在地上留下了一串又一串杂乱的脚印，她时不时地向学校里张望着，头上身上都已经积了一层薄薄的雪花。我心里一颤，快步走了过去，妈妈看见了我，高兴的挥了挥手，她急忙从怀里拿出水瓶，从栅栏的空隙中递了过来，我慌忙用手接过水壶，水壶是暖暖的，可是妈妈的手却是冰冰的，我不禁打了一个寒战。此时的妈妈像一个犯了错误的小孩一样，满脸的愧疚。这时一阵寒风吹来，雪花纷飞，吹得人睁不开眼睛，吹乱了妈妈满头的银发，吹得妈妈的衣襟飞舞起来。“快回去吧，我……”妈妈的话被寒风裹挟夹杂着，听不大清楚。“哦。”说完，我转过身，头也不回地跑进校园。随着转身的那一刻，强忍许久的泪水从我的脸颊滑落，是因为对妈妈的愧疚，还是妈妈送来水壶的感动，我始终没想清楚……

（刘雨彤）

（三）学习写作手法

我们在阅读教学中，常常会分析文章的写作手法，如《阿长与山海经》的欲扬先抑、《赤壁》的以小见大，《紫藤萝瀑布》《一颗小桃树》的托物言志，《春望》《天净沙·秋思》的以乐景写哀情等写作手法，我们可以引导学生在写作中，运用课文中学到的写作手法，使自己的文章卓尔不群。

在《天净沙·秋思》中，作者用“小桥流水人家”这一和谐温馨美好的情景，来反衬游子有家不能归的凄苦。其实，在生活中，学生经常也会出现不能回家的情况

（情景是下雨天我回到家没有带家里的钥匙，在楼外面孤独地等着父母的

到来。)

我望着被雾气缭绕的楼群,隐约感到黄白交织的灯光,我仿佛看到那些有灯光的屋里和谐的景象:一家人团聚在桌前喝着酒,吃着香喷喷的饭菜,一丝饭香仿若飘入我的鼻尖,喉咙不自觉地动了动,咽了咽口水,像在咽下食物一样。恍惚间,我觉得自己就是那卖火柴的小女孩,在那寒冷的世界,挨饿受冻,孤独寂寞。(赵瑞)

这篇小练笔中就使用了乐景写哀情的写法,和小令中的“小桥流水人家”的诗句有异曲同工之妙。

在学完《阿长与山海经》后可模仿文中欲扬先抑的写法,写自己因为误会对某人感到讨厌,后来真相大白又充满敬意的事件;心理描写突出的课文,如《最后一课》,可以模仿文中对小弗郎士出色的心理描写,描写一段“开学第一天”的心理,还有同学受到《一颗小桃树》明写小桃树,暗写自己的启发,写了像大树一样无私奉献,荫庇子孙的爷爷。

故乡的冬天很冷,以至于片刻阳光都成了馈赠,故乡的老树很矮,就像散落在一方贫瘠土地上的几个音符,在无边的守望中吟唱着冬去春来,这正像他——我的爷爷。他半世辛劳,不知不觉已至垂暮之年。

记得那一年,我被工作繁忙的父母送到了他家,三间斑驳的土坯房,院子里错落着几棵老树,一眼望去,一片荒凉破败。爷爷在前院弯着腰拾着柴火,如同一张老旧的弓,他宽大的袄袖里露出一半截粗糙的手臂,手背上青筋暴起,见我来了她忙扔下手中的柴火,拍了拍身上的尘土,憨厚地对我笑起来,脸上的皱纹挤在一起。那一刻我仿佛看到了院子里的老树,他们都是那样的弱小、平凡、卑微、可怜。

我对爷爷费尽心思给我买来的小玩意嗤之以鼻,对他唠唠叨叨的关心毫不在意,我们之间仿佛隔着一层深涧,其中流淌着我的冷漠和疏离。终于到了离开的日子,我心里充满了幸灾乐祸的兴奋和期待,爷爷却不安地坐在一旁,嘴唇嚅动了几下,最终默默无声。

我拉开门,寒风带雪往我的棉衣里钻,天地之间一片苍茫,一个小心翼翼的声音从身后传来,“下雪了路滑我送送你吧。”我无可奈何点头答应,就头也不回地向前跑了出去,脚踩在雪地上发出吱吱的声音,仿佛是雪花无力的呻吟,突然身后传来一声大喊伴随着粗重的喘息,我回过头只见爷爷披着一件单薄的外套,正一瘸一拐的朝我跑过来，他一把握住我的手，从衣兜里掏出几粒水果糖塞到我手里，我想到爷爷每天早出晚归，我们很少见面，但每天醒来后床头总会出现这种糖，普通却很甜。

"爷爷……"我的话淹没在寒风中，他的脸渐渐模糊了，只见他笑了，脸上的皱纹舒展开来，就如同院子里的那棵老树，燃烧了自己的枝干，却温暖了我的整个寒冬。

从那以后每年假期我都会回老家陪陪爷爷，我们在枝繁叶茂的大树下，聊着学校里发生的趣闻……

爷爷就是家族的一棵老树，缠绕着世事的艰辛，踟蹰在冬天的边缘，却悄悄奏起春的乐章。

（潘菁菁）

三、开展名著阅读促进写作

阅读是吸收，写作是表达，指导学生写作必须与阅读相结合。我们在重视引导学生从课本中积累素材，模仿借鉴之外，还要积极组织学生从课外阅读中吸收营养，丰富写作素材，学习写作方法，真正使阅读和写作成为一种习惯。平日我们常说："阅读改变人生，书香浸润灵魂。"我们在平日的阅读教学中，应立足文本，加强阅读习惯的培养，提高写作能力。叶圣陶老先生说过："阅读和写作都是人生的一种行为，凡是行为必须养成了习惯才行。临时搬出些知识来，阅读应该怎样，写作应该怎样，岂不是要把饱满的整段兴致割裂得支离破碎？所以阅读和写作的知识必须化为习惯，在不知不觉之间受用它，那才是真正的受用。"①

近日，天津市"中考"改革正式启动，道德与法治、历史成为中考考试科目，满分100。自古以来，文史不分家，学生通过对历史的深入学习，了解历代王朝的政治经济文化有助于对文言文和诗词的理解。道德与法治有助于对学生进行爱国主义教育、价值观的培养，对语文写作立意深广、情感积极健康有极大的帮助。通过三个学科的渗透融合，更加有助于语文阅读和写作能力的提高。

俗话说："冰冻三尺，非一日之寒。"作文教学也并不是朝夕之间就能做好的事

---

① 叶圣陶. 文章例话——叶圣陶的二十七堂作文课[M]. 沈阳：辽宁教育出版社，2005：5.

情。我想，只要在每天的阅读教学中贯穿好作文教学的思想，抓住文本在写作方面的特点，并辅之以恰当、到位的教学方法，不仅可以提高学生的阅读能力，更可以为写作教学铺就一条捷径。

第二章　问道课堂

——提高阅读教学效益

第一节　主问题教学，释放课堂活力

所谓“核心素养”一定是最基础、最主要、最本质的素养，它是具有生长力的素养，是种子素养。语文学科的核心素养主要包括四个方面：“语言建构与运用、思维发展与提升、审美鉴赏与创造、文化传承与理解”。语文学科四个方面的核心素养以语言为载体，融汇交织，密不可分。其中“语言建构与运用”是根基和途径。“语言”建构与运用的过程，恰是“思维发展与提升”“审美鉴赏与创造”“文化传承与理解”达成的过程。当然，“思维发展与提升”能使“语言建构与运用”更加理性和丰富，“审美鉴赏与创造” 能使“语言建构与运用”更有品位和魅力，“文化传承与理解” 能使“语言建构与运用”更有厚度和广度。

结合教学实际来看，学生自主阅读课是落实语文学科核心素养的极为重要的课型。教师凝练主问题，以主问题为指导，能够有效地帮助学生在自主阅读文本时筛选和提取关键词句，在语言文字的基础上，思索建构独属自己的语言体系；凝练主问题，用主问题调控课堂，教师方能放手课堂，还课堂于学生，学生才能成为课堂真正的主体。教师能够凝练主问题，放手课堂，才更有利于有效落实语文核心素养。

怎样通过主问题设计，放手课堂，真正落实培养学生的语文核心素养呢？以下结合部编教材八年级下册第一单元自主阅读课《灯笼》进行具体阐述。

《灯笼》教学设计

教学目标：

一、研读文本的重点段落和文句，使学生们切实感受作者寄寓的情思，品味作品中富于表现力的语言。

二、设计与文本相关的语文学习活动，使学生得到语言和思维的训练，激发他们的语言和思维的潜能，从而提升他们的语言能力和思维品质，进一步培养学生的语文核心素养。

三、通过对文本内涵的挖掘，感受吴伯箫先生以“灯笼”为线牵引出的成长之路上的思与悟，在领略其人格风采的同时，于润物细无声中浸润学生的思想、提升学生的境界。

《灯笼》一课虽是自读课，但文章内容非常丰富，情感深厚而充沛，对八年级的学生来说，自主阅读起来是有一定难度的。预则立，在布置预习时，教师便把凝练出的主问题集中在“情思”二字上，并设计学案如下：

一、通读全文，把握结构，根据个人理解，画出独属自己的思维导图。

二、结合文中重点词句，初探文中体现的吴老的“情思”。根据下列提示，结合文本，尝试回答提出的问题。

1. 情思解读的第一关键词：静穆。

问题：深入研读文本2、3段有关祖父的语段，谈谈你对祖父的认识，请用“从______词句中我领悟到祖父是一个______的人，他给予我______”这样的句式来回答。

静穆：

明确：

吴老的第一重觉悟：

2. 情思解读的第二关键词：意味深长。

问题：文章从第7段开始，吴老的思绪开始飞扬，逐步融入了一些其并未经历的历史场景及事件，有诸多内容是通过想象完成的，大家能帮老师把7—10段里作者想象的内容找出来吗？

明确：

问题：能把想象部分删掉吗？把想象部分删掉文章岂不是更显简洁与真实？（提示：找出想象部分的依据，讨论想象部分在内容和结构上的作用）

明确：

吴老的第二重觉悟：

3.情思解读的第三关键词：马前卒。

问题："我愿就是那灯笼下的马前卒"中"马前卒"是什么意思？为什么要加上"那灯笼下"？灯笼上为什么要写"霍骠姚""李广""裴公"这几个人的名字？为什么要是"斗方大字"？结合第9段，思考文中提到"字"，"字"里究竟承载了什么？

明确：

问题：文章到了誓愿"我愿就是那灯笼下的马前卒"应戛然而止，为何还要再加上12段的内容，"唉，壮，于今灯笼又不够了。应该数火把，数探海灯，数燎原的一把烈火"，是否画蛇添足呢？

明确：

通过预习学案的反馈，教师将教学重难点及教学方法定位如下：

教学重点：

引领学生深入理解文章中作者寄托的情思，激发学生语言和思维的潜能。体悟散文以"情思"为核心来构架、选材、传情、达意的创作特点。

教学难点：

深入研读文章中有关作者思绪飞扬和沉淀的7—10段，感受作者在特殊时代背景下独特的思与悟。

教学方法：

师生合作探究

谋定而后动，在做了充分的准备和调研后，教学过程便重在学生的思维提升和情感陶冶了。通过文本把"情思"落到实处是教学过程的整体指导思想。

教学过程：

（课前两分钟学生课前预习时画的思维导图，用PPT循环播放，展示出来，以期达到鼓励"先进"，激励"学困"的效果，让每位学生都能在欣赏中温故而知新。）

一、导入：

孙中山先生在民族危矣的关键时刻，根据革命形势，把人分成三大类：先知先觉，后知后觉，不知不觉。显然吴老是个有知觉的人，他在将近而立之年，面对内忧外患，结合个人成长经历，以“灯笼”为线将个人对人生的知觉记录和传承下来。经过上节课的学习，大家掌握了字词，对文章脉络有了较为清晰的认知，赏读大家的作业，感慨良多，大家的知觉能力真是超乎想象，然而吴老是这样一位创作风格的散文大家：

（课件展示吴老的创作风格）吴伯箫有一个写作习惯，就是一般不即兴成文，而是积累了一段时间的感情之后，再回过头来追述从前的经历。这样写成的散文作品，经过一番回味、洗练之后，浮光掠影变得清晰明确，片面感受便汇成了完整的印象。

吴伯箫散文善于从“一枝一叶”的普通事物中深入挖掘，以小见大，从平凡中引申出深刻的内涵，促人积极向上。

显然，一课时的学习还远远不够，这节课希望大家带着已有的“觉悟”，从“心”出发，深入研读文本，体悟吴老在文中寄寓的情思。

二、情思解读的第一关键词：静穆。

问题：深入研读文本2、3段有关祖父的语段，谈谈你对祖父的认识，请用“从______词句中我领悟到祖父是一个______的人，他给予我______”这样的句式来回答。

此环节最需点拨学生的是对祖父给予的“静穆”境界的理解。

那个深谙人情世故，见惯了人世百态，将一切狂涛大浪在见到提灯笼来接的孙辈时，都归于平静的祖父，给予我的是“最高贵的单纯”。多年以后，当我对这一切有所领悟时，便被祖父拥有的“静穆”境界所震撼，原来静穆是将心胸里情感的风浪、意欲的波涛、外部世界的灾难统统摄进宁静和雅的大境界。祖父之爱伟岸！

回望童年，无论是母亲还是乡人，那些人，那些事都成为滋养心灵，成就敦厚心性的源泉。吴老的第一重觉悟：那种熙熙然庭院的静穆，是一辈子思慕着的。这是情感的净化和升华。

明确：忆往昔，祖父这个拥有静穆境界的人，给予我最高贵的单纯。

三、情思解读的第二关键词：意味深长。

问题：文章从第7段开始，吴老的思绪开始飞扬，逐步融入了一些其并未经历的历史场景及事件，有诸多内容是通过想象完成的，大家能帮老师把7—10段里作者想象的内容找出来吗？

明确：

唐明皇在东宫结绘彩为高五十尺的灯楼，遍悬珠玉金银而风至锵然的那种盛事太古远了，恨无缘观赏；金吾不禁的那元宵节张灯给彩，却曾于太平丰年在几处山城小县里凑过热闹：跟了一条龙灯在人海里跑半夜，不觉疲乏是什么，还要去看庆丰酒店的跑马灯，猜源亨油坊出的灯谜。家来睡，不是还将一挂小灯悬在床头吗？梦都随了蜡火开花。

想起来，族姊远嫁，大送大迎，曾听过彻夜的鼓吹，看满街的灯火，轿前轿后虽不像《宋史·仪卫志》载，准有打灯笼子亲事官八十人，但辉煌景象已够（很）华贵了。那时姊家仿佛还是什么京官，于今是破落户了。进士第的官衔灯该还有吧，垂珠联珑的朱门却早已褪色了。

用朱红在纱灯上描宋体字，从前很引起过自己的喜悦；现在想，当时该并不是传统思想，或羡慕什么富贵荣华，而是根本就爱那种玩意，如同黑漆大门上过年贴丹红春联一样。自然，若是纱红上的字是“尚书府”或“某某县正堂”之类，懂得了意思，也会觉得不凡的；但普普通通一家纯德堂的家用灯笼，可也未始勾不起爱好来。

宫灯，还没见过；总该有翠羽流苏的妆饰吧。假定是暖融融的春宵，西宫南内有人在趁了灯光调绿嘴鹦鹉，也有人在秋千索下缓步寻一脉幽悄，意味应是深长的。虽然，“……好一似扬子江，驾小舟，风狂浪大，浪大风狂”的汉献帝也许有灯笼做伴，但那时人的处境可悯，蜡泪就怕数不着长了。

问题：能把想象部分删掉吗？把想象部分删掉文章岂不是更显简洁与真实？（提示：找出想象部分的依据，讨论想象部分在内容和结构上的作用）

想象部分是理解吴老家国之思的突破口，吴老通过想象这种特殊的思维形式。在头脑里对已储存的或历史或文学或戏曲的相关内容（《岁华纪丽》《宋史·仪卫志》《长恨歌》《逍遥津》）进行加工改造，突破时间和空间的束缚，形成了新的认知——意味深长。此部分是要突破的重难点，教师应充分尊重学生的看法，学生自己得出的答案，只要没有科学性错误就应被采纳。在交流碰撞中期望学生能够深入理解作者在古今观照中所寄寓的家国之思。

明确:不能删掉,删掉后不是简洁是单薄,想象部分的内容增强了文章的历史厚重感;想象并不是不真实,文中的想象部分都有文史的依据,在想象的过程中,吴老的思想通向了更深广的家国之思,形成了更深刻的领悟—意味深长,这是更深层次的真实。

吴老在思绪的飞扬和沉淀中,完成了第二重觉悟——意味深长的家国之思,在敦厚的心性之上,其思想的觉悟必定也是深广的,其胸怀和境界也因此而开阔,其行动也将更加笃定。

四、情思解读的第三关键词:马前卒。

阅读第11段,"那灯笼上你不希望写的几个斗方大字是霍骠姚,是汉将李广,是唐朝裴公吗?雪夜入蔡,同胡人不敢南下牧马的故事是同日月一样亮起了人的耳目的。你听,正萧萧班马鸣也,我愿就是那灯笼下的马前卒。"

问题:"我愿就是那灯笼下的马前卒"中"马前卒"是什么意思?为什么要加上"那灯笼下"?灯笼上为什么要写"霍骠姚""李广""裴公"这几个人的名字?为什么要是"斗方大字"?(这是帮助学生思考的过渡类问题)结合第9段,思考文中提到"字","字"里究竟承载了什么?

明确:马前卒:旧时在马前吆喝开路的兵卒差役。现比喻没有目的地为人奔走效力的人。(现多含贬义)"字"里承载的是"盛世记忆,文化,艺术,责任,自信,豪迈……"因为这种承载和背负,吴老对家国的"爱"在特殊时期便幻化成一种笃定的行动:"我愿就是那灯笼下的马前卒"。这便不再是一个贬义词,也不再是一个盲目的行动,而是成为保家卫国的一种誓愿!

问题:文章到了誓愿"我愿就是那灯笼下的马前卒"应戛然而止,为何还要再加上12段的内容,"唉,壮,于今灯笼又不够了。应该数火把,数探海灯,数燎原的一把烈火",是否画蛇添足呢?

明确:最后一段从结构上来讲与首段遥相呼应,从内容上来看,写出了一位对现实有着深刻觉悟的知识分子对国家现状的担忧,对祖国未来的深切期望,更写出了这位甘为马前卒的觉知者为唤醒更多同仁为国赴汤蹈火的摇臂呐喊!这是一位清醒的勇士!敢于直面淋漓的鲜血!强烈呼吁国人在沉默中爆发!用行动践行国家兴亡匹夫有责!

不禁想到了《我的祖国》里的那几句歌词:这是英雄的祖国,是我生长的地方,在这片古老的土地上，到处都有青春的力量！壮哉！

五、总结升华

吴老在回忆中升华情感，追思中沉淀思想，现实里勇敢担当，《灯笼》里寄寓的情思具有超越时空的魅力，带给我们温暖和力量。

问题：联系现实生活及个人经历，谈谈吴老给我们带来怎样的人生启发？（畅所欲言，总结升华）

明确：（提示）醇厚的情感成就深广的思想，深广的思想成就笃定的行动，这一路再大的风吹雨打，想来，人生也应是无虞的！

附：第一单元推荐阅读

清华大学纪录片《无问西东》

鲁迅《呐喊》吴伯箫《羽书》

沈从文《湘西散记》《边城》

汪曾祺《大淖记事》《受戒》

冯骥才《俗世奇人》

课后反思：

《灯笼》一课尘埃落定，但对孩子们和自己的影响却是深远的。带领孩子们做每一课的思维导图，是一直在坚持的，孩子们思维能力的强大总是超乎想象的，如这一课当中，同样有太多令人耳目一新的思维导图出现：

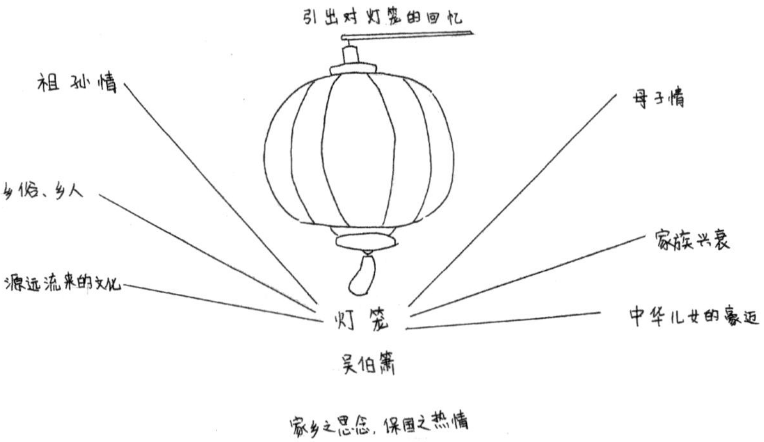

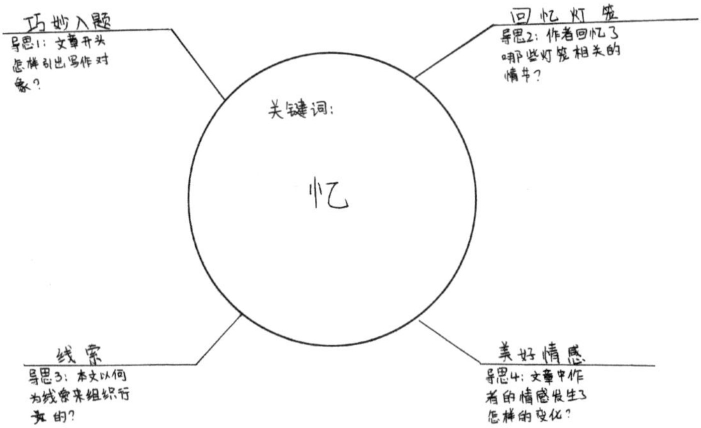
巧妙入题
导思1：文章开头怎样引出写作对象？
回忆灯笼
导思2：作者回忆了哪些灯笼相关的情节？
关键词：
忆
线索
导思3：本文以何为线索来组织行文的？
美好情感
导思4：文章中作者的情感发生了怎样的变化？

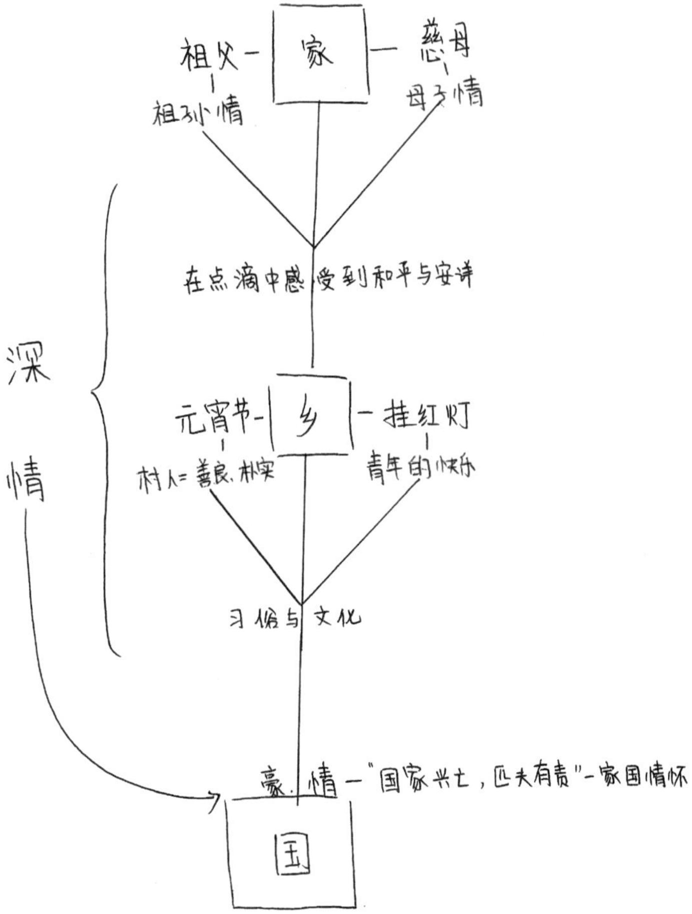
祖父—家—慈母
祖孙情
母子情
在点滴中感受到和平与安详
元宵节—乡—挂红灯
村人：善良、朴实
青年的快乐
习俗与文化
深情
豪情—"国家兴亡，匹夫有责"—家国情怀
国

在看到孩子们的思维能力和思维能力的表现能力后，我被深深地感动了，有耕耘方能有收获，学生如此，师亦如此！教学相长，孩子们的努力，促使当老师的更加勤奋和上进，在准备这一课的过程中，为提出精准的主问题，教学设计被彻底推翻三次，改进若干次，最后聚焦在“情思”二字上，以“情—思—行”贯穿全篇，抓住文本关键词“静穆”“意味深长”和“马前卒”。学生更加有章可循，并能够深刻体悟到吴老深沉的情思。课堂上思想之花更是碰撞的火星四射，学生挖掘出了齐鲁大地的民风民俗，领略到了唐宋盛世繁华，更体悟到朝代更迭，盛衰变化的自然之理，发出意味深长的喟叹。以文本为基，以思维做线，审美与文化于无声中滋养着师生的性灵。时隔数日，一位同学在写作时，把“静穆”这种美学境界写在他对亲情的理解上，让我惊叹；寒假时，一位同学发信息问我，《知否》电视剧中那个帝王的原型可是宋英宗？老师，我深刻地记得《灯笼》中提到的英宗登基时的盛况……此时的我是震撼的，得法，得思，得情于课内后，还能在生活中被自然的唤起，灵活的运用，这不正是我们这些耕耘在一线的语文教师所期所盼的吗！幸甚至哉！

第二节　从游式教学，引导自主学习

“从游式教学”是一种极高的教育理想，曾被众多教育家赞赏和论述。

清华大学校长梅贻琦早在 1931 年，就倡导从游教育，读之豁然开朗，梅贻琦先生把学校比作海洋，师生好似游鱼，遨游在知识的海洋中，“大鱼先导，小鱼尾随，是从游也”指明了教师在教学中引领、指导、示范的作用，学生在教师的示范指导下，日日观摩，主动思考，耳濡目染，自然收到良好的效果。具体到语文教学中，教师不是表演者，不能一味地讲；学生不是看客，不能一味地听，而要参与其中，把从教师那里学到的方法，运用到平时的阅读和写作中。教师和学生是平等相处、亲密无间的相协从游关系。

部编版新教材特别区分了教读课和自读课，教读课讲方法，自读课用方法，让学生从知识的被动接受者转化为知识的主动探究者。教师作为“大鱼”应该及时了解学生的学习状态，引导他们掌握方法，学会思考，学会质疑，学会合作解决疑难，提升学生自读课的学习质量。

以下结合部编本教材七年级下册《带上她的眼睛》一文阐述“从游式教学”在自

读课教学方面的尝试与探索。

《带上她的眼睛》教学设计

教学目标:

1.把握小说主要情节,学习设置悬念的写作手法。

2.学会利用旁批,自读课文。

3.学习小姑娘的崇高精神。

教学重点:学会利用旁批,自读课文。

教学难点:学习小姑娘的崇高精神。

教法学法:本文是一篇自读课文。教师需对阅读方法稍加点拨即可,主要让学生依靠已有的知识能力合作完成学习内容,因此,本课的教法学法有以下三种。

1.猜想法。利用猜想文章故事情节,训练学生思维,培养学生的想象力和创造力。

2.读书指导法。教师指导学生通过阅读教科书、网络资料获取知识。学生通过阅读,掌握读书方法,提高自学能力,养成良好的读书习惯。

3.质疑讨论法。学生提出疑难问题,小组及全班同学共同进行讨论,解决问题。

教学过程

(一)猜想导入,激发兴趣

在学习这篇文章之前,不需要学生提前预习,不让学生阅读文章,上课伊始,只出示课文标题和作者,让学生看着文章题目,提出疑问。

生1:她是谁?为什么要带上她的眼睛?怎么带上她的眼睛?

生2:眼睛会不会有什么象征意义?

教师:能否进一步大胆猜想文章内容?

生3:我猜想她可能是一个得了绝症的女孩,把自己的眼睛捐献出来,帮助了一个盲人,这个盲人得到了她的眼睛,获得了光明,带着她的眼睛,帮助她实现某个愿望。

生4:我记得刘慈欣好像是个科幻作家,这篇文章应该是一篇科幻小说,那么眼睛很可能是某种高科技产品,可以帮助人类看得更广更远。

（二）浏览课文，整体感知

教师：请同学们带着自己的猜想，快速浏览课文，四人一小组，每组一个 iPad 用于辅助教学，完成以下任务。

1. 标注课文段落，浏览文章。

2. 利用工具书校正读音和查找注释。

3. 借助网络资源，了解科幻小说及作者刘慈欣。

4. 之前的哪些疑问找到了答案？哪些猜想和文章内容吻合？

5. 文章的哪些内容突破了你的想象？是什么原因限制了你的想象力？

5 分钟后，小组代表展示。

①科幻小说

②刘慈欣

③内容："她"是落日六号的领航员，被困地心，"眼睛"是一个传感眼镜可以同步传送视觉触觉味觉嗅觉听觉。猜想和文章内容吻合的部分很少。

④飞船飞向地心，进行地下探索，"眼睛"是个传感眼镜，有如此神奇的作用，地航飞船的设备等都是我们从来没有想到的。作者刘慈欣的想象力太丰富太神奇了。

原因：读书太少，知识面不广，思想懒惰，思维定式。

（三）借助旁批，细读文章

1、教师：旁批一共有几个？哪几个是在向我们提出的思考题？

(1)"眼睛"还能被人带走？开头就设下悬念，引发读者的阅读兴趣。

(2)小姑娘的表现是不是有些奇怪？

(3)如何理解"我"精神上的变化？

(4)谜底逐渐揭开，前面的种种疑问和悬念都有了答案。

(5)对地航飞行的想象，涉及了一些科学知识，令人感到真实。

(6)是第一，更是唯一。孤寂。

(7)从这段话中可以看出小姑娘怎样的性格特点和精神品质？

生 5：旁批一共 7 个，有两道思考题。

教师：想一想，现在你能回答哪一个思考题？

生 6:我能说说小姑娘的性格,我觉得她越来越坚强。

生 7:她一直按照研究计划努力工作,从地核中搜集整理宝贵的资料,有为科学研究现身的精神。

生 8:她勇敢坚强,积极乐观。

生 9:她热爱自然,热爱生命。

教师:另外一个呢? 如何理解“我”精神上的变化?

生 9:“我”最初觉得生活是灰色的,是孤独寂寞的,经过小姑娘的感染,我的心中长出了绿芽,我逐渐能够感受到大自然的美好。

生 10:小姑娘改变了我,我不再对周围的一切感到麻木,而是开始关注生活,感悟生活。

教师:“我”是故事的叙述者、参与者、见证者、更是改变者。小姑娘虽然被困地心,心灵却是自由美好的,“我”身体是自由的,心灵却是麻木封闭的。结尾,“我”觉得地球变得透明了,“我”能感受到她的心跳,听到她的歌声,说明我真正地打开了被世俗封闭已久的心灵,重新拥有了对生活的热爱和诗意。

教师:处理完两个思考题,我们再看旁批,哪一个是在提示文章的写作手法?是什么写作手法?

生 11:第一个旁批提示文章使用了设置悬念的手法。

教师:刘慈欣很会讲故事,尤其善于制造悬念,请大家找找,把设置悬念的语句画出来。在找寻语句时也可以借助旁批的帮助。

教师:找同学来分享设置悬念的语句,并讲讲找寻的方法。

生 12:语句略,方法:第二个旁批就提示我,小姑娘的种种奇怪表现都是设置悬念,一直找到第四个旁批对应的段落就可以停止了,因为第四个旁批提示我们“前面的种种疑问和悬念都有了答案。”

教师:剩下几个旁批是对文章内容的点评,帮助我们更好地理解文章。我们在读文章时,要充分利用旁批,它对我们的阅读理解文章很有帮助;我们在阅读时也应该养成随读批注的习惯,试着对所读文章的内容、人物形象、艺术手法、阅读感想等进行批注,对我们的阅读和写作都有帮助。

(四)再读课文,解决疑难

仔细阅读文章,边读边想,仿照旁批,把阅读感受批注在书边上,把疑惑写在书边上,四人一组,小组交流,解决疑问,解决不了的用 iPad 上传到班级群,我们来共同探讨。

学生上传组内无法解决的问题，教师汇总筛选后，大屏幕展示，交给大家讨论研究（全班 40 人，10 个小组，共上传问题 23 个，筛选后，和语文教学相关的，比较有探讨价值的问题 3 个）

问题 1：这篇文章是科幻小说，应该是假的，为什么读完让人觉得那么真实？

讲解：这篇小说是科学和幻想的完美结合，想象丰富奇特，又有科学依据，人物情感丰富细腻，“落日六号”的运作失事等情节合情合理，符合读者的思维习惯，给读者带来真实感。

问题 2：11 段“啊，我也闻到了，真像一首隐隐传来的小夜曲呢……”闻到小夜曲这搭配吗？

讲解：这是一种修辞手法，叫通感，通感就是把不同感官的感觉沟通起来，即视觉、听觉、触觉、嗅觉、味觉等等各种官能可以沟通。

这一句把嗅觉和听觉沟通起来，一缕淡淡的清香，好似若有若无的小夜曲，女孩对花香的诗意感觉，表现出她对美好事物的热爱。

例如：“微风过处，送来缕缕清香，仿佛远处高楼上渺茫的歌声似的”（朱自清《荷塘月色》）

这一句同样是把嗅觉转化为听觉，给人以飘忽微妙、新颖奇异的动人境界。

问题 3：14 段“呀，天啊，这是什么？草原的风?!”这两个标点可以连用吗？第一次见到标点这样使用。

讲解：问号叹号可以叠用，加重语气，表示句子包含疑问、感叹两种语气而且都比较强烈。问号叹号连用，正是小姑娘身处封闭狭小炎热的空间，对突然而来的清新凉爽的风异常敏感，反应强烈的表现。

教师：希望同学们能像小姑娘一样，用细腻的心去感受生活的美好。

（五）布置作业，拓展阅读（2、3 可任选一项完成）

1. 续写：文章结尾小姑娘说：“将来，也许会有地心飞船找到落日六号并同它对接”，请展开联想与想象，续写一段。

2. 推荐书目：刘慈欣《三体》《朝闻道》《超新星纪元》可以有选择地进行阅读，写读后感一篇，一个月内完成。

3. 推荐电影《流浪地球》《星际穿越》，有条件的可以观看，并写观后感一篇，一个月内完成。

课后反思：

首先，对于自读课，教师备课时要领会新教材的编排意图，上课时要有课型意识，课上注重加强学法的指导，不要过多的讲解，让学生对自读课文真正能做到自读理解，把教读课中学到的方法，自觉地运用到自读课中。

其次，猜想环节有助于培养学生的想象力，激发学生的创造性，训练学生的发散思维，让学生自己构思并对比作者构思与自己构思的区别，从而体会作者构思之巧妙。

再次，指导学生在阅读理解课文时利用好旁批，真正让旁批发挥作用，而且在阅读中要学会旁批的方法，读书动笔墨，阅读更深刻。

最后，在阅读文章的基础上，培养学生的思考和质疑的精神。学完一篇文章，学生提不出任何问题，其实是最大的问题。这说明他们只是在被动地接受，而没有主动的思考。本节课 40 个学生仅仅提出 23 个问题，说明还有一部分学生缺乏质疑的精神，还要在今后的教学中加以培养。另外，教师在备课时，会充分考虑学生情况，根据学情展开教学，但在教学过程中，学情往往会发生新的变化，让学生提出问题，根据学生的问题展开教学，有助于对学生情况的探测和分析利用。根据学生的情况适当调整教学的重难点，更加有针对性。

本课是对“从游式教学”的一种摸索和尝试，目的是提高学生的自学能力，使学生能够自主学习，主动探究，做学习的主人。

第三节　深度教学，促进思维发展

“核心素养”明确了教育培养的目的是让青少年学生具备发展和适应社会必备的综合素养。如何有效提升学生的素养，采用合适的教学方法和思路无疑是最好途径。伴随着核心素养的提出，“深度教学”也进入我们的视野。我们的语文教学有时会将知识简单、直接、机械地灌输给学生，过于注重表层的符号教学的形式除了提高学生的成绩以外，在关注学生的身心成长和素养发展上建树不多、不实。实际上，教师教学的重点不在于知识灌输的多寡，而在于学生是否能理解知识本身的特点和知识之间的内在逻辑结构，以及学生能从知识本身的学习中获得生命的意义，做到这些，才是教学真正地走向了“深度”。深度教学并不是一味增加知识的难度和广度，深度教学的核心是能在教学中引发学生对知识深入地思考和探究，从横向和纵向找到知识与知识之间的逻辑关系以及了解某一类相通知识的异同。引导学生能够运用深度学习的所得来解决在后期学习中遇到的疑难问题。

一、深度教学的基本内涵

深度学习源于人工神经网络的研究，深度学习的概念由欣顿教授(Geoffrey Hinton)联合多位学界专家于2006年提出。从学校现实教育的角度来说，学生的深度学习何教师的深度教学相辅相成。郭永祥从知识的“符号”“逻辑”“意义”三方面论述了基于深度学习的深度教学：“有效教学必须超越表层的符号教学，由符号教学走向逻辑教学和意义教学的统一，我把这种统一称为深度教学。”

学者李松林在教学中更加注重学生的情感和思维发展，认为所谓的深度教学不仅要准确把握学科的本质和知识内核，更应该触及学生的情感、态度、价值观以及思维的深处。

华中师范大学郭元祥教授认为：深度教学不是指教学内容越深越好，而是相对于知识的内在构成要素而言，丰富教学的层次，实现知识教学的丰富价值。深度教学是引导学生深度学习的一种教学策略，关注学生的学习过程、关注学习者对知识的核心概念和基本原理的深层次理解、关注学习者对所学知识的自我建构和学习意义的找寻。

二、深度教学的课堂特征和实施

深度教学的特征之一是教师引导学生掌握知识背后潜藏的能力、价值和情感，掌握学科能力、学科思想、学科经验形成学科素养；特征之二是教师在课堂上思考的更多的是如何促进学生的发展和变化。

深度教学的实施：

引导学生掌握系统的书本知识，学会运用知识，理解知识背后的价值。

引导学生掌握知识的内在逻辑和系统，构建横向和纵向的知识体系，让学生所学的知识内化成他们自己的知识结构。

实施策略：理解—体验—觉悟

深度教学就是为了引导学生进行深度学习，刨除学习的功利性和程式化，由关注知识的获得转变为关注学生的成长和发展。深度教学真正让学生从学习中收获有益于自身发展和终身学习的内容,促进自身学科素养和整体素养的提升。这种学习强调的是知识的一个整体的结构,避免碎片化学习带来的知识割裂和系统性缺失,由得分的机器转变为一个有能力、有思想,能积极思维,主动探究的发展性的人。

以下结合《梦回繁华》和《春》进行具体阐释。

《梦回繁华》教学设计

教学目标

1. 把握课文的说明层次,理解作者的写作思路。

2. 理解本文摹状貌说明方法的作用,进一步感受文章语言科学、生动和典雅优美的特点。

3. 了解《清明上河图》这幅画作的艺术价值和社会价值,激发学生对中华优秀传统文化的热爱。

教学重点

朗读、浏览与细读相结合,把握说明文的相关知识,进一步掌握科普文章的阅读方法。

教学难点

理解本文摹状貌说明方法的作用,体会说明文语言的多样性。

教法学法

本文是一篇自读课文。学生依靠已有的知识能力可以独立完成部分学习内容,但仍有一些学习内容需要教师点拨。因此,本课的教法学法有以下三种。

1. 谈话法。在文章语言特点的突破中,师生可以通过问答、交谈的形式来议一议"文中描写了哪些人,这些人有什么动作?"在这些教与学的关键之处通过提问来引导学生思考,加深对文章的理解。

2. 任务驱动法。文章的学习安排了两个任务——梳理文体知识和感受语言特点。学生在教师的帮助下,围绕任务,可以更主动地进行探索和互动协作学习,增强学习的目的性和主动性。

3. 教师引导学生借助思维导图,建构本课的知识体系。学生在课前结合思维导图进行预习,初步了解这篇说明文的文体知识,为本课学习新知做好充分的准备。

教学过程

1. 导入

世间一切都是遇见。冷遇见暖，就有了雨；冬遇见春，有了岁月；天遇见地，有了永恒，人遇见人，有了生命；毛宁遇见了《清明上河图》，有了《梦回繁华》；我们遇见了《梦回繁华》就有了这美好的45分钟。（导入语中部分出自《朗读者》）

2. 活动一：浏览课文，梳理文体知识

教师导入结束后，先让学生朗读课文，同时提出问题让学生们在听读课文的过程中思考：作者是如何运用语言文字将《清明上河图》解说清楚的呢？

听读课文结束，教师让学生再浏览课文并独立完成导学案。我设计的导学案包括基础知识和思维导图两个方面。学生完成导学案后先交流生字、新词，画作的相关资料和张择端的介绍，然后在完成思维导图后解决教师刚才布置的问题。最后，给学生们几分钟推选出优秀导学案到黑板前进行展示。

3. 活动二：细读课文，感受语言特点

①让学生默读第四段并考虑这样一个问题：

作者分三层介绍《清明上河图》这幅画作的哪些特点，又体现了文章语言的什么特点？

精细阅读文章第四段，学生在默读中用笔圈点勾画出概括画作特点的词句，比如："热闹、繁忙、繁华"这些词语从文中很容易就可以筛选出来。然后，课件出示《清明上河图》漕船驶过拱桥部分的画作和视频，让学生先看直观的图片和视频，感受文章呈现出的热闹和繁忙，从文章中找到相应的语句具体说一说这些特点是如何通过语言文字展现的？

比如："船正在放倒桅杆，准备过桥，船夫们呼唤叫喊，握篙盘索。桥上呼应相接，岸边挥臂助阵，过往行人聚集在桥头围观。"让学生议一议，说一说在文中写了哪些人，这些人有什么动作？

②巩固练习，让学生再从文中找找体现汴京"繁华"的词句，圈画出来，品一品，说一说。

③让学生突破第四段的限制，略读课文，找找体现文章语言生动的其他例子。

④作为一篇文艺性的说明文，本文用生动的语言再现了汴京的繁华。确实，文章也多处提到"繁华"一词。教师让学生思考一下，文章中这几处"繁华"的含义是

否一致?

大部分学生会在文章第二段、第四段中找到,在分析“繁华”的含义时基本都指出“繁华”这个词体现了当时北宋汴京人多,商铺多特别繁荣热闹等等。有的学生也能提到文章第二段和文章题目中也出现了“繁华”,教师着重带着学生分析一下这两处“繁华”的不同含义。

“繁华”对于南渡的北宋遗民来讲含义是:他们不能回到故土,汴京繁华不在,他们观画想念当时的繁华,只能梦回。孟元老云:“我如今追思往事,回忆起来怅然伤怀,……”梦回繁华,隐藏于繁华背后的心情,是流离失所、繁华难觅、留恋怀念的惆怅。

“繁华”对于现今的我们来讲含义是:题目“梦回繁华”一方面是指宋代的繁华毕竟已经逝去,不可能再经历。现今,我们只能透过画作梦回汴京来体验千年前的社会生活和当时广阔多样的物质文明。另外一个方面,一幅《清明上河图》带领着我们在梦中游历了这种繁华,体验了北宋社会经济的繁荣,物力财富的丰庶和百姓生活的富足。这样巨大的艺术成就和价值是值得我们自豪和骄傲的。这些就是画作对于我们来讲最重要的艺术价值和社会价值。

《清明上河图》分析的角度很多,我们只能择其一种,此画的价值还有更多有争议和值得探究的内容就留给学生课后自己挖掘。

4.课堂练习

本课的课堂练习包括基础知识和写作两部分。其中写作练习是一篇学生学习课文后当堂完成的习作,要求学生运用今天课上所学的摹状貌的说明方法,仿照文章第四段来介绍教师提供的画作《忙过年》。

5.课后作业

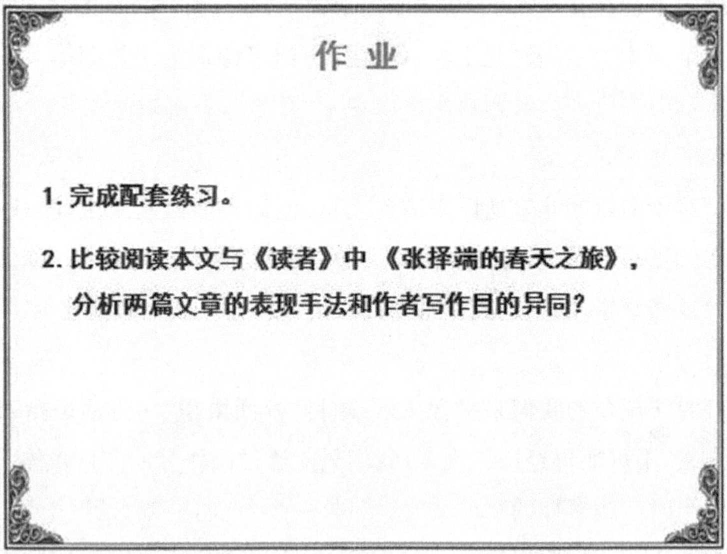

【板书设计】

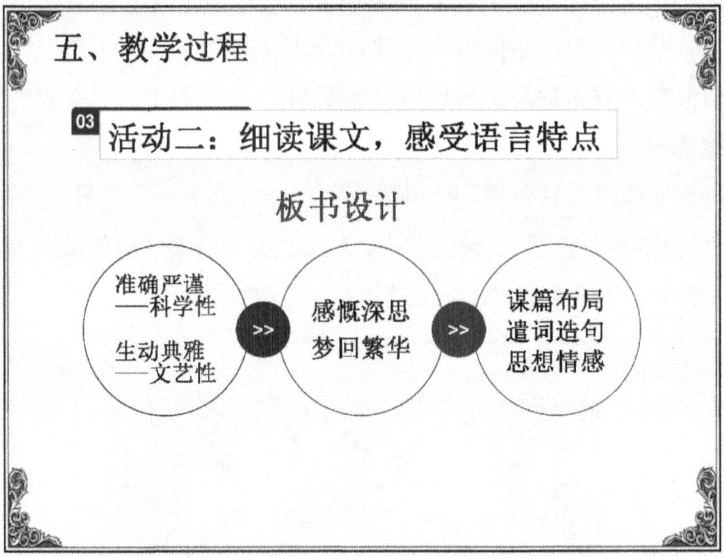

【课后反思】

首先，各种形式的读，朗读、浏览、细读相结合，引导学生获得系统的课本知识，同时在教学中从说明性文章整体学习的高度深化学生对本课文章的感知，实现对其他文章的延展。

其次，本课的教学从学生的生活经验和已有的知识背景出发，超越静态的知识观，克服单课教学的局限性，注重让学生在学习实践的过程中提升学习能力。

最后，本课教学是单元教学内容的逐步扩展和提高，体现了与单元教学内容的连续性和系统性，教学既注重引导学生巩固说明文的文体知识，深入感受文章的语言特点，激发学生对传统文化的热爱，也注重让学生通过学习更立体地获得知识信息，激发学习兴趣，引发学生探究思考，借助已有的知识体系来吸纳新的内容，不断完善说明性文章阅读的系统，提高学科素养，实现教育价值。

本课的教学体现了深度教学较强的参与性、探究性、体验性以及深度地反思和感悟，让书本知识真正成为学生理解的东西，成为学生的个人知识。

《春》教学设计

教学目标：

1. 朗读课文，师生互评，发现文本中展现的春景美。
2. 理清思路，学习作者谋篇布局的精巧构思。
3. 欣赏散文的语言，感悟作者的情感。
4. 深入作品的意境之中，激发学生热爱美、热爱大自然的思想感情。

学情分析：

七年级学生刚从小学毕业，投入崭新的初中生活。他们精力充沛、朝气蓬勃、智慧焕发。他们具有半儿童、半成人的心理特点，他们热爱表现，乐于表达，愿意在一定的社会团体中得到认可和尊重，这个阶段的学生进行小组合作学习更能迎合他们急于表现的心理，也使得组内合作更具有实效性。我所任教班级的学生学习的能力较强，喜欢挑战和探索，敢于表达自己的想法，由于年龄和知识储备的限制，使得他们对问题的分析不够深入，但是可喜的是分析问题的热情高涨，思路开阔。

教学重点：

发现文本所展现的春景之美。

教学难点：

能用自己的语言表达出对文本中美的词、句、语段的感受，有自己独特的阅读体验。

教学过程：

（一）导入

古木阴中系短篷，杖藜扶我过桥东。沾衣欲湿杏花雨，吹面不寒杨柳风。南宋僧人志南在春风细雨中拄杖出游，乐亦无穷。春一向是文人墨客吟咏的对象，“乱花渐欲迷人眼，浅草才能没马蹄”。再如“不知细叶谁裁出，二月春风似剪刀”，等等。无一不是经久不衰的名篇，诗歌如此，散文也是佳作频现，今天我就与大家共赏一篇优美的散文——朱自清先生的《春》。

（二）预习闯关

教师检查学生预习的生字、解词和作者情况。

同学们在我们共赏美文之前，先请大家做几个闯关游戏。看谁能为大家拿到美文赏析的入场券。

1. 基础关。

2. 表达关。

有一位来自北极的小熊，它从未感受过春天，你们能否用自己的语言来为他介绍一下我们熟知的“春”。

教师过渡：好，谢谢同学们，你们生动地为小熊展现了一派活脱的春色，现在就让我们携手走进朱自清先生用文字创设的美妙情境。

（三）深入文本，感受美

细读课文。

教师引导学生思考：请同学们结合原文找到你最喜欢的春景，说说你认为它美在哪里，为什么？（结合小组讨论，鼓励学生将自己喜爱的春景与同学交流，互相分析、学习。）

反馈格式：我喜欢__________描写春天美景的句子，原因是：____________________________。

（四）回望文本，悟情美

对学生的表达进行小结。

1. 同学们说的都很好，只有深入的品析才能感受到朱先生笔下的春之美，真如同学所说，春天的景美，美在草嫩、草绿、满都是；美在花多、花艳、香扑鼻；美在风柔、风香、声悠扬；美在雨多、细密、雨润春。更美在充满希望，沐浴春天的人，“以我观物，物皆着我之色彩”，作者写了这么多能展现春之美的景物，这其中蕴藏的情感是什么？（看起来是写景其实是主观的抒情）赞春！

2.分析结尾三个比喻。

（五）品味文本，唱响美

1.小结：

（盼春、绘春都是为了赞春，前者是借助景物来抒情，景物不单纯是物，是情感的载体，这属于间接的诗意化的抒情，到文末作者感情集聚，凝聚成三个比喻，直接迸发出对春天的无比赞美之情。）

2.学生齐声朗读课文。

现在让我们用自己最美妙的声音去朗读，再次去体悟朱先生笔下美好的春景。

（六）延伸文本，表达美

作业：仿写秋天片段

请同学们仿照朱自清先生《春》选一个你喜欢的秋景来写一个片段。

结束语：新鲜、可爱、美好，叫人欢欣，令人惊喜的春，教会了我们如何去表情达意，教会了我们如何去热爱生活。春，已然在我们的心灵中幻化出一派充满诗情画意的美好景象。

教学反思：

朱自清的散文《春》一条主线，若干对象，灵活的笔法，呈现了文章形散神凝的特点，也凸显了自由不拘的内容，亲切、直率的语言风格。就像“寻常说话一般，读了亲切有味”。朱自清先生这篇文章写于1933年，文章也体现了我国五四时期散文的一般特点。

春天，草绿了，花开了，风吹着，雨下着，这些美景在平时由于习惯，视而不觉，感而不知，知而不新。但是，诸多的名家借着他们敏感的笔触为我们呈现了不朽的名作。我们熟知的朱自清先生也把这些表现得新鲜、可爱、美好，叫人欢欣，令人惊喜。

作者的字里行间流露出对春天急迫期待和热情赞美的情感，春光无限好，春天的一切都分外的美，他的这种美的感觉又不是直接说出来的，而是通过他的语句将这种微妙感觉传达出来。

基于上述准备和分析，教师在设计《春》的教学时，把握住散文阅读的特点，着重让学生去感受美，体会美，表达美；由外而内，由浅入深，牢牢把握住“盼春—绘春—赞春”一条线索去品味文章的春景美、语言美、感情美。

在授课的过程中，学生的表达欲望极强，能够较为熟练地运用语言来表达自己独特的体验，并愿意和同小组同学、全班同学及老师进行交流。教师在整合同学们的分析和学生自己的小结归纳的过程中与学生共同领略朱自清先生散文语言的精彩，也挖掘到其语言的深刻内涵。师生对这篇散文有了更深的理解。

蒲松龄曾说："书痴者文必工，艺痴者技必良。"喜欢读书的人，提笔就能写出漂亮的文章，因此，在授课的结束之际留给学生一个自我表达的作业，目的是让学生课后能继续回味文章的语言特点和文字魅力，让学生拥有内化的时间和方式。

当我们深入到《春》的艺术境界中时，我们会为那美丽的春光所陶醉，会为那洋溢的诗情所感染，会为那盎然的生机所激励。春，一定会在我们的心灵中幻化出一派充满诗情画意的美好景象。

第四节　创新设计，提升综合能力

部编教材的"活动·探究"单元打破了原有的一课一练习模式，用任务驱动单元教学。这种设计整合阅读、写作、口语交际，以及资料搜集、活动策划、实地考察等，形成一个综合实践系统，读写互动，听说融合，课内课外结合，培养学生的语文综合运用能力。一线教师应深刻领会编者意图，以立德树人为本，发挥教师的主导作用，创新教学活动设计，推进语文课程改革，提升学生核心素养。以下结合部编版教材九年级上册第一单元"活动·探究"任务三"尝试创作"进行具体阐述。

一、结合教学需求，调整教学内容

教材中任务三"尝试创作"的"备选题目"设计有其合理性，"备选题目一"意在引导学生表达想对父母说的话，"备选题目二"则是写出对朋友的生日祝福，这些都十分贴近学生的生活，能使他们带着真情实感投入到创作中去，教材也旨在引导学生有这样的认知：每个生命个体对生活中的人、事、物，都有自己独特的情感体验，这恰恰就是诗歌创作的源泉。"备选题目三"要求学生对本单元所选的《乡愁》《我爱这土地》《你是人间的四月天》《我看》四首诗歌进行仿写，意在引导学生学些优秀诗歌的表达技巧和语言特色。

编者的意图非常好，给教师进行课堂活动设计提供了一条有效的思路——从学生的生活入手。然而三个备选题目之间却没有形成应有的梯度，在一节完整的课堂上也不好呈现，结合学生实际，要想带领全班四十名同学一起进行诗歌创作，而且在课堂上要进行交流、评价、再生成，这样的话就有必要确定一个共同的话题。在共同话题的基础上，进行由浅入深、层层递进的有逻辑的教学设计，教学过程才可能实现应有的广度和深度。这样的教学才更有利于学生思维能力的发展和提升。考虑到学生的年龄特点和日常生活状况，教师在遵循教材的基础上进行适当调整——确定了创作的主题“青春”，指导学生在同一话题下尝试创作。

二、设计学生活动，提升核心素养

语文教学面临的一大难题便是“如何以活动的形式传递语文知识”，即教师如何把学术形态的知识转化为适合学生探究的认知形态的知识，让学生在实践中获得语文的素养与能力。

大部分语文知识仅仅靠口述或记忆的教学传授是不行的。尤其在写作教学中，这个问题最突出。教师教学生尝试创作，如果仅仅是把创作的技巧讲给学生听，可能讲几百遍也是白费力气，所以必须要设计好活动的形式，所谓“寓教于乐”就是这个道理，让学生在参与活动中将知识巧妙地转化为能力。

就尝试诗歌创作教学而言，如何发挥学生主体作用，调动学生的生活体验，通过语言文学的相关思维活动，如联想和想象等，架起学生从情思到思维，再由思维到诗化语言表达的桥梁，就成为有效课堂的奥秘所在。

结合学生的实际情况，本节课设计了有主题、有梯度，逐层渐进逻辑性强的四步课堂活动：

（一）导入，明确活动任务

尝试以“青春”为话题创作诗歌，用学生的自制视频，帮助大家一起回顾两周来和同学共同经历的点点滴滴，为活动的开展做准备。

有效的课堂导入，不仅能够为课堂教学做铺垫，还可以有效地调动起学生参与这节课的积极性，学生的参与兴趣一旦形成，就会主动与教师和同学们进行对话和互动，就会打开思路，形成生生之间、师生之间思维的互动与碰撞，这样，学生自主学习的课堂氛围就会自然形成。接下来这节课就会按照学生的节奏来进行，而不是老师费力地牵着学生走。教师要敢于放手，由学生自己讨论、策划、组织，教师扮好指导者、协调者的身份即可。

“尝试创作”是部编版新教材的全新任务单元，教参并没有提供太多的参考资料，如何进行有效的导入，着实需要下了一番功夫，可以激情语言式导入：诗歌真是一个奇妙的存在，第一单元的现代诗带给我们太多的感慨，《沁园春·雪》卷舒风云、纵论古今，词人的识见、胸襟、理想随着文字自然而然流向我们的内心，滋养我们的气魄；《我爱这土地》中艾青出人意料的假设自己是一只“鸟”，它用整个生命为挚爱的“土地”歌唱，诗中动人心魄的河流、风、黎明等意象，带我们走进挚爱的海洋；《乡愁》带着古典诗词的神韵和魅力，让我们在一唱三叹中深味乡愁的怅惘……

这样的设计能有效调动学生已有的知识储备，但形象性和生动性差了许多，而且与第一单元活动探究单元的设计意图相左。教师可以请诗歌朗诵环节的学生评委，收集同学们在自主研读环节的单元思维导图，共同研究、录制以学生为主体的课堂导入视频。这样的导入成为落实学生的核心语文素养的有效途径之一。

（二）活动一，研读与提炼

研读课本 13 页“技巧点拨”部分，提取要点，用思维导图，表达自己对创作诗歌过程的理解。

尝试诗歌创作这一任务，在课堂上应高效实现的教学目标之一便是——写作技巧的点拨，而细读教材，就会发现教材中点拨的方法充分而到位，关键是学生在解读的过程中能否吸收和运用，而此环节，思维导图的恰当运用便能够直观地看出学生思维的亮点和不足。

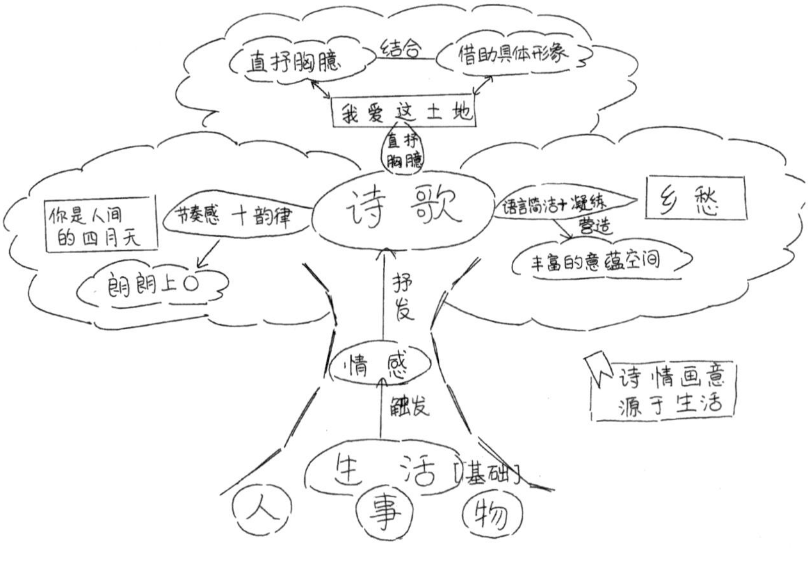

由学生的思维导图发现学生对于本单元任务一的完成度较高，表现在上图便是“枝繁叶茂”，但很明显学生对于联想和想象的作用是有所忽略的，至少是没有意识到联想和想象在诗歌创作过程时在思维中起到的桥梁作用，这就需要老师加以点拨和引导。联想和想象也因此成为尝试创作过程中需要突破的重难点。同时根据学生的思维导图，也可以发现，学生在进行创作时的底层逻辑并没有那么清晰，能达到下图思维导图水平的同学还是有限，所以创作过程就需引导学生，注重“树木”根基的思考和积累。经过创作实践，让学生清晰地认识到丰厚的情感和深广的思考才是诗歌创作的根基。在此过程中切实地落实了课标中对学生语文核心素养的要求。

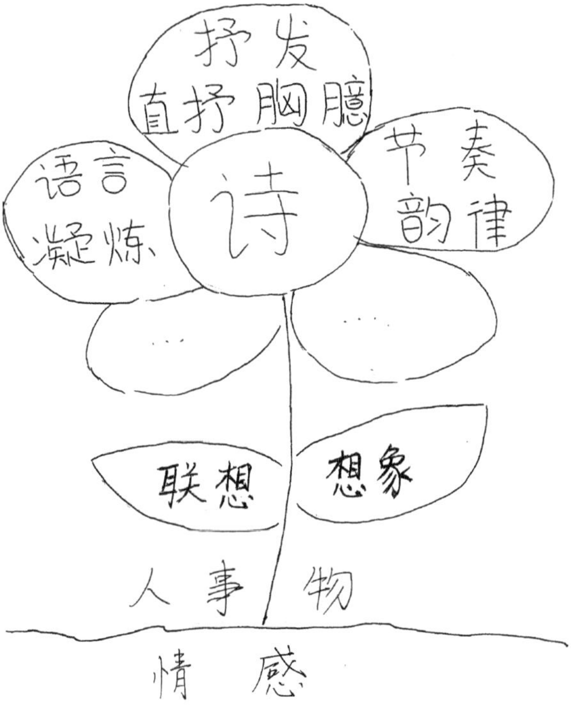

（三）活动二，分享与续写

和同学一起拉开记忆的闸门，点开视频二。让情思奔涌，与同学分享被影像记录下的青春时光里被触动的情思中最独特的那份！

小组内每人分享光影背后独有的故事，共同感受青春时光中沉淀的情思，结合切身体验，沿着思维脉络，极尽联想和想象，研讨后请续写。

"青春在时光中漫步，

和我撞个满怀，

我感觉到……"

信息技术与课程融合是由信息技术与课程整合延伸出来的一种教育思想和理念。融合的重点在于课程实施层面，即把信息技术作为工具与语文学科的教与学有机地融合在一起，以促进教学过程的最优化，提高课堂教学效益。这种融合不仅包括学科教学内容和信息技术的融合，还包括构建新型的教与学的方式。信息技术在学科教学中的作用是辅助而不是干扰，信息技术为教学提供资源、工具，提高教学的效益，打造高效课堂。

课程标准要求："灵活运用多种教学策略和现代教育技术，努力探索网络环境下新的教学方式；精心设计和组织教学，重视启发式、讨论式教学，启迪学生智慧，提高语文教学质量。"[①]信息技术是为课堂教学服务的，它是一个非常重要辅助性的工具。结合教学重难点，在单元任务下发之初，指导孩子们借助 App——时光手账，精选自己最喜欢，最愿意和同学分享的能体现青春故事的照片，记录心情，凝练故事，准备课上分享和研讨。

这项课前工作不仅为课堂的高效打下了坚实的基础，而且在准备素材的过程中让学生真切地意识到，语文课堂仅靠课堂的四十五分钟是远远不够的，真正的语文课堂其实就是生活本身。有了时光手账的恰当运用，学生可以把课上创作过程中，意象选取和运用不尽如人意的地方，继续修正，在同学之间，或和老师之间进行有效的研讨，学生也可以充分利用时光手账，做到随时记录生活的点点滴滴，让创作诗歌成为一种常态，成为孩子们生活的一部分。这恰是实现学生语文核心素养的重要且有效的方式。另外，笔者通过希沃课堂助手实现课堂上的即时互动，用自制视频和音形相得益彰的图集从视觉听觉等多个角度调动学生感官，不仅很好的辅助教学，达成教学目标，而且从多个角度、多个层次实现对学生语文核心素养养成的有效训练。

（四）活动三：尝试创作

以小组为单位，整合已有关于"青春"话题的素材，可参照《你是人间的四月

---

① 中华人民共和国教育部. 义务教育语文课程标准（2011 年版）[S]. 北京：北京师范大学出版社，2012：19.

天》，自拟题目，创作一首表达形式相近的诗歌（1－2 小节即可）；自创形式亦可，注意节奏和韵律。

四步课堂活动中，导入环节，学生自制的回顾视频，有效地调动了学生这段时间以来的积累，为课堂的主体活动——尝试创作的有效开展打下了很好的基础；研读与提炼环节，学生思维导图的运用很快帮助学生打开了由旧知通往新知的思路，并帮助学生在旧知的基础上融会贯通，精准地找到建构新知过程中思维的薄弱环节，确定这节课要突破的重难点问题；实践环节，大部分学生能够做到在自己积累的基础上，运用联想和想象，创作能够表达自己独特思悟的作品，部分孩子还能够在研讨中借助恰切的意象，营造独有的意境，给大家带来独特的审美体验。

所谓学科素养其实并不是学科本身的素养，而是对不同学科育人独特价值的表述，最终应表现为学生自身的素养，因此学科核心素养的落脚点仍然是作为学习主体的学生。在学习过程中，学生和教师各是怎样的角色呢？其实，学习过程就像走夜路，让学生走在前面，老师走在后面，用手电筒帮学生照亮前面的路，不仅让学生看到远方，还要让学生看到自己在走向远方时自己的身影，让学生知道自己是怎样走向远方的。这个过程中，学生看不到老师，只看到光和远方，老师在幕后，但是无所不能。落实学科核心素养的关键因素是教师，落实学科核心素养的重要载体之一是课堂。只有教师加强学习，丰富智慧，创新教学活动设计，学科核心素养才能落地、生根、发芽、开花，并在学生的情感里、思维中结出丰硕的果实！

第三章 阅读悦享

——推进名著阅读教学

相比于几百或几千字的单篇课文，文学名著动辄几十万字，不仅语言素材丰富全面，更重要的是，其中展示的生活场景大多恢宏壮阔、思想感情大多细腻真实、人物形象大多饱满鲜明、故事情节大多跌宕起伏，有着深刻的思想内涵和艺术魅力，滋养了一代又一代的读者。诺贝尔文学奖得主莫言，只有小学文凭，但是从小就爱阅读、会阅读。因此，广博的阅读面、勤于思考的习惯、深厚的人文底蕴使他受益终生。

第一节 名著阅读课程化的实施策略

《义务教育语文课程标准(2011 年版)》明确提出初中学段的学生要"广泛阅读各种类型的读物，课外阅读总量不少于 260 万字，每学年阅读两三部名著"。名著阅读的有效推进，对学生语文核心素养的形成，有着无可替代的作用。然而，学生名著阅读的现状堪忧："快餐式"阅读、"应试式"阅读、"浅层次"阅读现象严重，阅读效果大打折扣。

统编初中语文教材，对学生的名著阅读以科学的规划，让教师看到了真正开展名著阅读教学的希望，也让教师真切地感觉到学生的名著阅读问题必须由名著阅读的课程化来解决。人民教育出版社王本华在《名著阅读课程化的探索》一文中明确指出：所谓名著阅读课程化，就是要把名著阅读作为语文课程的一部分，有规划，有指导，给时间，出成果，而不是把它当作可有可无的点缀，也不能在教学中放任自流，随意而为。名著阅读，只有课程化了，所有关于阅读的现实问题才有化解的希望。

统编初中语文教材构建了从教读到自读再到课外阅读“三位一体”的阅读教学体系，名著阅读就是其中很重要的一“位”。在这个阅读体系中，名著阅读主要是在课堂教学的引领下，有目的、有计划地向课外延伸拓展，最终转化为课堂教学成果。为此，在整个统编初中语文教材中，每学期（每册）安排两次“名著导读”，每一次导读都有名著介绍、阅读方法指导、相应的专题探讨等内容，这样就强调和彰显了名著阅读的重要性，并增强了教学中的可操作性。

温儒敏教授把名著导读的目标要求定为三个层级：学生能耐心地完整阅读整本书；学生读完一本书之后产生了兴趣，能够顺藤摸瓜，找其他相类似的书来看；能够养成读一类书的方法。在统编教材理念和名著导读目标的指导下，教师可以尝试运用多种形式将“名著导读”变成一种有组织、有计划的活动，让名著阅读走进语文课程、走进语文课堂，以提升学生的语文核心素养，实现名著阅读对学生人生的奠基。

一、确定名著导读的篇目

在统编教材“三位一体”的阅读教学结构中，七到九年级共安排了 12 次名著导读，各学期应完成的名著导读内容，是这样的：

学期		名著	方法
七	上	《朝花夕拾》	消除与经典的隔阂
		《西游记》	练习精读与跳读
	下	《骆驼祥子》	圈点与批注
		《海底两万里》	快速阅读
八	上	《红星照耀中国》	纪实作品的阅读
		《昆虫记》	科普作品的阅读
	下	《傅雷家书》	选择性阅读
		《钢铁是怎样炼成的》	摘抄和做笔记
九	上	《艾青诗选》	如何读诗
		《水浒传》	古典小说的阅读
	下	《儒林外史》	讽刺小说的阅读
		《简·爱》	外国小说的阅读

二、制定名著导读的目标

把名著作为教材，就不同于一般的阅读，要思考整本书的功能定位，即整本书的核心阅读价值，在此基础上，制定准确的阅读目标。

为了目标的达成，教师要关注以下两个方面：

首先，目标要指向学生的精神成长。可以从名著的思想情感的角度思考，可以从文学作品对社会、人生和生命的认知作用的角度思考，也可以从社会主义核心价值观角度思考。

其次，目标要指向学生语文学科核心素养的提升，特别要关注学生阅读习惯的养成、思维的训练、语言的运用。

三、规划名著导读的过程

1. 确定名著阅读的时间。根据教学进度的需要和名著的特点为每一部名著量身定做阅读时间。

2. 制定明确的阅读计划。每一本书的阅读计划细化到每一天的阅读内容和要完成的阅读任务，把阅读作为每天必不可少的一项作业。这更多指向名著初读，用阅读任务引领学生高质量完成自主阅读。这对阅读难度较大的文本，或阅读能力较差、阅读自觉性较弱的学生群体有很强的指导性、可控性与可操作性，可以很好地达到指导阅读、督促阅读的作用。

阅读计划中的阅读任务，可以是个人的，也可以是小组的。阅读任务的确定，要围绕整本书的阅读目标来确定。阅读任务可以是教材中名著导读设计的专题探究或者学生阅读中感兴趣的、有疑问的问题，也可以是根据名著的体裁、内容、风格等特点来设置的某些有价值的阅读专题。可以确定一项整体性较强的阅读任务，也可以在阅读的不同阶段安排不同的阅读任务。任务可以在阅读前选定，也可以在读书过程中逐渐确定，也允许对确定的任务做适当调整。

这个阅读计划属于初读阶段，解决的是写了什么(人物、情节、社会)的问题。

3. 每二或三周上一节名著导读课。每次的导读课力争解决两个问题，即阅读过程中的指导与监控，对名著内容的整合以及对名著内容的理解与提升，以此实现教师对学生阅读的引领。

导读课基本呈现这样的特点：

(1)导读课根据学生的阅读进度，设计恰切的阅读指导方案，包括读前引读、读中推动、读后成果展示(读后提升)等三个不同意义的课堂教学设计。

(2)教学设计目标指向与课内的衔接、课外的延伸、阅读方法的学习、情感的积累、语言的积累、文本样式的积累、写作的训练、思维的训练等丰富的内容，深入挖掘名著的语文层面的教学价值，最大限度地体现名著的阅读价值所在。

(3)多角度、多层次地组织多种形式的课堂学习活动。注意听说读写等活动形式的多样性，以满足学生的个性需求，形成一定的梯度，引导读书活动由浅入深。

四、名著导读教学的三个关键点

下面以《水浒传》为例谈一谈名著导读教学的三个关键点。

(一)读前激趣

兴趣是最好的老师。名著阅读也是同样的道理。学生只有真正对名著阅读产生了兴趣，感受到了阅读名著的乐趣，才有可能在课外积极主动地捧起名著来进行自主阅读，否则，即使教师要求再多，学生却不喜欢这本名著，还是没有阅读的欲望，即使在教师的要求下学生 强迫自己读了，最终也很难收到好的效果。所以，要上好一节名著导读课，选好一个“激趣点”非常重要，因为它是引导学生打开名著进行阅读的重要基础。

《水浒传》是部编教材中要求初中生必读的名著之一。曾经有人评价说《水浒传》中一百零八个好汉就有一百零八种性格。这虽然有些夸大其词，但读过《水浒传》的人都会认同，《水浒传》确实非常成功地塑造了很多个性鲜明的人物形象。如李逵的鲁莽天真、鲁智深的暴烈豪爽、林冲的委曲隐忍、武松的侠义恩仇、宋江的圆滑仗义、秦明的急躁火爆、石秀的“拼命”向前、燕青的玲珑精细、高俅的阴险狡诈，等等。这些栩栩如生、独具个性的人物形象，早已深入人心，许多人物的故事更是为人们津津乐道。在名著《水浒传》的导读课上，教师无疑可以用这些来作为激发学生阅读兴趣的“激趣点”。比如，教师可以从《水浒传》中梁山一百单八将的“绰号”切入，激发学生探究这一个个人物“绰号”的来由，对人物的绰号进行归类，对人物绰号的特点进行分析，进而引发学生对全书进行整体而系统的阅读。

此外《水浒传》中有许多脍炙人口的故事，早已由电影、电视、戏曲、评书的传播，变得家喻户晓，妇孺皆知。小说中的“武松打虎”“真假李逵”“鲁智深倒拔垂杨柳”，等等，也都可以作为有效的“激趣点”，激发学生的阅读兴趣。从这些学生熟知的故事入手，启发引导学生进一步了解《水浒传》中还写了武松、鲁智深、李逵这些人物的哪些故事。从熟悉到陌生，通过一个个人物故事，逐步串联起学生对整本书内容的大概了解，从而激发学生对全书内容进一步阅读了解的欲望。

当然，选择一本名著导读的“激趣点”，方法很多，路径也很多，可以是课本剧编排，也可以是知识竞赛，等等，但前提是教师自身要对这本名著有比较透彻的研读，要有自己比较丰富的阅读经验。教师只有从自身的阅读经验出发，找到“激趣点”，确定的教学内容才是有效的，对学生的指导才是得法的。

（二）读中辐射

名著阅读主要还是要依赖学生利用课外的时间扎扎实实投入阅读。一堂45分钟的名著导读课毕竟是非常有限的，于是许多名著导读课也就变得蜻蜓点水、浅尝辄止，根本无法起到对学生启发、引导的作用。那么，如何在很有限的时间内把学生的阅读引向深入呢？这就需要教师在名著导读课中进行辐射。这里所谓的辐射，就是指从全书的一个点出发，进行多角度的发散和深入。

例如，在《水浒传》的名著导读课上，教师可以设计以下几个活动环节：

第一步，从学生熟悉的《鲁提辖拳打镇关西》切入，引导到《水浒传》全书还写了鲁智深的哪些故事，让学生快速浏览全书相关章回进行查找，然后师生一起交流归纳：从“鲁提辖拳打镇关西”开始，到“钱塘江畔坐化”结束，全书围绕鲁智深还写了大闹五台山、大闹桃花村、火烧瓦罐寺、倒拔垂杨柳、大闹野猪林、单打二龙山等一系列故事。

第二步，在写鲁智深的这些故事中还涉及了哪些好汉？请选择一个你最喜欢的说说在书中围绕这个好汉又写了哪些故事？这样从鲁智深的故事出发，进行不断辐射和发散，课堂上先后又引出了史进、林冲、李忠、陈达、杨春、张青、孙二娘等一些好汉的故事，让学生对《水浒传》全书内容的了解不断丰富。

第三步，比较上面故事涉及的好汉形象，说说你最喜欢哪一个好汉？并简单说出理由。

通过上面三个教学环节，学生在教师的引领下，由人物鲁智深一个点进行不断发散，一步一步对《水浒传》全书的故事内容、塑造的好汉形象，以及作者通过系列故事所要表达的主旨都有了更丰富、更全面的了解，从而为学生课外阅读《水浒传》奠定了良好的阅读基础。更为重要的是，学生课外再捧读《水浒传》，就能够学会从一个人物或故事出发去对全书的内容进行梳理，逐步明晰《水浒传》以一个或几个人物上梁山的故事串起全书的“冰糖葫芦”式的脉络结构。这样学生的课外阅读，就不再仅仅是浏览有趣的故事情节，而能够做到边阅读边进行思考和整理，最终从名著阅读中不仅获得了丰富的精神营养，更掌握了一种好的阅读方法，从而促进学生语文核心素养的提升。

（三）读后探究

名著导读课除了要引导学生课外真正能够去读名著，同样还需要帮助学生解决课外阅读中遇到的各种问题，帮助学生把名著读懂、读深和读透，让学生从名著阅读中获得最丰富的精神营养。这就需要教师要引导学生对名著内容进行探究。只有通过导读课上师生的共同探究，才有可能让学生从名著阅读中获得最大的收益，真正明白名著作为经典的价值所在。

在《水浒传》名著导读课上，为了能让学生最大兴趣地阅读《水浒传》，并真正从经典中获得最大的精神营养，形成正确的人生观和价值观，教师可以从学生最喜欢的两个好汉——李逵和武松入手，设置以下的阅读探究：

对于武松和李逵这两位好汉，有人从《水浒传》读到的是刻画得最成功的真英雄，也有人读到的是粗暴与凶狠、嗜杀成性的恶魔，对这两种观点你怎么看？并说明理由。

围绕上面的问题，课堂上学生立即展开了激烈的讨论。有的学生说，《水浒传》中李逵英勇无敌、坦诚直率、敢做敢当、乐观天真，对统治阶级的反抗最彻底，所以他是一个真正的英雄。也有学生说，李逵的反抗没有任何理想，只是一味地讲江湖义气，而且他除了对宋江愚忠之外，不辨好坏，经常动粗，特别是他杀人成性，把杀人当作一种快乐，这是非常缺乏人性的，是非常可怕的。

同样，对武松的讨论，也有人赞扬，说武松是英勇无畏、疾恶如仇、行侠仗义的英雄，也有学生坚决反对，说武松虽然为兄报仇表现了他疾恶如仇的品格，但是在他后来的“醉打蒋门神”“血溅鸳鸯楼”等事件中，武松的行为根本就不是什么行侠仗义，纯粹就是为了江湖义气和一己私利，武松的所作所为，根本不能用“正义”“英雄”这样的字眼，他只是一个市井之徒，一点小恩小惠就可将他收买。

课堂上学生们通过合作探究、观点碰撞，对名著有了更深的个性化的认知。为此教师可以要求学生在课后继续阅读《水浒传》，查找与《水浒传》相关的研究资料，完成一篇“关于《水浒传》人物形象”的小作文，并借机向学生推荐《金圣叹点评〈水浒传〉》和刘再复先生的《人文十三步》等著作。这样，一堂名著导读课从一个问题的探究，把学生的阅读引向了文本的深处，引向了对名著真正价值的思考和追问。这样的一堂名著导读课，远远超出了一堂课本身，而是把阅读引导延伸到了学生广泛的课后阅读生活，引向了学生对正确的人生观和价值观的思考。这样的一堂名著导读课，不仅教给了学生阅读方法，更启迪了学生在阅读中应该有自己的独立思考和发现，从而提高了学生的语文核心素养。

初中生由于受自身阅读视野和阅读经验的局限，他们在阅读中关注较多的是名著所写的故事情节、人物形象等内容，对名著超越时空的丰富的思想内涵和高度的艺术价值领悟得并不多。要使学生把名著读好，读出名著的价值，并通过阅读名著掌握正确的阅读方法，养成良好的阅读习惯，提升语文核心素养，离不开教师正确有效的指导，离不开教师精心准备的读前、读中、读后的名著导读课。作为语文教师，通过激趣 、辐射、探究的教学策略，上好名著导读课，名著的"种子"就会在学生心中生根、发芽。

第二节　读前"引读课"授之以渔

苏霍姆林斯基说："一个人在中学时代里读过哪些书，书籍在他的心灵里留下什么痕迹，这一点决定着人的情感的培养，决定着年轻人对待同年龄的人、对待长者以及对待生活的态度……"因此，语文教师有责任守望课外阅读这块"麦田"，引导学生养成良好的课外阅读习惯，让他们在阅读过程中更好地认识自己、发展自己。

一、激兴趣

如何使学生对陌生的名著产生阅读兴趣，满怀热情甚至满怀激情地、满怀阅读期待地主动阅读，这是引读课的重要任务。为此，教师要着重从以下方面着手激发学生的阅读兴趣：

悬念式。利用学生的猎奇的心理、解密的欲望，以挑动猎奇、满足欲望为契机，精心设计，将最能勾起学生阅读冲动的部分以悬念的形式展现，营造一睹为快的心理需求，使学生内心涌动一股解密的欲望，从而激起阅读的兴趣。

故事式。名著故事，情节跌宕起伏，开合有致，一波三折，人物性格丰满，引人遐思，富有吸引力。利用故事情节吸引人的特点，将学生引入名著，使其遨游于名著的天空。如《骆驼祥子》中一个破落的农民闯入大都市，他的资本就是健壮的身体和农民的勤劳。祥子靠着改变生活的执着信念，渴望有一部自己的人力车，那部人力车成了祥子的“志愿，希望，甚至是宗教”，祥子就怀着这样的希望志愿奔走于北京城的大街小巷，严寒酷暑，烈日暴雨，从不停歇。一次又一次的抗争，一次又一次的失败，三起三落。祥子最终由一个体面、要强、健壮之人变成了利己、个人、堕落、不幸之人。把祥子的变化进行概述，将变化的原因、事件作为留白，以对比的形式展现，在对比中留白，能给学生留下探求的空间，激发其阅读兴趣。

猜读式。就是利用故事的连贯性、人物性格的稳中有变性以及情节的特点，猜测故事的发展和作者的表达。猜读式一般是边读、边猜、边揭晓，将学生的猜测结果与原著进行比较，以引起学生的阅读兴趣，引领学生课后深入阅读。如《骆驼祥子》中祥子第一次买车，“整整的三年，他凑足了一百块钱”。买了一辆车，满怀激动、兴奋和自豪之情，并憧憬着未来“开车场子”了，作者却横空一句：“可是希望多半落空，祥子也不例外。”如此让人在为祥子实现愿望而庆幸之时瞬间又跌入低谷，对祥子顿生怜悯之情，也让人急切地想知道祥子的愿望是怎么落空的。此时教师就可以让学生猜测接下来会发生什么事，是怎么发生的。还有“在城里混了这几年只落得一身衣服和五块钱，连被褥都混没了！”怎么连被褥都没有了呢？到底发生了什么事等等。一次次的边读边猜能激起学生对故事情节发展和人物命运变化的探求欲望。

摘录式。摘录式就是围绕关键点将名著中能引发学生阅读兴趣的句子摘录下来，让学生通过朗读、追问，思考这些句子的含义，激发其阅读兴趣。如《骆驼祥子》中作者对决定祥子命运的“金钱”，有许多精辟的言论，将这些言论集中摘录下来，让学生思考祥子命运的转折变化与金钱的关系，引导学生探寻产生这些言论的缘由。

二、导读法

阅读方法，因书籍类别而异。导读课力求早点让学生知道准备读的这本书是哪一类书，以免走弯路。

读序言。初中生还不是成熟的阅读者，没有养成阅读正文前读序言（前言）、后记的习惯，这是阅读的一大忌。书籍的很多信息可以从序言里得到，序言一般有对本书写作目的、写作背景、写作过程、内容轮廓的介绍。如果是非作者序言，则有对作品进行实事求是的评价，即介绍作者或书中内容涉及的人物或事情。序言能够帮助读者解决阅读初始时的许多疑问，使读者更有针对性的阅读，引发其阅读思考，提高其阅读品质。如《红星照耀中国》胡愈之先生的序言，就有对作者斯诺的生平介绍，还有对成书过程、书名的演变以及书本价值的评价。这些信息，不仅能使读者了解陌生的作者，更能引起读者思考：一个外国人，一个与中国共产党完全没有什么关系的人，为什么却对中国共产党产生那么浓厚的兴趣？为什么他能第一个深入红都，实地考察共产党的抗日，以一个外国人的眼光，不偏不倚、公正地写出了影响世界的《红星照耀中国》？

读目录。在导读课里教师要帮助学生构建名著整本书的框架，让学生在后续的阅读中时刻注意整本书的框架。而了解框架最好的办法是目录，无论哪种类型的书籍，目录基本能反映整本书的框架，特别是中国的古典章回小说更是如此。

读细节。文本的力量是无穷的，用文本说话，与文本对话，感受文本独特的魅力。如《朝花夕拾》中《从百草园到三味书屋》，百草园里无限的乐趣、先生有趣的读书神态，细细读来，怎能不引发阅读的愉快。

三、做规划

引读课上要帮助学生做好阅读规划。阅读规划一般有：

时间。用多少时间，用什么时间读，虽因人而异因书而异，但也不能随意为之。

目标。学生的名著阅读不应是休闲阅读。没有目标的阅读是肤浅的阅读，也是低效的阅读。名著导读，要引导学生根据学习任务和名著特点，制定明确的阅读目标，让学生读有所得。

方法。名著阅读的方法指导，多数已流为共性的方法指导，如边读边摘抄、结合章节写提要、给语句做批注、读后写评论、专题文章比读等，而缺少个性的能针对名著特点的阅读方法指导。如阅读《骆驼祥子》中祥子第一次挣钱买车、第一次丢掉车子、第二次卖掉车子时的人物神态、心理、动作与感受，是最值得学习和探究的。而要学习这些，回读是必不可少的。通过回读时的圈点、批注，学生能更好地理解作品人物的心态和深度。

四、给任务

名著一般篇幅比较长，如果要让学生完成整本书阅读并有所收获的话，教师需要根据整本篇幅的长短与学生商定阅读进度，并且在引读课上布置合适的阅读任务来驱动学生进入整本书的阅读佳境。例如可以建议学生最多一个半月内读完《西游记》，并能在前十五天内完成以下任务：

1.至少能找出作品中5处前后对称的内容，体会作品结构之美。

2.分别替唐僧师徒写一则小传，包括姓名、诨名、来历、武器、取经前的经历、取经的缘由、取经路上的主要职能、最终结果等，能结合具体情节对人物进行评价等。

3.列举所读部分中唐僧师徒经历的磨难，分析遭遇磨难的原因。

4.就作品中的诗词或场面描写进行赏析（不少于两处，赏析能有创意更好）。这样让学生带着合宜的任务去阅读，会让整本书的阅读更有味道。

下面就以《红星照耀中国》和《朝花夕拾》两部名著为例具体阐述"名著引读课"教学实施策略。

《红星照耀中国》教学设计

《红星照耀中国》是美国著名记者埃德加·斯诺创作的一部文笔优美、纪实性很强的报道性作品。作者真实记录了自1936年6月至10月他在中国西北革命根据地（以延安为中心的陕甘宁边区）进行实地采访的所见所闻，真实报道了中国和中国工农红军以及众多红军领袖的情况。这本书的内容涉及红军长征前后的历史，距离当代初中生的生活较远；主题涉及政治、军事、革命，学生的阅读兴趣不浓。此外，这本书是纪实性的报告文学，对于此前主要接触小说的学生来说，阅读难度较大。据此，阅读本书前教师设计了一堂读前导读课。

教学目标：

1.感知整本书的主要内容，了解历史背景，熟悉作者故事。

2.通过故事接龙，学会筛选故事情节；通过跳读，学会在阅读中圈点勾画。

3.近距离、不同角度地走进伟人的世界，了解领袖人物伟大而平凡的精神面貌。

4.通过伟人和小人物的故事分享，了解人物精神，感受作品的深刻主题；体会

“长征”精神和信仰的力量，做有信仰、有理想并为之拼搏的人。

教学过程：

一、导入

提问：如果在书店里看到《红星照耀中国》这本书，你会买吗？为什么？

预设：学生回答“不会”，并说出各自理由。板书：太厚、不感兴趣、读不懂、政治性太强……

小结：看来同学们对这本书的兴趣不大，那这节课我们就一起走进这本书，看看能否对它有所改观。

[设计意图：从学生的阅读起点出发，以改变学生对本书的第一印象为切入点，确定本节课要以激趣作为主要目标。]

二、读图质疑，了解背景

1. 看报刊图片，猜测人物

设疑：（出示一张失真的照片）这张照片出自 1937 年的日本《周报》，请结合旁边的相关介绍，猜猜这是谁。

[设计意图：通过这张失真的照片，吸引学生的眼球，并一步步设下悬念，引人入胜。]

2. 看真实照片，揭晓人物

出示毛泽东的真实照片（出自书中插图），提问：这是谁？对，是毛泽东。我们来看看书中是如何描写毛泽东外貌的，请同学们快速翻到书本第 69 页，齐读第二段（“他是个面容瘦削…… 是一个非常精明的知识分子的面孔”）。可见当时的报道非常失真，对共产党的报道消息被严格封锁。

[设计意图：前后照片的对比，让学生直观感受当时的新闻报道状况，交代时代背景。]

3. 看视频，了解写作背景

播放视频电视剧《红星照耀中国》预告片。

小结：这本《红星闪耀中国》就是在这样的情况下诞生的。1936 年 6 月，一位在旧中国生活了八年的外国记者，带上一封写给毛泽东的介绍信，外加“两架照相机、24 个胶卷，还有足够的笔记本”，由北平秘密出发，开始了充满风险与传奇的陕北之行……。这本书发行后，“一个月印刷了五版，销量在 10 万册以上”。有人读了这本书后说：“原来还另外有一个中国啊！”这样一部传奇之作，究竟有怎样的魅力？我们一起来探寻。

展示书评："一个月、五版、10 万册以上。""原来还另外有一个中国啊！"

[设计意图：通过视频和书评展示，介绍斯诺其人和创作其事，进一步激发学生的阅读兴趣。]

三、走进书本，初涉情节

1. 走进目录插图：初步感知，激发兴趣

(1)何妨乱翻书

感知：请快速翻看插图和目录，找找熟悉的人，谈谈你感兴趣的内容，交流感兴趣的图片和章节标题。

小结：同学们通过快速翻书，发现了不少有意思的地方。快速浏览已经让我们窥见了这本书的一些有趣之处。

[设计意图：从图片和目录入手，让学生自寻有意思的地方，也就是自我探寻的过程，这是学生克服障碍、主动阅读的第一步。]

(2)分享"红小鬼"图片

分享：第一次翻看这本书时，我对一张照片印象深刻。瞧！纯粹灿烂的笑容，出现在这位身着简陋军装的少年脸上，他们被称为"红小鬼"。

出示"红小鬼"的黑白照片。

2. 走进"小鬼"：故事接龙，畅谈理想

(1)初识"红小鬼"

交流：请阅读书本第 45 页第 3 段至第 46 页第 4 段，看看书中描写的"红小鬼"是怎样的一群人。

预设：革命者、未来的红军战士。

"红小鬼"故事接龙：书中还有一章专门描写了"红小鬼"，请阅读书本第 339 至 346 页，概括写了哪几个个性鲜明的"红小鬼"，我们来进行"红小鬼"故事接龙。

[设计意图：本环节由"红小鬼"章节切入，因为"红小鬼"的年纪与初中生相近，他们的故事生动有趣，学生在讲故事的过程中可以提升阅读兴趣。]

(2)畅谈感想

提问：这些"红小鬼"给你们最大的感受是什么？

学生分享发言。

小结：有理想，勤奋乐观，努力学习，积极……

[设计意图:这本书中生动活泼的小人物既让人读来亲切又具有榜样作用,通过小结“红小鬼”的精神特质,对学生进行价值引领。]

(3)总结提升

总结:通过阅读这些“红小鬼”的有趣故事,我们可以初步窥见这本书中生动活泼的小人物。

板书:生动活泼的小人物。

3.走进“伟人”:跳读书本,读有所悟

(1)出示伟人照片,选择阅读范围。

出示:毛泽东(第120～121页);贺龙(第56～57页);朱德(第356～358页)。

(2)依据跳读方法,分组深入阅读。

出示跳读方法及举例:三个人物中重点选择一个人物;读的过程中,在打动你的地方,慢下来读,圈画出来,其余的地方跳过去。

[设计意图:本环节设计选择了学生较熟悉的三位伟人,指定范围阅读,让学生走进伟人的平凡生活中,通过阅读了解他们不为人知的一面,充分调动学生的阅读兴趣。教给学生跳读的方法,使其在阅读过程中养成圈点勾画的习惯。]

(3)筛选精彩故事,表达阅读感受。

学生畅所欲言,交流最打动自己的人物细节。如:毛泽东爱读书,有反抗精神;贺龙有同情心,明事理;朱德关爱下属、性情温和,等等。小结:观察的只是表象,洞察的才是真理。从树梢上看人,看到的往往是一幕幕人间闹剧;从树根下看人,才能看到人性本我。斯诺笔下的领袖,不仅是挂在城楼上的偶像,更是一个个立体的、有血有肉的、生动的、有意思的形象。读他们的故事,能帮助我们了解中国领袖人物平凡而伟大的精神面貌。这本书中还有哪些有血有肉的大人物?

板书:有血有肉的大人物。

[设计意图:本环节通过充分交流和分享,走进伟人的生活细节,感受立体生动的人物,体会本书的魅力所在。]

4.走进“长征”:升华情感,提升信仰

介绍中国历史上三个以“万里”为计的活动,出示万里长城、丝绸之路、万里长征的图片。教师分享第201页中长征的“数字”。

“长征的统计数字是触目惊心的,长征的胜利可以说近乎奇迹。”

请学生齐读第184页斯诺的评价:“冒险、探索、发现……都体现在现代史上无与伦比的一次远征的历史中了。”

[设计意图：本环节通过品析书中对长征的相关介绍和评价，帮助学生进一步了解长征这一壮举的历史地位和影响。]

小结：书中曾经说，“他们是人，是疯子，还是神？”不论是红小鬼，还是毛泽东，他们都是人，他们又都像疯子，像神。斯诺以一个旁观者的身份忠实地刻画了这些在他眼中与众不同的中国人。他们与当时人们印象中懦弱、软弱、麻木的中国人不同，有的人在苏维埃的治理下过上了有尊严的生活，有的人放弃了养尊处优的优渥环境，毅然走进西北荒原去开辟新世界。他们每个人心中都有一颗“红星”，这就是他们心中质朴纯粹的理想。

板书：质朴纯粹的理想。

欣赏“长征”纪录片的视频，感受信仰的力量。

[设计意图：本环节是最后的提升，从人物、故事入手，通过对长征相关内容的补充，切入人物背后的精神内涵——纯粹的理想和信仰。]

四、总结

提问：现在，如果在书店里遇到《红星照耀中国》这本书，你会买它吗？

预设：大部分学生回答“会”。制订下一步的阅读计划，布置阅读任务。出示阅读计划表。

表一：

__月__日至__月__日	(　　　　　)的革命经历
外貌、言谈举止	
出身与家庭	
童年的经历	
受教育情况	
参加革命的起因	
参加革命后的经历	

表二：

__月__日至__月__日	关于长征
长征的起因	
长征的路线	
长征中面临的困难	
长征中的重大事件	
长征的历史价值	

表三：

__月__日至__月__日	信仰与精神
共产党人的革命信仰	
长征精神的内涵	
如何传承长征精神	

[设计意图：呼应课堂伊始的提问，检验导读效果，并为下一步阅读计划的制订做铺垫。]

五、教学反思

1.这节课内容上相对来说比较好把握，通过设置的活动，学生基本上了解了整本书的主要内容和历史背景，不同程度地走进了伟人的精神世界，学生有了继续阅读的兴趣，为后面整本书的深入阅读奠定了良好的基础。

2.这节课学生通过看目录、看序言、精读、跳读等方式掌握了一定的读书方法，注重培养学生良好的读书习惯，落实了“授之以渔”的教学理念，取得了一定的成效。

3.课上大部分学生能积极思考问题，参与到活动中来，但还有部分同学学习比较被动，需要教师更多的关注。此外，课堂活动的评价方式还应多样化、具体化。

《朝花夕拾》教学设计

《朝花夕拾》作为鲁迅先生唯一一部回忆性散文，文字中虽然有其冷峻、犀利甚至晦涩的一面，但更多的是充满童真童趣，能与初中生尤其是刚刚从小学升入初中的少年共鸣的篇目。如果将教学重心放在理解文中晦涩难懂的句子，挖掘文字背后的深刻含义来解读鲁迅，就容易导致鲁迅与学生的隔阂。

教学目标：

1. 了解作者的基本情况，感知整本书的内容。

2. 通过跳读、精读《从百草园到三味书屋》《父亲的病》《藤野先生》的相关片段，体会作者童年的快乐、少年的苦恼和青年的志向。

3. 归纳总结作者的成长历程，探寻伟人的成长因素，汲取人生的精神营养。

教学过程：

一、导入

1. 出示鲁迅介绍：

鲁迅原名周树人，字豫才，现代文学家、思想家和革命家，中国现代文学史上一面光辉的旗帜。

他创作的《狂人日记》，是中国第一部现代白话文小说。他的作品主要以小说、杂文为主，代表作有：小说集《呐喊》《彷徨》《故事新编》等；散文集《朝花夕拾》；散文诗集《野草》；杂文集《坟》《热风》《而已集 》《且介亭杂文》等。

他的作品有数十篇被选入中、小学语文课本，并有多部小说被先后改编成电影。其作品对于五四运动以后的中国文学产生了深刻的影响。鲁迅以笔代戈，奋笔疾书，战斗一生，被誉为“民族魂”。“横眉冷对千夫指，俯首甘为孺子牛”是鲁迅一生的写照。

2. 出示一组鲁迅先生的照片，请同学们说说感受。

[设计意图：通过鲁迅青年、中年时期的照片，引起学生的兴趣，去关注童年少年时期鲁迅的经历，进而推出整本书的介绍。]

3. 解题：书名《朝花夕拾》是什么意思？

明确：《朝花夕拾》原名《旧事重提》，1926 年发表于《莽原》半月刊。鲁迅在《朝花夕拾 · 小引》中说：“带露折花，色香自然要好得多，但是我不能够。”作者所经历过的旧事，像花瓣一样散落在土壤上，现在把这些“花瓣”捡拾起来。这不就是像早晨的落花，到了傍晚才去把它拾取起来吗？故名为《朝花夕拾》。

[设计意图：从解题入手，让学生对本书有个整体概念，明确本书是鲁迅对自己青少年生活的忆写，也是鲁迅从幼年到青年时期的生活见证。同时教给学生读书方法，即阅读正文前要有意识地阅读序言、小引等部分。]

二、走近鲁迅

1. 童年的鲁迅

设问：快速阅读《从百草园到三味书屋》中百草园(从“我家的后面有一个很大的园”到“Ade，我的蟋蟀们！Ade，我的覆盆子和木莲们！”)部分，用下面的句式回答：在这篇文章中，我看到了一个______________的鲁迅。

[设计意图：通过品析相关的语段，让学生走近童年的鲁迅，拉近与鲁迅的距离，消除对鲁迅的畏惧感，同时培养学生语言运用的能力。]

2. 少年的鲁迅

快乐永远都是那么短暂，在鲁迅和大家一样年纪的时候，发生了两件大事情。他的爷爷进了监狱，他的爸爸身负重病，他的家族也开始走下坡路。

有谁从小康人家而坠入困顿的吗，我以为在这路途中，大概可以看见世人的真面目；我有四年多，曾经常常——几乎是每天，出入于质铺和药店里，年纪可是忘却了，总之是药店的柜台正和我一样高，质铺的是比我高一倍，我从一倍高的柜台外送上衣服或首饰去，在侮蔑里接了钱，再到一样高的柜台上给我久病的父亲去买药。

——《呐喊》自序

设问：

(1)阅读《父亲的病》，思考：在父亲生病期间，鲁迅都做了什么？当时鲁迅为什么会有希望父亲“还是快一点喘完了罢”的想法？

(2)生生合作，片段朗读：

“叫呀，你父亲要断气了。快叫呀！”衍太太说。

“父亲！父亲！”我就叫起来。

“大声！他听不见。还不快叫?!”

“父亲!!! 父亲!!!”

他已经平静下去的脸，忽然紧张了，将眼微微一睁，仿佛有一些苦痛。“叫呀！

快叫呀!”她催促说。

“父亲!!!”

“什么呢?……不要嚷。……不……”他低低地说,又较急地喘着气,好一会,这才复了原状,平静下去了。

“父亲!!!”我还叫他,一直到他咽了气。

我现在还听到那时的自己的这声音,每听到时,就觉得这却是我对于父亲的最大的错处。

学生交流后回答:在这篇文章中,我看到了一个______________的鲁迅。

[设计意图:通过有悖常理的问题设置和生生合作的朗读,一方面调动学生的积极性,促进学生对文本的阅读。如果没有仔细阅读,就无法在交流中自如地与同学交谈;另一方面培养同学之间的合作能力与语言概括、表达能力。这些都不设标准答案,也不去深究鲁迅的深刻思想,充分尊重学生的阅读体验。]

3.青年的鲁迅

我的梦很美满,预备卒业回来,救治像我父亲似的被误的病人的疾苦。

——《呐喊》自序

设问:

(1)阅读《藤野先生》,思考:为什么“但在那时那地,我的意见却变化了?”鲁迅最后的的决定是什么?

[补充资料]1904 年 2 月至 1905 年 9 月,日俄两国为争夺在我国东北和朝鲜的权益而进行的战争。战争主要在我国境内进行,而清政府竟屈辱地宣布中立。

(2)学生交流后回答:在这篇文章中,我看到了一个______________的鲁迅。

[设计意图:通过设置悬念,激发学生的阅读兴趣,引导学生关注鲁迅成长轨迹的变化,从中汲取人生的精神养料。]

(3)鲁迅先生的成长经历对你的人生规划有什么启示吗?

[设计意图:学生认可鲁迅、接受鲁迅,只是铺垫。从伟人的成长中收获人生的教益,也就是让学生成为其生命延续,才是读经典的价值所在。“探讨伟人成长因素”应是本课的高潮部分。学生从文章中的细处思考,得出结论。哪怕表达断续,不能很好地归纳要点,也能反映其从感性思维到理性思维的思考过程,这会对学生思维的发展与提升起到正面的积极作用。]

小结:通过《朝花夕拾》中的三篇文章,我们不仅看到了鲁迅先生的成长、成熟以及走向成功的脚步，而且从作品中获得了可以让我们受益终身的人生教益。《朝花夕拾》这本书虽然很薄，但书中值得我们思考的东西还有很多很多。希望同学们能在最美好的时期，多读多思，多收获。

板书：

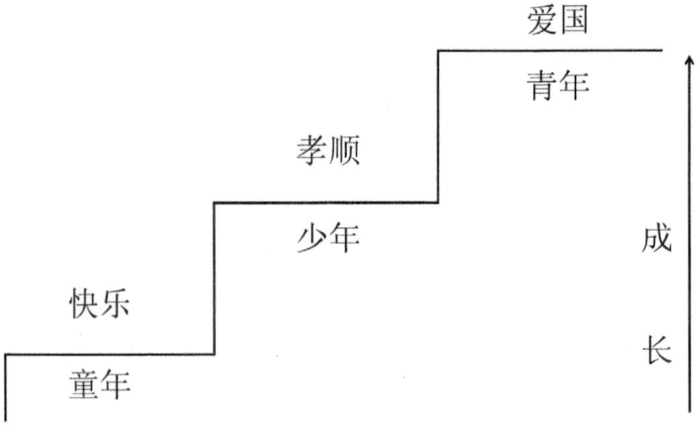

［设计意图：台阶式板书可以直观形象地反映出鲁迅先生由平凡走向伟大的经历，消除学生与作家、与作品的隔阂，体悟成长中的收获。］

三、下一阶段阅读计划

月　日至　月　日	提炼其余几篇文章的要点。
月　日至　月　日	梳理文中的人物，摘抄相关描述的语句，分析其性格特点。
月　日至　月　日	再度阅读全书，记录下自己的疑惑。

【教学反思】

鲁迅的作品不好懂，学生在读书之前有严重的畏难情绪。因此本节课最主要的目的就是要让学生把鲁迅先生当“人”看，而不是当“神”看，消除学生与作品的隔阂，使学生真正愿意去读这本书。为此，本节课教师围绕鲁迅成长过程中的三个阶段，选取了三篇文章《从百草园到三味书屋》《父亲的病》《藤野先生》。教学中，没有深究文章的深刻思想，而是充分尊重学生的阅读体验，试图通过各种读书体验活动，使学生对鲁迅的童年、少年到青年时代的成长轨迹有清晰的认识，让学生在阅读交流中感受到鲁迅先生的人格与追求。课堂上，学生们的眼专注，耳倾听，心在动，但遗憾的是课堂时间有限，不能让学生在最动情时写下自己的所思所想所得。《朝花夕拾》作为一部经典，其丰富的内涵又岂是我们能用45分钟言尽写尽的呢？只要学生能走进鲁迅，真正的爱鲁迅，爱鲁迅的作品，想必他们定会用一生来解读这部经典！

第三节　读中“推读课”事半功倍

学生进入阅读之后，会产生种种疑惑，甚至还会再次产生畏难情绪。适时地安排读中交流分享课，答疑解惑，有助于顺利地推进阅读，深化学生的阅读体验。所以，在学生带着任务阅读的过程中教师要及时了解其阅读进度、完成质量以及阅读过程中的疑惑，上好以推进阅读为目的的推读课。

一、阶段性阅读成果汇报

阶段性阅读成果汇报形式是多样的。可以根据作品的体裁和不同的年级选择合适的汇报形式，可以是精美语段的配乐朗诵，可以是经典画面的视频集锦，可以是精彩故事的微讲述，可以是重点篇章的情景表演，可以是专题知识的有奖竞答等。阶段性阅读成果汇报重在关注学生读到什么，不同学生对相同的作品关注点有不同，思考的结果也不同，把不同的关注点思考成果汇报出来，可进一步激发学生深入阅读名著的热情。

二、阶段性阅读中疑难问题解惑

随着阅读的逐步深入，同学们在感受人物、理解主题、疏通脉络、把握语言方面都可能会产生疑惑，教师可利用推读课进行师生合作释疑解惑。例如在《西游记》的阅读中，学生觉得困惑的问题还不少，如起初孙悟空闹龙宫地府天宫，反抗权威，藐视一切，后来他随取经团队西天取经最终修成正果，则处处表现出妥协，作品的主题究竟是什么？再如，唐僧是去西天取经的领导人，但小说中对他批评得非常厉害，作者的用意何在？通过师生合作探讨，学生知晓经典作品的主题是多元的，可以从不同角度把握。唐僧是作者创造的艺术形象,不是历史上的真实人物,小说中这个人物性格呈现多样性和复杂性,不能简单地从某一方面定论。

三、调整阅读计划,促进能力进阶发展

阅读的最终目的是促使学生养成阅读习惯,掌握阅读方法,汲取作品养分,提升语文素养。在阅读过程中,教师要根据学生的阅读现状灵活调整阅读计划,促进学生能力进阶发展。例如,在阅读《西游记》时,我发现很多学生对情节认知表象化,对作品中的人物评价单一,不能结合作者的生平和时代背景了解作者的创作意图。针对这一情况,我在读中推进课上教给学生阅读方法,明确下一阶段的阅读要求:能采用圈点批注法进行阅读,查找吴承恩的相关资料,能结合时代背景进行知人论世读名著,能对作品中感兴趣的一个点进行分析评价,力争能形成自己的独特表述。

以下以《骆驼祥子》为例进行具体阐述。

《骆驼祥子》教学设计

教学目标

1. 检查阅读情况,梳理小说情节,分析主要人物。

2. 分小组交流课外阅读心得,感知作品的艺术魅力。

3. 培养对文学作品的欣赏能力,学习阅读名著的方法。

4. 通过阅读小说,感受人物形象,激起对祥子悲剧命运的同情,并结合时代背景加深对当时黑暗现实社会的认识;关注下层人民的命运和出路。

教学重难点

重点:

1. 梳理小说情节,分析祥子这个人物形象的变化。

2. 赏析、理解小说的艺术魅力。

难点:

1. 结合人物的描写方法体会人物的变化。

2. 结合时代背景,理解小说的主题。

教学过程：

一、课前导入

《骆驼祥子》是老舍辞去教职作为职业作家的第一部作品，他说：“这是一本最使我自己满意的作品。”它不仅标志着老舍小说的成熟，还是颇受读者喜爱，具有世界影响的著名长篇小说之一。

二、检验第一阶段阅读任务

1. 梳理小说的情节。

2. 分析、理解人物形象。

(一)梳理小说情节

小说的主人公是祥子，他的最大梦想就是拥有一辆属于自己的洋车，这部小说就是围绕着祥子的梦想展开的。下面与学生共同梳理小说的情节。

1. 一流的车夫

祥子十八岁来到______，因为身材高大、勤快，并且洁身自好，所以成了当时一流的车夫。他立志要______，从而当上自由的劳动者。经过______年努力，祥子攒够了______块钱，终于买上了自己的新车。

2. 丢车与骆驼

祥子的新车拉了______(时间)，______抢走了祥子的车并让他做苦力。后来祥子终于逃了出来，并且得到了______，祥子用它们换了______块钱回到了北平。由于祥子在梦话中些许透露了自己的经历，从此人们开始叫他“______”。

3. 曹家遇险

为了躲避，祥子______到曹先生，他依然为了能买上属于自己的车而努力攒钱，却又拒绝了提供的赚钱方式。曹先生被学生告发，让祥子回家送信，结果祥子却被敲诈去了全部积蓄。买车的计划又一次肥皂泡似的破灭了。

4. 祥子与虎妞

因为虎妞的欺骗，祥子在过寿时回到了______，虎妞后来自作主张嫁给了祥子，并用自己的私房钱给祥子买了______。虎妞怀孕后祥子拼命拉车并大病一场，但最终虎妞还是______，为了给虎妞办丧事，祥子无奈______。

5. 彻底堕落

虎妞去世后，祥子对拥有一辆自己的车失去了信心。在家拉包月时又受到了______的引诱。从此祥子变了，染上了抽烟、喝酒和赌博的毛病，到处借钱、骗钱。

但他心中还期待着能与他喜欢______的结合。然而,小福子______,从此祥子从上进好强沦为自甘堕落。

(二)分析人物形象

1.祥子:

一部成功的小说,除了要有精彩的故事情节,还在于能否塑造出成功的艺术形象。《骆驼祥子》就是这样,它塑造了以祥子为代表的一批鲜活的人物形象,尤其是祥子,作为老北京人力车夫的代表,已经跻身世界文学殿堂。

为了实现愿望,祥子不断奋斗,也在不停失败,祥子的"三起三落"贯穿小说的始终,他的思想与生活状态也因此经历了"积极向上—不甘失败—自甘堕落"这三个阶段。

祥子的变化:

(1)精神上:

(起初)他不甚注意他的模样,他爱自己的脸正如同他爱自己的身体,都那么结实硬棒;他把脸仿佛算在四肢之内,只要硬棒就好。是的,到城里以后,他还能头朝下,倒着立半天。这样立着,他觉得,他就很像一棵树,上下没有一个地方不挺脱的。他确乎有点像一棵树,坚壮,沉默,而又有生气。

(最后)他不再有希望,就那么迷迷糊糊地往下坠,坠入那无底的深坑。他吃,他喝,他嫖,他赌,他懒,他狡猾,因为他没了心,他的心被人家摘了去。他只剩下那个高大的肉架子,等着溃烂,预备着到乱死岗子去。

归纳:起初的祥子是那么健壮,这是他成为一流车夫的资本,他认为自己像棵树的比喻,既是形似,更体现了祥子内心的稳重、坚韧和充满活力。但到了最后,生活的磨难让他变了,从身体到灵魂,他彻底堕落了。

(2)对待"拉车"的态度

(起初)那辆车也真是可爱,拉过了半年来的,仿佛处处都有了知觉与感情,祥子的一扭腰,一蹲腿,或一直脊背,它都就马上应和着,给祥子以最顺心的帮助,他与它之间没有一点隔膜别扭的地方。赶到遇上地平人少的地方,祥子可以用一只手拢着把,微微轻响的皮轮像阵利飕的小风似的催着他跑,飞快而平稳。

(最后)凡是有人出钱的事,他全干。三毛也好,两毛也好,他乐意去打一天旗子,随着人群乱走。他觉得这无论怎样也比拉车强,挣钱不多,可是不用卖力气呢。打着面小旗,他低着头,嘴里叼着烟卷,似笑非笑地随着大家走,一声也不出。

归纳：曾经的祥子是多么热爱拉车啊，尤其是拥有了属于自己的洋车后，他是多么享受与车的相处啊，没有别扭和隔膜，只有舒心和愉快。但是到了最后，祥子干什么也不拉车，他仅仅是厌恶拉车吗？不是，他是厌恶卖力气，再也不会以勤劳坚韧的态度去生活了。

(3)祥子的性格变化：

(起初)老实、坚韧、勤快、自尊好强、吃苦耐劳；

(最后)麻木、潦倒、狡猾、好占便宜、自暴自弃。

2.生动的人物塑造：

小说中其他人物的刻画也非常成功，寥寥几笔，一个个鲜活的人物便跃然纸上。同学们来说说以下这些人物都是谁，作者是用什么方法塑造的？

(1)“不喝就滚出去；好心好意，不领情是怎么着？你个傻骆驼！辣不死你！连我还能喝四两呢。不信，你看看！”她把酒盅端起来，灌了多半盅，一闭眼，哈了一声。举着盅儿：“你喝！要不我揪耳朵灌你！”

虎妞：泼辣、爽利、强势(语言描写)

(2)他快七十了，腰板不弯，拿起腿还走个十里二十里的。两只大圆眼，大鼻头，方嘴，一对大虎牙，一张口就像个老虎。个子几乎与祥子一边儿高，头剃得很亮，没留胡子。

刘四爷：威严、老当益壮(外貌描写)

(3)大太太撩袍拖带的浑身找钱，预备着代付客人的车资；客人谦让了两句，大太太仿佛要拼命似的喊：“你这是怎么了，老妹子！到了我这儿啦，还没个车钱吗！老妹子！坐上啦！”她到这时候，才摸出来一毛钱。

杨大太太：吝啬、虚荣(动作、语言描写)

三、完成第二阶段阅读任务

(一)精读文本，品味作品的艺术魅力。

研读方向：细节描写、幽默风格、“京味儿”特色(选材与语言)

按语文学习小组进行分组展示——

1.第一学习小组：细节描写赏析

(1)街上的柳树，像病了似的，叶子挂着层灰土在枝上打着卷；枝条一动也懒得动的，无精打采的低垂着。……处处干燥，处处烫手，处处憋闷，整个的老城像烧透的砖窑，使人喘不出气。狗趴在地上吐出红舌头，骡马的鼻孔张得特别的大，小贩们不敢吆喝，柏油路化开；甚至于铺户门前的铜牌也好像要被晒化。

分析：这段综合运用了比喻、拟人、排比、夸张等多种修辞方法，以及对狗、骡马、小贩的细致描写，都生动形象地天气的炎热，这也是祥子烦闷、愁苦心情的真实写照。

(2)街上突然加多了人，铺户中的人争着往外跑，都攥着把蒲扇遮着头，四下里找："有了凉风！有了凉风！凉风下来了！"大家几乎要跳起来嚷着。路旁的柳树忽然变成了天使似的，传达着上天的消息："柳条儿动了！老天爷，多赏点凉风吧！"

分析：这段话除了进行了环境描写外，还运用了非常准确细致的动作描写，争着跑，攥着蒲扇遮着头，四下里找，跳、嚷，都生动体现了人们对凉风的热切期待，从侧面说明了天气的炎热。

(3)祥子的脸通红，手哆嗦着，拍出九十六块钱来："我要这辆车！"……祥子的手哆嗦得更厉害了，揣起保单，拉起车，几乎要哭出来。

分析：大家还记得这个细节吗？对，奋斗了三年，祥子终于买上了属于自己的洋车，脸通红，手哆嗦，钱不是拿出，而是拍出，这些都充分显示出买车时祥子激动的心情，三年时间，为了攒辆车，祥子太苦了

2.第二学习小组："京味儿"特色：

京味小说——

用北京话，写北京人，叙北京事儿，展示北京平民百姓的生活和命运。

老舍是京味小说的开山鼻祖，他说："一闭眼我的北平就是完整的，像一幅色彩鲜明的图画浮立在我的心中。我敢放胆地描画它。"

提起一座城市就不能不谈到这里的市民生活，当然就离不开衣食住行，本书中老舍是如何展现老北京人的生活的呢？

(1)市民生活：

小说中全面描绘了北平洋车夫的生活，还对大杂院、胡同里的市民生活作了精心刻画。比如，刘四庆寿，祥子成亲和虎妞出殡，就凸显了北京市民的风俗礼仪，京味洋溢在小说的字里行间，使小说别具风韵。

(2)北京的"吃"：

①他到桥头吃了碗老豆腐：醋，酱油，花椒油，韭菜末，被热的雪白的豆腐一烫，发出点顶香美的味儿，香得使祥子要闭住气；捧着碗，看着那深绿的韭菜末儿，他的手不住地哆嗦。

分析：大家还记得这碗老豆腐是谁在什么时候吃的吗？对，是祥子从乱兵那儿逃回城里时吃的，又香又辣两碗下肚，他才觉得他又像个人了。这里的描写，不仅祥子觉得香，我们读起来也会感觉胃口大开吧。

②豆汁摊上，咸菜鲜丽得像朵大花，尖端上摆着焦红的辣椒。鸡子儿正便宜，炸蛋角焦黄稀嫩的惹人咽着唾液。

（老北京特色食品——豆汁儿，别有风味）

（3）北京的“玩”：

同学们去过北京吗？游览过哪些名胜呢？北京作为历史悠久的古都，历史遗迹、自然景观当然是数不胜数，书中就提到不少，是否与你去过的地方有所重合呢？

崇效寺的牡丹，陶然亭的绿苇，天然博物院的桑林与水稻，都引来人声伞影；甚至于天坛，孔庙与雍和宫，也在严肃中微微有些热闹。好远行的与学生们，到西山去，到温泉去，到颐和园去，去旅行，去乱跑，去采集，去在山石上乱画些字迹。寒苦的人们也有地方去，护国寺，隆福寺，白塔寺，土地庙，花儿市，都比往日热闹。

（在老舍的笔下，我们看到了祥子生活的环境，但这又何尝不是作者脑海中永难忘怀的故乡呢）

3.第三学习小组：“京味儿”语言

老舍小说最大的特点是独具北京特色的语言，在《骆驼祥子》里更是有淋漓尽致的展现。

儿化音和北京土语的运用。

他的语言是经过提炼了的北京口语，其特点是平易然而不单调不俗气。特别是儿化的运用，给平易的文字添上了亲切、活泼的味，全书一共用了641处儿化，还有很多词汇都是地道的北京话。下面请大家来猜猜下面这些词的意思：

如“拉晚儿”——夜里拉车、“嚼谷”——吃食、“胶皮团”——拉车这一行

“杀进腰”——紧紧勒裤腰带（然后就可以打起精神头儿，好去卖力的拉车）

“耍个飘儿”——故意显示自己（相当于我们现在说的“耍个帅”），全是很纯熟的北京口语。

我们一起来赏析下面这段话，谁来谈谈这段话中北京方言的特点体现在哪里？

高妈劝祥子放钱：“告诉你，祥子，搁在兜儿里，一个子儿永远是一个子儿！放出去呢，钱就会下钱？没错儿，咱们的眼睛是干什么的？瞧准了再放钱，不能放秃尾巴鹰。当巡警的到时候不给利，或是不归本，找他的巡官去！一句话，他的美事

得搁下，敢！打听明白他们放饷的日子，堵窝掏；不还钱，新新！将一比十，放给谁，咱都得有个老底；好，放出去，海里摸锅，那还行吗？你听我的，准保没错！”

分析：这番话，干脆利落、生动鲜明，是典型的北京方言。而儿化语“没错儿、一个子儿、兜儿”，北京方言中狭隘的四字语“秃尾巴鹰、海里摸锅”以及北京的重口味方言“搁下”等，都从侧面反映出老舍对自己所生活的地方语言的熟悉和了解的透彻。

(2)谚语和歇后语的使用

“是福不是祸”“今个儿就是今个儿”“一个萝卜一个坑”“英雄遇上了好汉”“此处不留爷，自有留爷处”“打一巴掌揉三揉”“一条绳拴着俩蚂蚱，谁也跑不了”鸡也飞蛋也打了。

“周瑜打黄盖，愿打愿挨！”

“小胡同赶猪，直来直去！”

老舍的这些富有浓厚的生活气息的熟语，通俗易懂，为普通大众所熟悉，所理解。这些熟语的运用，不仅使整篇小说读起来朗朗上口，而且极具老北京的地域特色，有助于读者更为清晰清楚地理解老舍笔下的那个社会。

4.第四学习小组：幽默的风格

幽默是一门哲学，它会引人发笑，却不仅是为了搞笑，还应是意味深长的。老舍是幽默大师，《骆驼祥子》中的幽默不油滑，不肤浅，是“出自事实本身的可笑，可不是从文字里硬挤出来”，从而具有更深厚的思想底蕴。

(1)老舍的幽默，有时是善意的调侃。

例如，单纯质朴的祥子进城后没完全适应环境，言行举止往往不合时宜。他一本正经地送绿夜壶给曹先生的儿子，行为可笑却不自知。

放下闷葫芦罐，他把小绿夜壶送到里边去：“少爷没睡哪？送你个好玩意儿！”

大家笑得更加了劲。祥子整着身子——因为一得意就不知怎么好了——走出来。他很高兴，这是向来没有经验过的事，大家的笑脸全朝着他自己，仿佛他是个很重要的人似的。

(2)有时却是辛辣的讽刺。比如，刻薄、自私的杨先生一家，作者在多处进行了巧妙地嘲讽，体现了老舍的幽默。

1.“杨先生是上海人，杨太太是天津人，杨二太太是苏州人。一位先生，两位太太，南腔北调地生了不知有多少孩子。”

这里有一个成语,对,就是"南腔北调",不仅说明了杨先生的家庭,还巧妙地讽刺了当时的婚姻制度。

2."以杨先生的海式咒骂的毒辣,以杨太太的天津口的雄壮,以二太太的苏州调的流利,他们素来是所向无敌的;及至遇到张妈的蛮悍,他们开始感到一种礼尚往来,英雄遇上了好汉的意味,所以颇能赏识她,把她收作了亲军。"

这段话里,作者连用排比、俗语,对杨先生家一些不雅的生活进行了讽刺,揭露了杨先生一家人的虚伪以及粗俗。

(二)结合时代背景,理解作品的主题。

1.祥子的生存时代

20 世纪 20 至 30 年代正是中国现代史上最黑暗、混乱,多灾多难的年代;新旧军阀连年不断地进行争权夺势的战争,再加上各种自然灾害的肆行,中国农村迅速走向破产。因而成批破产的农民为了谋求生路便纷纷涌入城市,祥子就是涌入城市的破产农民中的一个。

2.小说的主题:

这部作品揭露了黑暗的旧社会对淳朴善良的劳动者所进行的剥削、压迫,控诉了旧社会活生生把人"变"成鬼的罪恶,表达了作者对劳动人民的深切同情。

也揭示个人奋斗不能帮助劳动人民摆脱贫困改变境遇的主题。老舍无情地批判了这个社会——它不让好人有出路!

四、名著阅读方法归纳:

1.阅读故事,梳理情节

2.认识人物,分析形象

3.了解背景,总结主旨

4.品味语言,体验特色

5.走近作者,领略风格

五、布置作业:

1.课下自主阅读老舍先生的一部作品。

2.对作品主要人物形象和语言特色进行理解赏析,完成读书笔记。

老舍作品推荐:

《四世同堂》《老张的哲学》《二马》

【教学反思】

1. 开设名著阅读课程，强化了学生的阅读意识，激起学生阅读名著的热情。要让他们发自内心地重视名著阅读，对名著阅读有一个清晰、正确的认识，从教学这个环节来看，让学生重视名著阅读一个最直接的措施和手段就是将名著阅读课程化。

2. 有效地落实了部编教材的编写意图。部编版新教材特别重视学生的阅读指导，每册书都会有 2 个名著导读篇目和 4 个自主推荐阅读篇目，每部作品都从一个方面对学生进行名著阅读的引导，教师可以根据学生的实际情况，适当扩大推荐篇目，从而进一步提高学生的阅读兴趣和阅读能力，真正把部编新教材的阅读训练落到实处。

3. 本课教学的主要目的是培养学生对文学作品的欣赏能力，学习阅读名著的方法。所以要让学生在原有的基础及能力上，懂得概括故事情节，懂得分析人物，能联系文化背景做出自己的评价；同时发挥小组合作的优势，让学生利用课内学到的阅读知识，课外对作品进行分析整理，在课上交流，让学生的能力得到更长足的发展。更能够激发学生对阅读名著的热爱，提高语文学科素养，实现教育价值。

第四节　读后“提读课”点石成金

当阅读活动进入成果整理、分享交流阶段时，教师的指导还要在场，这时力求及时上好成果展示及读后提升课，回顾总结阅读收获，包括作品主题的理解、作品形象的赏析、写作技巧的把握、语言风格的体味、读书方法的整理、阅读经验的建构、文化思想上的启迪等。不仅如此，还可以通过延伸阅读引领学生向纵深方向发展，为同类书的阅读做好准备。

相较于单篇文章教学而言，名著阅读容量大、目标多、操作繁、实施难。名著阅读后的提读课，其实就是整合课。整合课的关键在一个“整”字。没有整合与融合，学生的整本书阅读就会散而无神，收获也将会大打折扣，成为一地鸡毛。如何在阅读后期确定目标并实现整合，需要教师有意识地进行化繁为简、化整为零的指导，进行内容整合、策略整合、方法整合、情感整合、智慧整合等，带领学生深度阅读，有效的提升学生的核心素养。

一、学生展示与教师的指导整合

这个整合是以阅读展示为前提，以问题发现为基石，以项目驱动为方式来推动名著的再阅读。

后期整合的课堂，既是学生展示的舞台，又是教师解惑的天地。在学生进行展示之后，老师应及时准确地引导学生发现问题、解决问题。读《海底两万里》，在学生展示航海路线思维导图和介绍海底世界后，分小组汇报“我最喜欢的书中人物和我最难忘的一处场景”。学生的汇报呈现脸谱化和单一化，如何破解？教师要适当点拨。例如与学生共同梳理颁奖词的四大要点：大笔写意，点明人物的事迹；纵深开掘，彰显人物的精神；综合表达，事、理、情有机融合；言简义丰，语言凝练流畅。之后再提出：请用书中的故事情节来串联，请用书中的关键词语来点睛。这样，学生大都会再读人物的相关章节，给人物写的颁奖词就会紧扣文本，表达更精彩。

展示除了常规的摘抄、手抄报，还可以开展“读书讲坛”活动，或制作书签、明信片作为礼物互赠，或是将经典改编成剧本。通过展示活动，实现学生对于每一部名著，愿意再读、再品、再悟，潜移默化中提升核心素养。

二、个体思想与师生智慧整合

名著阅读的后期整合课堂教学中，要进行学生与文本、同学、老师的多重互动，以实现个人、小组和全班的融通，引领学生走进名著更为丰富的世界。其路径为四有：自读有批注，共读有帮扶，展示有评价，活动有总结。

个人层面，可以通过批注来凝练自己的阅读体验和阅读智慧，这一步最关键，是所有环节的基石。小组层面，可以组建阅读成长共同体，形成良好的阅读氛围，在小组互动中淡化差异，取长补短，在你追我赶中养成阅读习惯。班级层面，要注意学生阅读智慧与教师阅读智慧的互动与生成。学生的展示需要有教师的评价，学生活动后教师要有总结，师生之间应互为读者，互为欣赏者，并内化为师生共读的动力。

例如在《西游记》的后期阅读中，学生林林总总地展示后，教师可以提出这样一个问题：如果你是唐僧，面临新的取经任务，只能携带两名徒弟和一匹白龙马，你会舍弃哪个徒儿，为什么？在此基础上，老师引导学生谈谈小说中给自己留下深刻印象的人物及与之相关的事件，并概括出人物的性格特点，借此培养学生的比较分析、归纳概括、辩证思考等高阶思维能力。

三、延伸阅读，引导思维纵深发展

一本书读完并不意味着阅读的结束，而应该是阅读新的开始。要让学生带着对文本的真实体验和成功经验，进行延伸阅读。这种阅读可以是就自己感兴趣的某个点重读作品，可以是阅读专家学者对作品的解读，可以是阅读同一素材的不同作家的作品，可以是主题相近的不同作品。这种延伸阅读的目的是丰富阅读体验，培养思维品质，把思维引向纵深处。比如学生在阅读《西游记》后，可以在提读课上推荐几部比较有名的解读《西游记》的作品：《李卓吾评点西游记》、蔡铁英《西游记成书探究》、顾之川《解读西游记》等。

名著阅读的课程化，就是教师要让学生有这样的阅读经历：在素读中初次走进名著，在活动驱动中反复走进名著，在研读交流中深入名著，在作品展示中沉淀名著，在课内外整合中提升名著。名著阅读的课程化，可以激发学生对名著的兴趣，培养学生的思维能力，内化学生的精神品质，从而切实提升学生的核心素养。

以下以《钢铁是怎样炼成的》为例进行具体阐述。

《钢铁是怎样炼成的》教学设计

《钢铁是怎样炼成的》这部名著的内容距离学生的实际生活相去甚远，很难引起学生的阅读兴趣。教师借助校图书馆资源为每位学生借阅一本名著，并通过师生共读、学生记录读书笔记、“网络学习空间”跟帖留言等形式落实名著阅读教学。本节课主要通过检测、讨论、交流等形式展示学生的阅读成果，使学生明确阅读名著的方法，提高阅读名著意义的认识。

一、教学目标

1. 理解小说人物形象、主题思想、语言特色等，掌握阅读长篇小说的基本方法。

2. 培养阅读鉴赏和口头表达能力。

3. 感受保尔精神，树立正确的人生观、世界观、价值观。

二、教学重难点

重点：评价小说人物形象，赏析小说精彩语言。

难点：从阅读中获得人生有益启示。

三、课前准备

1. 学生阅读《钢铁是怎样炼成的》，记录读书笔记。

2. 教师在“网络学习空间人人通”发布有关人物形象、阅读启示、精彩语言的讨论帖，学生跟帖互动。

3. 教师通过“问卷网”制作检测题，测试学生对小说内容的掌握情况。

四、教学过程

1. 创设情境，导入新课

教师：最是书香能致远，读书之乐乐无穷。前段时间我们一起阅读了名著《钢铁是怎样炼成的》，大家认真记录了阅读笔记，很多同学在“网络学习空间人人通”对老师提出的问题进行了跟帖互动。今天这节课我们就以小组竞赛的形式展示一下各组的阅读成果。比一比，看哪个小组的同学读书读得最认真。

2. 小说内容我掌握

教师宣读测试规则：各组同学进行答题接力，每人完成 3 道题，按全组得分高低依次获得 20、15、10、5 分。若成绩相同按完成的先后顺序确定名次。

教师将课前在“问卷网”上制作好的检测题发布到“微信群”中，各组学生接力答题。师生明确答案。

3. 人物形象我评说

小说以塑造典型的人物形象为手段来反映主题思想。对于这部小说来说，哪个人物给你留下了深刻的印象呢？请以“______，你是我__________(敬佩、喜欢、憎恶)……的人，因为你______________”的形式说一说你对这个人物的看法。

要求：结合情节，言之有理，言之有据。

按要求回答问题的同学每人加 5 分。

学生分组讨论，派代表回答问题。

4. 阅读启示我畅谈

(1)阅读名著的一个很重要的意义就是从书中汲取一点精神，对照自己，勉励自己。苏联作家法捷耶夫 1936 年致奥斯特洛夫斯基的信中说道：“你的小说无疑地将会唤醒世人最美好的、奋发向上的良知。”在阅读这本小说时，同学们从保尔身上汲取了哪些精神和品质呢？请结合具体情节进行阐述。

学生分组讨论，派代表回答问题。

(2)在现实生活中，你还了解哪些具有保尔精神的人？

学生分组讨论，派代表回答问题。

(3)有人说："我们现在处于和平年代，过上了幸福的生活，不再需要'保尔精神'了。"对此观点，你有何看法？

教师：《钢铁》没变，时代却变了，现实生活未必要求我们像保尔那样一天发起十七次冲锋去攻占一个堡垒，也未必要求我们在身患伤寒的情况下仍旧踩着烂泥去修建小铁路，但是在我们学习成长的过程中，仍然需要保尔那种勇于进取、百折不挠的精神。保尔把自己的英雄梦与崇高的理想结合在一起，我们也要向他学习，把自己的青春梦和伟大的中国梦紧密地联系在一起，为实现中华民族的复兴而奋斗。有人评价《钢铁》是理想主义旗帜和人生的教科书。的确，这本书对我们树立理想、磨炼意志、培养习惯等有着重要的指导意义，值得我们一读再读。而且随着年龄的增长和人生阅历的丰富，同学们每读一遍都会有更新、更深入的理解。

5.精彩语句我推荐

这部小说之所以成为经典不仅在于它有深远的思想意义，还在于它独特的文学价值。屏幕显示小说语言特色：

(1)小说写人物以叙事和描写为主，同时穿插内心独白、书信、日记、格言警句等，使人物形象有血有肉。

(2)小说的景物描写、心理描写、环境描写也相当出色，语言简洁优美，富有表现力。

请以"我推荐的精彩语句是____________，推荐的理由是________"的形式说一说你的理解。

学生分组交流，派代表回答问题。

教师总结小组竞赛结果，为最佳小组颁奖。

结束语：

用当今时代的标准去衡量《钢铁是怎样炼成的》，它并不是一本完美无缺的作品。作者对农民阶级、知识分子以及对新经济政策的某些描写不无偏颇之处。这是当时那个时代的印迹。我们在阅读任何一部名著时都要有辩证的思想和批判的眼光，取其精华，去其糟粕。希望同学们通过阅读名著，增长见识，丰富情感，启迪智慧，指导人生。多读书，读好书，用书籍照亮人生，用书籍为梦想插上翅膀。

6.布置作业

以"我心中的保尔"为题写一篇读后感，上传到"网络学习空间人人通"。

五、课后反思

本节课的设计主要体现以下五个特点：

1. 教学目标明确，教学重难点突出，活动时间分配得当。

名著导读课不是课内阅读精讲课，教学目标应主要设定在帮助学生体味阅读的乐趣，培养学生高雅的兴趣爱好，丰富学生头脑，活跃学生思维，提高学生感受生活、体察人情的能力，带领学生体验阅读书籍的价值等。本节课主要设计了检测阅读成果、评说人物形象、畅谈阅读启示、品析精彩语言四项活动。对于小说情节的把握不再单设活动环节，而是融合在其他活动中。作家生平、写作背景等学生比较熟知的内容也不再涉及。这样一来教学目标更为明确，教学重难点更加突出，活动时间分配也更为得当。

2. 借助网络学习空间和 App 提高名著导读教学效益。

在名著导读教学中融合网络空间和 App，可以让学生真正意识到他们接触到了一个超越教材和教室的学习空间，有效地支持了学生的个性化学习，培养了学生的信息素养和创新意识。课前，教师在“网络学习空间人人通”发布有关人物形象分析、畅谈阅读启示、推荐精彩语言的帖子，学生跟帖互动，激发了学生阅读名著的兴趣，让每个学生都参与到名著的阅读活动中来。课上，借助问卷网、微信等 App 进行测试，及时了解学生对小说内容的掌握情况。课后，布置作业，要求学生以“我心中的保尔”为题写一篇读后感，上传到“网络学习空间人人通”，进一步加强生生、师生间的交流互动，促进学生的阅读与思考。

3. 采用小组讨论、竞赛等形式促进对话交流，深化学生认识。

小组讨论、竞赛形式使得知识的被动接受和灌输让位于适合个人特点的主动展示，教师的权威式教学让位于交流式教学。各组同学的精彩展示促进了生生和师生的对话与交流。在讨论中，大家畅所欲言，不同的学生往往有不同的见解，有些学生甚至会出现截然相反的观点，同学间的讨论不仅能够扩大视界，而且促进自己对所持有的观点不断地反思，学生在真诚的沟通中吸纳与创新，进一步深化、提高、完善自己对名著的理解。

4. 注重学法点拨，促进学生语文素养的提高。

在“小说人物我评说”活动中，教师给出示例，为学生搭建语言表达“脚手架”，有助于提高学生的口头表达能力。张之洞曾经说过：“读书不得要领，劳而无功。”开设名著导读课的重要意义之一就是引导学生把握小说阅读的方法。教师引导学生以辩证的、批判的思想评价人物和名著,有褒有贬,客观全面。

5. 注重德育渗透,引导学生树立正确的人生观、世界观、价值观。

所谓"生活在书籍的世界里"是指在阅读中追求思想的美,享受文化的财富,使自己变得更加高尚。本节课让学生在回顾小说情节、评述人物形象、品析精彩语言的过程中感受"保尔精神",通过活动激发学生内心深处的共鸣,认识到当今时代学习"保尔精神"的重要意义,认识到阅读名著对自己人生的重要指导意义,树立正确的人生观、世界观、价值观,避免了贴标签式的德育灌输。

第五节　找准切入点,深入阅读文本

《义务教育语文课程标准》中提到"欣赏文学作品,有自己的情感体验,初步领悟作品的内涵,从中获得对自然、社会、人生的有益启示。"其中还指出"阅读是获取信息、认识世界、发展思维、获得审美体验的重要途径。阅读学是学生、教师、教科书编者、文本之间对话的过程。"因此名著阅读的过程就强调"阅读是学生的个性化行为,应引导学生钻研文本,在主动积极的思维和情感活动中,加深理解和体验,有所感悟和思考,受到情感熏陶,获得思想启迪、享受审美乐趣。要珍视学生独特的感受、体验和理解。教师应加强对学生阅读的指导、引领和点拨,但不应以教师的分析来代替学生的阅读实践,不应以模式化的解读来代替学生的体验和思考;要善于通过合作学习解决阅读中的问题,但也要防止用集体讨论来代替个人阅读。"

在这里,《义务教育语文课程标准》给出了一个目标和方向,要实现这个目标,作为教师必须明确在准备名著导读课程时的基本目标和原则:一、激发学生阅读兴趣;二、阅读方法指导。激发兴趣成为名著导读课程的首要目标,因此,能够找到恰切的切入点,精准有效的带领学生进入名著勾勒的世界就成为名著导读课程需要解决的首要问题,由此,才能够真正实现引领学生由浅入深,在思维的碰撞中领悟内涵、感悟情怀、获得启示的目标。

何谓切入点?切入点即突破口,是深入名著阅读的最佳着力点,是教师准备名著导引课需要重点研究,深入探索的关键点。它不仅仅局限于构成名著本身的主要元素:情节、人物、作者或关键的章节,也可以是其他相关的内容,如作品章目、作者思路、读者疑问等,还可以从学生熟悉的生活素材中选取恰切的切入点。

下面结合名著导读课《昆虫记》进行具体阐述。

《昆虫记》教学设计

一、教材分析

《昆虫记》是对千姿百态、丰富神奇的昆虫生活情状和习性的精细、准确和系统描述。法布尔以达尔文都叹为观止的实证精神和观察天才研究活体昆虫的种种本能和习性，揭示了昆虫世界的“本能和习性之不可思议的神妙与愚蒙”。妙趣横生、引人入胜，带给我们更深刻的思考和更悠远的冥想。品读该经典，能帮助学生初步建立科学实验的观念，培养学生逻辑思维能力，更能引领生活在钢筋水泥森林中的孩子们向往自然、热爱自然，陶冶其情怀、塑造其精神世界。

二、学情分析

八年级的学生经过初中近三个学期的学习，已初步形成了比较稳定的名著阅读的习惯，初步具备了名著阅读的能力，掌握了名著阅读的一般方法，能够独立完成理清思路、梳理主要内容的阅读任务。八年级学生的思维特点是理性思维能力迅速发展，思维活跃，容易被感性材料吸引和打动。《昆虫记》能够激发学生阅读兴趣，有助于发展学生逻辑思辨能力，给予学生以人文的滋养与关怀。

三、设计思路

计划用四周的时间，每周一到两课时，用不同的阅读方法和不同形式的课堂设计完成《昆虫记》由浅入深的阅读指导。

第一课时着眼于激趣，突出了对学生个性化阅读的指导，注重名著阅读对于学生精神世界的引领和塑造。

从第一周第二课时指导课开始，注重对学生进行具体的阅读方法的指导。

第一周第二课时，浏览目录，以思维导图的形式，帮助学生勾勒全书概貌；以给昆虫建立“昆虫档案”或写实验报告等形式，指导学生完成筛选、提取、整合主要信息的阅读任务，提高阅读的效能；

第二周指导课，指导学生深入阅读，用赏析、感悟、联想、质疑等多种读书批注法，完成深入研读的阅读任务，提高学生理解、鉴赏文本的能力，提升阅读质量；

第三周指导课，以为昆虫制“个人空间”的形式，指导学生为自己最喜欢的昆虫制作个体昆虫主页，实现学生阅读的输入与输出，提升学生的再创作能力；

第四周指导课，以“我眼中法布尔”为话题，带领学生理解和体会法布尔的人文精神，丰富学生个人精神世界。

现将第一课时——激趣课的设计思路呈现如下：

激趣课顾名思义以激趣为目的，唯有激发学生的兴趣，才能真正地激活学生的思维，唯有激活了学生的思维，才能实现学生与文本的沟通、交流和碰撞，从而实现经典作品对学生精神的引领和塑造。

《昆虫记》以一个个昆虫作为研究和写作对象，虽然昆虫个体不同，但因法布尔先生在研究时方法相通，写作时倾注的情感相同，所以第一课时选取一种昆虫——《螳螂》，精心设计修正“微信朋友圈截图”、赏图深入研读和思考、抒写感悟等课堂活动，在激发学生阅读兴趣的同时，带领学生深入研读，使学生领会阅读《昆虫记》的基本思路和方法，以期达到举一反三、触类旁通的效果，带领学生走进法布尔笔下独有的昆虫世界。

四、教学目标

1. 激发学生阅读兴趣，培养学生快速提取处理文本信息的能力，体会阅读《昆虫记》的基本思路与方法；

2. 鼓励学生个性化的阅读，通过对文本的深入研讨，发现昆虫繁衍生息的真相，体察法布尔独特的研究方式，理解法布尔为科研付出的努力和做出的牺牲；

3. 体会法布尔对任何生命形式都平等以待的人文情怀，丰富个人精神世界。

五、教学过程

导入：

学习过《蝉》之后，我被一本书深深地吸引，这本书的主角是一个个微不足道的为生命延续而痴痴地努力着的昆虫，我沉浸在它们的世界里不能自拔，为它们的诞生感到欣喜，为它们的高超技艺感到赞叹，为它们的残忍感到义愤……大家说的没错，就是法布尔先生的《昆虫记》。

活动一：修正“朋友圈截图”

第一步：聚焦螳螂宝宝发布的个人信息，找问题。

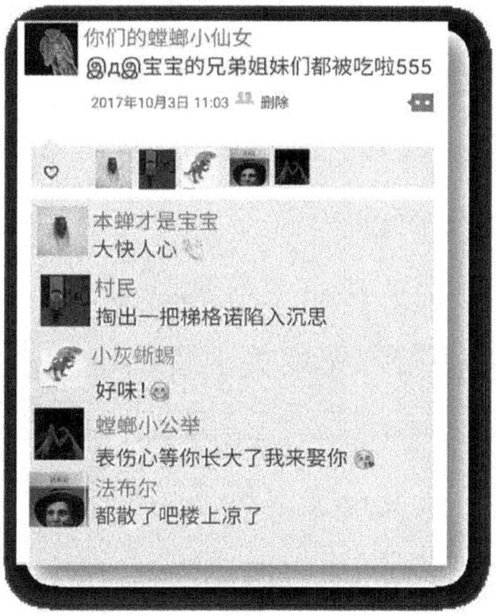

1. 发图时间有问题，螳螂的孵化时间对吗?

2. 头像有问题，螳螂幼虫和成虫在颜色、体型、体态上有差异吗? 差异有哪些? 螳螂“宝宝”可能见到螳螂“妈妈”吗?

用学生熟知的“微信朋友圈截图”，承载有效信息点，有的放矢，激活学生思维，迅速查找文本重要信息点，以点带面，勾勒章节结构，老师适当补充材料，梳理出“螳螂”生存、繁衍过程：

六月中旬孵化——夏秋生长成为了不得的杀虫机器——秋季交配(弑夫，食同类)——筑巢产卵死亡——来年六月中旬孵化

一生不足一年，螳螂宝宝无缘见到螳螂妈妈。

由此抽象出阅读《昆虫记》的第一“法宝”：速读，提取有效信息，勾勒昆虫一生生存、繁衍的过程。

第二步，聚焦评论，小组讨论，找出问题并修正。

学生研读文本，小组讨论，并逐步梳理出了以下问题：

1. 螳螂吃蝉吗? 螳螂能捕到蝉吗? 螳螂的捕食对象有哪些?

2. “两小无猜”的螳螂小哥哥能娶到螳螂“小仙女”吗?

3. 小灰蜥蜴的评论会引起谁的共鸣?

4. 村民拿的是什么? 又在深思什么?

5. 法布尔这样的评论符合人物特点吗?

老师对问题重新整合和布局，由蝉的评论引出俗语“螳螂捕蝉，黄雀在后”，引导学生阅读关于螳螂成虫捕猎的情节，再次体会螳螂成虫捕猎的高超技能——卓

有成效的心理战术，多种武器的完美配合，了解螳螂的捕食对象。

由雄性小螳螂的评论引出螳螂婚配时的特殊“嗜好”——弑夫、食同类，并且可以对照不同版本，对螳螂的特殊嗜好的原因进行进一步的探究。指出弑夫、食同类是螳螂的本能使然，不必过分解读。

由小蜥蜴的评论引导学生关注有关螳螂幼虫杀手——蚂蚁、小个野蜂和小蜥蜴的部分，同时引导学生对法布尔先生关于食物链思悟的部分进行解读。体会法布尔“悲天悯虫”的情怀。

由村民的评论可引导学生阅读文本最后的部分，体会法布尔写作的幽默风趣，再带学生换个角度来看，村民无疑成为比之蚂蚁、小个野蜂和小蜥蜴更具有毁灭性的强大敌人。法布尔先生以诙谐幽默并略带嘲讽的表述方式，让人在捧腹之余，反思人类在某些方面竟不如昆虫的蒙昧之举，深入体会法布尔对任何生命形式都平等以待的人文情怀。

对于法布尔的评论，学生自然而然会有更深入的理解，法布尔是位“热肠冷眼”的观察家，这样的评论也算符合常理。

学生在阅读、提炼、修正的过程中，对文本中的关键点有了更深刻的认知。由此也能抽象出阅读《昆虫记》一般思路和方法的第二个“法宝”：研读，体味昆虫生活情状和不同习性，品味法布尔独有的情怀。

经以上两步，问题得以解决：

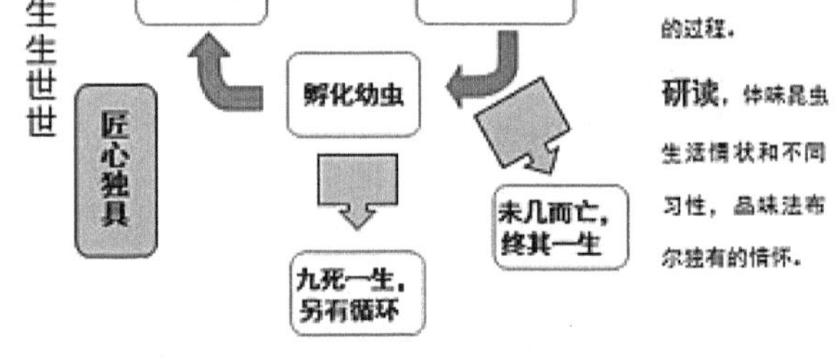

学生也发出了这样的感慨：岂止是发朋友圈随意不得，做任何事都要“实事求是”！

经过这一修正活动，学生对文本有了系统的认知和构架，了解了阅读《昆虫记》的一般思路和方法，经老师点拨，学生对法布尔先生将成虫捕猎放在文章第一部分这一独具匠心的结构安排有了更深的领悟，对法布尔先生的科学实验精神和实践观察能力更是叹为观止！

活动二：鉴赏彩绘作品，引发学生更深刻的思考

出示日本绘画大师熊田千佳慕《彩绘法布尔昆虫记》中有关《螳螂》章节的图片，比照片更逼真的彩绘作品，引起了学生的赞赏和惊叹。此时从情感上和精神层面进一步加以引导。

熊田千佳慕是法布尔超越时空的知己，是用生命在向另一位崇高的灵魂致敬。

在对比观赏成虫埋伏出击和幼虫危机四伏的彩绘作品时，学生感受到螳螂由弱变强生长过程的艰辛，了悟弱肉强食这一大自然生存法则的残酷！

在观赏了不得的杀虫机器和虫卵们的乐园的彩绘作品时，对螳螂得以生存和繁衍的高超技能有了更直观的认知。

在赏析和《昆虫记》高度契合的画作中，学生更能体会到螳螂在繁衍生息之路上做出的挣扎和努力！感悟到法布尔先生对小昆虫自强不息精神的敬畏！对大自然生生不息这一奥秘的感叹！

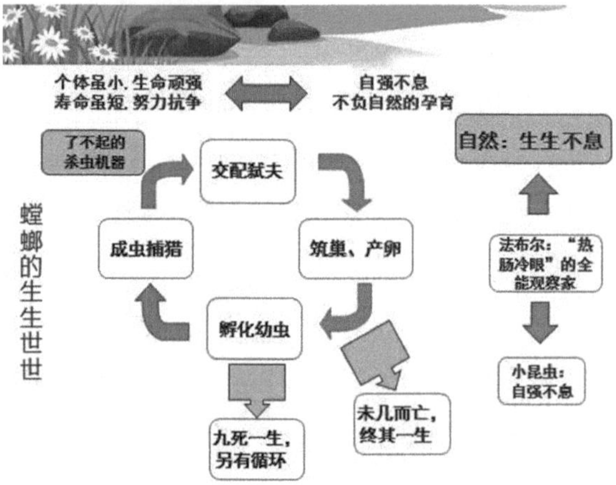

用熊田千佳慕致敬法布尔先生的彩绘作品承上启下，更能激发学生对《昆虫记》的兴趣，让学生能够体悟到高尚灵魂对人的激励和影响。顺理成章地引出本节课的最后一个活动：

活动三：结合课堂所得将感悟书写成文

螳螂，我想对你说：

法布尔，我想对你说：

由《昆虫记》，我想到了：

…………

形式不拘，鼓励生成个性化的阅读体验。

有效的名著导读，总能让学生超越时空，品读到经典作品的精妙之处，学生个性体验超出课堂的预设：

有学生以增字诗的形式，写《瑰丽的日暮下是殉情的悲哀》，用简洁、洗练而生动的文字书写自己对于螳螂章节的思与悟；也有同学《从那只螳螂说起》，谈到了俗语“螳臂当车”，并对此有了新的领悟，“螳臂当车不是自不量力，而是拼搏的壮烈，不是愚昧无知，而是勇敢面对”。

该活动以学生带动和影响学生，效果显著，既能很好的落实学生对《螳螂》的理解和领悟，又能引发学生更深层的思考，激发学生进一步阅读的兴趣。

拓展延伸：

推荐对照观看：BBC 纪录片 ——《荒野间谍》《地球：神奇的一天》，以影像的方式，扩大和填充学生的想象空间；推荐延伸阅读，《法布尔传》和《彩绘法布尔昆虫记》，加大学生理解的深度；推荐对比阅读，《黑色盛宴》和“动物小说”作家沈石溪系列作品，在对比中，深刻理解不同文体特征文学作品不一样的表达特征和不一样的阅读效果。

教后反思：

阅读是一场与文本的对话，是一个思索和建构的过程，导读既要帮助学生在忠实阅读文本的基础上钟爱文本，又要指导学生跳出文本的圈囿，帮助学生在思索中调动已有知识储备完成新知的建构。从整个教学流程及教学效果来看，在激发学生阅读兴趣的基础上，能够带领学生深入研读文本，在研读的过程中，实现了经典作品对学生精神世界的引领和塑造，基本为学生展示了一个完整、清晰且有效的阅读过程。名著导读的探索之路旨在为学生搭建与高尚灵魂和高品位作品沟通、交流和碰撞之桥，以此为目标，初心不改，奋力前行！

第四章　含英咀华
——有效开展古诗文教学

孔子曰:“言之无文,行之不远。”古代诗文经典历经了漫长时间的洗礼,积淀了中华五千年文化的精华,承载着璀璨的人文精神,是我国传统文化的重要载体。古诗文教学是语文教学中的一个重点也是难点。

教育部颁布的《关于全面深化课程改革落实立德树人根本任务的意见》中提出了“发展学生核心素养”,从此,发展学生的核心素养成为日常教育教学的首要任务。“核心素养”不同于一般意义的“素养”概念,而是指学生应具备的适应终身发展和社会发展需要的必备品格和关键能力,突出强调个人修养、社会关爱、家国情怀,更加注重自主发展、合作参与、创新实践。教育要为素养而教,学科及其教学是为学生素养服务的。因此,古诗文教学既应注重学科基础,也应关注学生适应未来社会生活和个人终身发展所必备的素养,不仅反映社会发展的最新动态,同时关照我国历史文化的特点,从而培养学生的文言文核心素养。

第一节　创设情境,审美鉴赏

诗歌是独抒性灵的文学体裁,它能用凝练的笔触为世人展现音乐美、绘画美和建筑美,亦能高度集中地揭示社会生活和人类的精神世界。诗歌教学一直是语文教学的一枝奇葩。反思过往,我们一直都把费尽口舌分析讲解和“背、默、练”的巩固过程机械地当作屡试不爽的好方法。后来我们发现:在这样的教学过程中,学生丧失了学诗的热情还浪费了大量的时间,他们根本很难感受诗歌的魅力。

情境教学法,是一种在教学过程中教师有目的地引入或创设具有一定情绪色彩的、以形象为主体的生动具体的场景，以引起学生一定的态度体验，从而帮助学生理解教材，并使学生的心理机能得到发展的教学方法。在诗歌教学中借助情境来创设适宜的教学模式，激发学生的学习兴趣，提高学生的审美情趣。

一、在情境中导入新知，唤醒感觉

好的开始是成功的一半，课堂教学的导入环节是激发兴趣的切入点，是获取新知的入场券。恰当有效的教学导入，幽默睿智的教学导入可以消除学生最初对学习新知的畏难情绪，培养他们思考问题的积极性和学习知识的自信心。因此，在教学中我们可以尝试创设多样的情境，引领学生在情境中以激情结合体验来全身心地投入知识学习。我们可以借助故事创设情境导入新课；可以借助媒体创设情境导入新课；可以借助悬念创设情境导入新课。

（一）借助媒体创设情境来导入新课

音乐可激发潜藏的情怀，绘画可创设想象的空间。这些都离不开各种媒体带给学生的多元刺激。17 世纪捷克教育家夸美纽斯认为，“一切知识都从感官的知觉开始的”，认识的产生在于学生接受客体传递来的刺激，从而获得感性经验，形成观点，储存在记忆中。

悠扬的《明月几时有》在王菲空灵洁净的嗓音和纯美配乐的导入中，自然引发学生学词诵词的兴趣；婉转的阳关三叠在音乐营造的情境中渲染了《渭城曲》和《送友人》的深情离别、切肤不舍，有效引发了学生与诗人的共情。

“枯藤老树昏鸦，小桥流水人家”，“月下飞天镜，云生结海楼” 在导入环节中借媒体形象地展现深秋僻静的村野、水中映月、天边云霞等，让学生融情于景，在音乐、绘画、视频、板书和教师适时的手势、表情等多元刺激创设的导入情境中引导学生产生感受、鉴赏诗歌的强烈欲望，这样的导入既有益于学生创造力的培养又陶冶了情操。

（二）借助悬念创设情境来导入新课

教育学家第斯多惠说：“教学的艺术不在于传授的本领，而在于激励、唤醒、鼓舞。”我曾经尝试在教学导入环节利用悬念来抓住学生对某些问题很想知道而又无从推知的关切和期待心理，唤醒他们对学习的感觉和他们在学习中的主体意识。

杜甫《望岳》一诗的导入环节，我曾这样设置悬念：泰山凝聚了一切钟灵神秀，据说它的南北两面在艳阳下显现为白昼与黄昏两相并存的景观。你觉得可能吗?

这样学生就产生了“真的这样吗，为什么会这样”的悬念，在这种悬念中自然使学生产生了解决问题的紧迫感。教师就利用学生对未知事物强烈的好奇心，以科学、新颖的导入引发学生的质疑，激发他们的学习兴趣，既可以有效地使学生集中并保持注意力又能在提出问题与解答问题之间，更好的实施教学提高效率。

二、在情境中学习新知，启迪智慧

（一）在自主活动的情境中学习新知

高效课堂应是给予学生广阔活动空间的平台，让学生在活动中找到自身价值，充分感受学习的成功和快乐，自然地爱上学习。诗歌教学中，教师更要伺机借助多样的活动创设情境给予学生操作与活动的机会，培养学生参与意识与能力，提供学生积极参与实践的时间和空间，在活动的情境中激发学习新知的兴趣，开启智慧。

1. 对诗活动

课上巧妙对诗，在活动中，你吟“大漠孤烟直，长河落日圆”，我诵“千嶂里，长烟落日孤城闭”。两个同学你来我往，巧妙应对，规则早已烂熟，诗歌信手而拈。或是报国无门壮志难酬；或是借月抒怀离愁别恨……总之，提个主题大家互对，在激烈竞争的情境中，激发学习兴趣凸显个人智慧，切实提升课堂学习的效率。

2. 专题活动

教师鼓励学生设计流程板块，编写主持词，完成展示作品，选择喜欢的反馈形式。配乐朗诵比赛，诗歌接龙比拼，手抄报，美术画，幻灯片，情景剧……活动中，同学们平等合作，深入探究。他们分门别类搜集古诗，别出心裁品析古诗，声情并茂诵读古诗。吟咏之声不绝于耳。有的同学搜集写景佳句，反馈成果时，摇头晃脑吟咏开来，“今宵酒醒何处？杨柳岸，晓风残月”“无言独上西楼月如钩”……还不忘加上自己的短评，说这样的诗句虽是柔美却凄冷孤寂，比不得王勃的“落霞与孤鹜齐飞，秋水共长天一色”的磅礴灵动，透着虚无，又不失真实的描写。

特定学习情境激发了学生浓郁的兴趣、强烈的表现欲望和主体能动性。在兴趣作为内驱力的学习过程中，学生爱上了独具韵律和节奏的古典诗歌，正所谓“好之者不如乐之者”。因为喜爱自然不觉学习是一种负担。主体的感受一旦轻松，自然也就迎来了学习的高效率。

（二）在求异开放的情境中学习新知

诗歌的讲授，重在陶冶性情，扩展想象力（叶圣陶）。教师抓住诗歌的精妙之处，稍加指点，留有更多自主求异的空间引导学生展开想象的翅膀，充分彰显自身的个性，为发散性思维的发展奠定坚实的基础。

课外赏读《泊秦淮》，有学生提出“笼”字在首句中出现两次是否重复。问题即探究的课题。在阅读课上我们就着这个“笼”字展开了多角度的剖析和解读。

生 1：可以改为“烟笼寒水月罩沙”这样就避开两个笼字同用。

我没有讲出心中的想法，只是提出疑问：“笼和罩有何区别？”

生 2：罩是包住物体，扣住，感觉不美。笼是施动者与被笼物融为一体，感觉烟和月光是主动与水和沙交融，朦胧美好。

另有同学提出生 2 讲的“美好”一词用得不好。这首诗写于晚唐，揭露的是统治者的腐朽，作者心中愤懑，在那样的情境中眼前不会呈现景色的唯美！所以，改为“月罩沙”也可以，正好有种压迫感。

生 4 讲，闭上眼睛走入诗歌情境，觉得景色还是美好，不过作者心中更多的该是景物的朦胧和淡雅，此句“笼”字用得精当，有效将烟、月、水、沙四景合一。

…… ……

诸如此类的教学实例还有很多，借助自主求异的情境，和学生于静谧中品品“僧敲月下门”推敲之中窥见作者遣词功力；赏赏“好峰随处改”一个“改”字妙用，即现诗情画意。

共赏互评、求异开放的情境中，学生主动探究，教学实现高效。这样的教学既充分启迪学生的智慧，树立自信，也奠定学生道德发展的良好基础，激发他们对祖国传统文化的热爱。

三、在情境中巧妙小结，学会思考

课堂教学的小结是对授课内容的概括和提升，它具有画龙点睛作用。它总结强调授课内容的重点和关键，教师抑或学生用精要的语言贯通整节课的知识要点，为课堂的授课内容锦上添花。它还具有修饰美化作用，完美的课堂小结可以用有文采的语言来为授课画上圆满的句号，并为后期的学习做好铺垫和导引，引发学生对后期知识学习的期待心理。综上所述，我们应该让课堂的小结精彩纷呈，形式多样，靓丽无比。

在诗歌教学的高效模式探索中，课堂小结这一环节也是模式中不可或缺的组成部分。精简有效的课堂小结更是高效课堂模式中的一个完美句号。有时我们可能会更倾向于把所有的心力都放到学习新知的环节，而到了课堂小结则草草收尾，大有虎头蛇尾之势。其实殊不知小结部分不仅是体现教学高效的重要环节，更是监测反馈课堂教学模式是否有利于实现高效的重要依据。课堂小结的方法有很多，其他同行也探索地非常深入，比如，小测反馈，学生自己小结，师生合作小结，利用媒体小结等，在这里我还是就着情境教学法来谈一下让学生继续在情境中进行总结。

利用情境创设高效教学模式中的小结环节应该给学生创设自我思考、自我反思的情境，让学生在情境中梳理学习的得失，让学生学会思考，学会总结并最终在这个过程中得到提高。

比如：在学习《石壕吏》一课时，让学生以一名有良知的小官吏形象来总结自己在贬官外放途中，亲眼看见一老翁翻墙外逃，老妇苦苦哀求并哭述全家的不幸时的内心感受和所思所想。让学生投入到故事情境中去体会作品中人物的情感，以心去体悟，依情去解析。这样的小结让学生在体验中获得认知，自然觉得有话可说，从教师这一面来讲更可以通过学生的概括反馈来监测课堂学习的实效性。

以下结合《天净沙·秋思》进行具体阐释。

《天净沙·秋思》教学设计

教学目标：

1.朗读、背诵《天净沙·秋思》。

2.理解《天净沙·秋思》所描写的意象和表达的思想感情。

3.掌握烘托映衬、借景抒情、意象叠加等写作手法。

教学重点：

1.朗读、背诵《天净沙·秋思》

2.理解《天净沙·秋思》所描写的意象和表达的思想感情

教学难点：掌握烘托映衬、借景抒情、意象叠加等写作手法

学情分析：七年级的学生对诗歌有一定的接触和了解，但缺乏赏析诗歌的方法。老师可以引导学生从赏析景物入手，一步步地了解诗歌的艺术特色，接触意象，深入挖掘。

教学方法:

1. 美读法。"所谓美读,就是指把作者的情感在读的时候传达出来,美读得其法,不但了解作者说些什么,而且与作者的心灵相感通了,无论兴味方面,或受用方面都有莫大的收获。"①美读与朗读的最大区别在于,美读要带有强烈的情感,美读时,教师不仅要指导学生注意诗歌的重音、节奏,还要指导学生倾注感情,便于进一步探求诗人内心情感和作品的内涵。

2. 探究法。在教师的引领下,学生积极思考,主动探究相互交流,得出结论。

课时安排:1课时

教学过程:

一、导入新课

古往今来,赏秋颂秋,咏秋叹秋的诗词,可谓层出不穷,哪位同学能和大家分享一下你所喜爱的诗词?

(学生背诵喜爱的和秋相关的诗词,如刘禹锡《秋词》,张籍《秋思》等)

在这众多的作品中有一首小令,文人雅士更是由衷的喜爱,称它为"千古绝句",奉它为"秋思之祖",这就是我们今天要学习的马致远的《天净沙·秋思》。

二、课文朗读

(一)先听课文朗读,请同学们拿出笔,边听边在书上画好朗读节奏和重音

(二)请一名同学在电子白板上划分朗读节奏和重音,并说明理由。

枯藤/老树/昏鸦,小桥/流水/人家,古道/西风/瘦马。

夕阳/西下,断肠人/在/天涯。

理由:前三句句式相同、排列整齐,两字一顿,最后一句要突出断肠人,所以是三/一/二停顿。

(三)处理好节奏和重音,还要注意读出感情,整首小令充满悲凉之感,朗读时要注意语速要缓慢,语调要低沉,请两名同学给大家有感情地朗读。

(四)我们一起有感情地把这首小令诵读一遍。

三、感悟秋情,了解作者背景:

(一)哪一句最能体现作者的情感,

断肠人在天涯

---

① 叶圣陶.《叶圣陶语文教育论集》[M].北京:教育科学出版社,1980:125.

断肠人:悲伤到极点的一个人

天涯:远离家乡的地方,

(二)一个悲伤到极点的人在远离家乡的地方,就会产生——思乡,悲凉,孤独,凄苦,惆怅,郁闷,悲苦等情感。

读到这里,我不禁思索,为什么作者在天涯漂泊,有家不归呢?我们来了解一下作者及写作背景,更深入的体会这种情感。

(电子黑板播放作者及背景的视频资料)

(三)可见,马致远是一个才华横溢的文人,但元朝的蒙古族统治者根本不给汉族文人提供施展才华的空间,空有满腹学识,却无处施展才华。导致作者长期四处漂泊。在旅途中,是什么成为作者情感的触发点,让他产生了如此强烈的情思?(是所见之景)

四、品味秋景,掌握写作特色:

(一)写了哪些景?(孤藤、老树、昏鸦 、小桥、流水、人家 、古道、西风、瘦马、夕阳)

(二)这些景物有什么独特之处,勾起作者的思乡孤寂凄苦之情

(三)我们先来赏析第一组:枯藤老树昏鸦

以“我认为______最能触发作者的情思,尤其是______字,写出了______________________。我仿佛看到______________________(景象),渲染了______________________。”的句式来赏析。

我认为枯藤最能触发作者的情思,尤其是枯字,写出了藤蔓,枯萎干瘪,没有生命力。我仿佛看到随着秋天到来,叶片纷纷掉落,黑褐色的藤蔓缠绕着老树,渲染了万物凋零颓败的气氛。

我认为老树最能触发作者的情思,尤其是老字,写出了树木枝干光秃秃,苍老粗糙,老气横秋。我仿佛看到随着秋天到来,老树叶片凋零掉落,只剩下枯黄的枝干,渲染了万物萧条冷寂的气氛。

我认为昏鸦最能触发作者的情思,尤其是昏字,写出了黄昏时乌鸦纷纷回巢团聚。我仿佛看到乌鸦在黄昏有枝可依,有家可回,而游子却还在外漂泊,渲染了游子“不能归家”的凄凉气氛。

总结:“藤”“树”“鸦”,本是郊野司空见惯的景物,并无特别之处,可一旦与“枯”“老”“昏”结合匹配,一股萧瑟肃杀之气立即从字里行间油然升起,首句就给读者展

示了一幅秋天毫无生气的萧索景象，恰与游子悲凉的心境相吻合。

（四）第二组：小桥流水人家

看图，请同学描述图片内容：潺潺的流水上架着一座座小巧玲珑的小桥，小桥边上有四五户人家，炊烟袅袅或许在做饭，有的家人团聚在一起，其乐融融。这些图景带给我们一种和谐温馨美好的感觉，是不是和前面的悲凉情境相悖？

（学生不知如何回答时，可以读一读同学写的小练笔）

（情景就是下雨天我回到家没有带家里的钥匙，在楼外面孤独地等着父母的到来。）

练笔节选：

我望着被雾气缭绕的楼群，隐约感到黄白交织的灯光，我仿佛看到那些有灯光的屋里和谐的景象：一家人团聚在桌前喝着酒，吃着香喷喷的饭菜，一丝饭香仿若飘入我的鼻尖，喉咙不自觉地动了动，咽了咽口水，像在咽下食物一样。恍惚间，我想到卖火柴的小女孩在那寒冷的世界，她一定也很孤独很寂寞吧。

小练笔中就使用了烘托映衬的写法，用美好的景象来反衬我的孤寂，与小令中的“小桥流水人家”的诗句的运用，有异曲同工之妙

总结：亲人团聚的天伦之乐，透露出游子对温馨美好的家园的向往，更反衬出有家不能归的凄苦，这种写法被称为“烘托映衬”。

（五）第三组：古道西风瘦马

1. 古道：古老荒凉，年代久远，年久失修，坑坑洼洼，路途难行（古道少人行）

2. 西风：指秋风，西风的肃杀，萧条，寒冷，凛冽，无情

下面有几句诗都提到了风，我们能不能把它归类，看哪几句属于同一类？都有什么样的特点。（使用电子白板拖曳功能，把以下诗句分为两组）

（1）秋风萧瑟天气凉，草木摇落露为霜。 ——曹丕《燕歌行》

（2）昨夜西风凋碧树。——晏殊《蝶恋花》

（3）秋风萧瑟，洪波涌起。 ——曹操《观沧海》

（4）沾衣欲湿杏花雨，吹面不寒杨柳风。 ——志南和尚《绝句》

（5）等闲识得东风面，万紫千红总是春。 ——朱熹《春日》

总结：前三句是一组，都是寒冷肃杀的西风；后两句为一组，是温暖和煦的东风

3. 瘦马：走了很长时间的路，旅途劳顿，精神疲惫，瘦弱，瘦骨嶙峋

落叶西风时候，人共青山都瘦。——辛弃疾《昭君怨》（思念故土）

帘卷西风，人比黄花瘦——李清照《醉花阴》(思念丈夫)

总结：只是马瘦吗？人呢？因四处漂泊，思念家人，仕途坎坷，悲凉凄苦，也日渐消瘦。

(六)第四组：夕阳

夕阳：无限好，只是近黄昏，黄昏的美丽，让心忧伤；黄昏的沉郁，令人怅惘；夕阳的孤寂和凄凉增添了一层惆怅。

总结：点明了游子思乡的特定时间；渲染了悲凉氛围；最后一个意象“夕阳西下”，是全曲的大背景，它将前九个意象全部统摄起来。

总结：刚才我们重点分析了小令中的景物，古人说“凡景语，皆情语”，这些景物无一不带有作者的情感，作者的情感正是通过这些富有特征的景物抒发出来，这种写法叫作“借景抒情”，而带有作者情感的这些景物，我们称之为意象。

(七)第五组：断肠人

在这众多的意象当中，断肠人应该算是最主要的一个，其他的意象都是为了突出他进行的环境烘托，环境描写。在残阳夕照的荒凉古道上，牵着瘦马，迎着西风，满眼凄凉之景，内心无限愁苦的正是断肠人。

总结：这首小令除了“对比反衬，借景抒情”，更绝妙之处在于它还使用了一种艺术手法，叫作“意象叠加”。这首小令紧密地排列众多的意象，多而不乱，层次分明，既描绘出苍茫萧瑟的秋景，又给人以强烈的画面感，还传达出游子羁旅天涯而又茫然无依的孤独和彷徨。

五、把握情感，传承中华文化

1.作者使用五组意象，抒发了怎样的思想感情？

抒发了一个飘零天涯的游子在秋天思念故乡、倦于漂泊的凄苦愁楚之情。

2.你觉得这种情怀对现今的中国人有什么影响？

中国古代诗人的这种思乡情怀，影响了一代又一代的中国人，“每逢佳节倍思亲”，中秋佳节，会想家乡，想家，想亲人；每逢春节，不论身处何地，都要回家团聚，都期盼家人团聚，万家团圆。

六、拓展延伸，掌握鉴赏方法

在古典诗词中，不少作品也使用了“意象叠加”手法。

(赏析两首诗，掌握意象叠加的手法)

《山村咏怀》(邵雍)

一去二三里，烟村四五家。

亭台六七座，八九十枝花。

美国诗人庞德的小诗《地铁站台》，诗评者一致认为这是西方印象派最脍炙人口的一首诗。而作者却说这首诗之所以成功，是因为他使用了在东方古典诗词中学到的绝技——意象叠加。

《地铁站台》（庞德）

人群中这些脸庞的幻影；

潮湿又黑的树枝上的花瓣。

七、课后作业，巩固课堂知识

1. 背诵这首小令。

2. 把《山村咏怀》和《地铁站台》的赏析写在作业本上。

3. 再找一首使用意象叠加的诗和大家分享。

知识卡片：意象：就是寄托了作者某种情感的事物

板书：艺术特色：

1. 借景抒情

2. 映衬烘托

3. 意象叠加

【课后反思】

从赏析景物入手，体会特定景物传达出的特殊情感，水到渠成的引出并讲清了映衬烘托、借景抒情、意象叠加这三点艺术特色，思路清晰。指导学生赏析诗词的具体方法，使学生课内得法，课外受益，重点落实核心素养中的“审美鉴赏与创造”。在讲映衬烘托时，自然引入学生习作，便于学生今后对这个写作手法的理解和运用，使教学做到读写结合，融会贯通。

第二节　注重朗读，培养语感

吕叔湘说：“语文教学的首要任务是培养学生各方面的语感能力。”朗诵能够激发学生学习文言文的兴趣，改善学生对文言文学习的畏难情绪，加深学生对文本的深入理解，有助于培养学生的语感，训练学生的语言能力。正如叶圣陶先生所言：

“读文章，写文章，最好不要光用眼睛看，还要用嘴念，读人家的东西，念出来，比光看容易吸收，有感情的文章念几遍就能领会。”借助朗诵，让学生感知、想象、分析、推理、挖掘文章的思想内涵是提高学生核心素养的有效途径。学生在学习中，通过不同形式的朗读，充分使其心、眼、口、耳并用，这种朗读式学习方法，激发了学生学习语文的兴趣，有效地提高了学习效益，语文课堂更加活力四射！

一、“朗读教学”的理论依据

（一）建构主义学习理论

从现代教育理论看，朗读教学指导符合建构主义学习理论。建构主义认为，知识不是通过教师传授得到，而是学习者在一定的情境即社会文化背景下，借助学习获取知识的过程。建构主义学习理论重视学生的主体地位，重视学生在课堂教学中的有效参与，提倡少讲多学。有效地朗读教学指导可以提高学生课堂参与度，激发学生学习兴趣，发展学生智力，准确理解文本内容，陶冶学生的情操。

（二）认知教学理论

认知教学理论重视学生在学习活动中的主体价值，充分肯定了学习者的自觉能动性。强调把学生的学习看成是一种积极主动的过程，重视内在的动机与学习活动本身带来的内在强化的作用，强调学生学习的创造性。而培养学生朗读兴趣，提高学生朗读水平，进而提高学生的表达能力，是符合认知教学理论的，体现了学生的参与性和创造性，也体现了教学由简单到复杂的循序渐进的过程。

二、“朗读教学”的内涵与实施

《语文课程标准》明确指出，“语文课程是一门学习语言文字运用的综合性、实践性课程”，“九年义务教育阶段的语文课程，必须面向全体学生，使学生获得基本的语文素养。”对朗读教学，予以了高度的重视，在“课程目标”“实施建议”“评价建议”各部分中均对朗读教学作出了全新的表述。

《中学语文教学大纲》中，教学内容部分对朗读做出了明确的规定：用普通话正确、流利、有感情地朗读课文。朗读训练作为阅读训练的基本内容之一，是课堂教学的重要环节，应当引起教师和学生的重视。

朗读教学策略，分为课前自读、课上朗读、课后展读三部分。课前自读：布置预习作业，学生在家借助朗读软件，进行朗读预习，初步感知文本，读出轮廓。课上朗读：多种形式的朗读与文本精讲相结合，及时进行朗读方法的指导与训练，实现有感情地朗读。让朗读贯穿语文课的全过程，使之成为语文课的亮点，成为语文课堂教学质量提高的切入点。课后展读：课后进行朗读展示，鼓励学生积极展示，读出节奏，读出美感，读出感情，体味美文的神思妙笔和精义妙理。

下面以《三峡》《小石潭记》两课为例进行阐述。

《三峡》教学设计

一、教学目标：

1. 熟读课文，积累重点实词虚词，理解文意。

2. 理解景物描写特点，体会作品意境及作者情感。

3. 感受三峡的自然之美，激发热爱祖国大好河山的情感。

二、教学重点：

把握本文景物描写的特点，感受三峡的自然之美。

三、教学难点：

培养诵读的习惯，形成诵读的能力。

四、教学安排：一课时

五、教学过程：

(1)课前自读：借助朗读软件，激趣导读，提升预习能力

【巧用零散时间，扫清字词障碍】

1. 标注课文段落。

2. 借助工具书，扫除字词障碍。

3. 师生订正字词，确保课前朗读字音准确无误。

4. 指导学生看书下注释和提示。

5. 圈画疑点和关键语句。

利用学生在校的零散时间，教师组织学生充分做好朗读前的准备工作。

【巧借音频软件，完成朗读作业】

1. 巧用“喜马拉雅”录音软件，高效完成朗读预习作业。

指导学生下载“喜马拉雅”App，完成注册，指导操作使用。录音作业前，可以先从软件中搜索《三峡》的朗读音频，多听，多练，多模仿，录制朗读作业。利用“喜

马拉雅"软件与语文学科深度融合，大大激发了学生完成朗读预习作业的兴趣，提高了其朗读水平。在"读中思，思中读，愈读愈有味"，学生在潜移默化中养成了朗读的好习惯。

2. 巧用"微信群"，上传朗读作品。

将朗读作业上传到班级语文"微信群"，便于学生间相互交流学习，取长补短，教师的适时点评，大大激发了学生的学习兴趣，将朗读坚持下去，提高学生的审美素养和学习能力。

（二）课上朗读：以读为线索，精讲文本，突破教学重难点

【活动一】知识导入，走近文本

教师：关于三峡，同学们有哪些了解呢？

学生：交流课下搜集的有关"三峡"的资料。

教师：资料补充

中国的第一大河——长江。长江全长 6300 余千米，宏伟浩瀚的长江景色中最为壮丽的风光当属三峡。

长江三峡：是瞿塘峡、巫峡和西陵峡的总称，在长江上游重庆奉节和湖北宜昌之间，全长 204 千米。自西向东瞿塘峡是三峡之首，是三峡中最短、最险峻的山谷；巫峡以曲折，幽深秀丽闻名；西陵峡以滩多水急著称。三峡是长江上最神奇、最壮丽的一段山谷，古往今来，闪耀着迷人的光彩。三峡是我国十大风景名胜之一，也是我国 40 佳旅游景观之首。

【活动二】朗读美文，走进文本

1. 欣赏课文，感受三峡的音韵美

教师：说到三峡的景美，其实郦道元的文字更美，下面由老师来范读，请同学们一边听课文，一边想画面，感受三峡的魅力。

学生：齐读，注意读准字音和停顿。

2. 译读课文，积累词义，理解文意

教师：要想更多地了解三峡，欣赏它的自然风光，我们还要再读课文。小组合作，借助注释和工具书，译读课文，要求文从字顺。不懂之处，组内交流，再有疑问，我们标画出来，班级交流。

学生：小组合作，进行译读。

教师：问题预设，裳：在现代汉语中，通常读 shāng，在古汉语中，通常读作

cháng，指古人所穿衣服的下裙，后来泛指衣服。本文泛指的是衣服。shāng 不能单独成词，只能和“衣”组成复合词；而 cháng 可以单独成词。所以读 cháng。

学生：小组学习成果展示。

3. 细读课文，领略三峡的景物美

教师：读懂了课文内容，我们对三峡风光也有了更深入的了解，下面，我们再次齐读课文，这一遍要求读得要入情入境。（教师及时点评，予以鼓励）

《三峡》这篇文章，虽然全文仅 150 余字，但是思路清晰、音韵和谐，那么郦道元是如何用凝练的笔墨将三峡的万千气象尽收笔底的呢？

问题一：

教师：课文通过描写三峡的哪些景观，来表现其壮丽的风光呢？

学生：文中描写了三峡的山和水。水又是分季节来写的。顺序：夏、春冬、秋。（板书：山，水）

问题二：

教师：三峡的山水很美，给学生几组图片，你能用“三峡的______真美啊，不信你看____________，它有________的特点”句式，说一说它们美在哪里吗？

学生：交流

问题三：

教师：为什么从“山”写起？写水为什么不按春夏秋冬的顺序来写？

明确：因为“峡”的意思就是两山夹水的地方，有山才有“峡”，所以从山写起。三峡的水又是最有特色的，所以接着写水。写水先写夏水，后写春冬之水，因为夏水最盛，最为凶险、迅疾，最具特点。

问题四：

教师：本文结尾引用渔歌起到怎样的作用？

明确：侧面表现渔民的悲惨生活，体现作者对渔民生活的同情，进一步突出三峡山高水长的特点，反衬了三峡的凄凉。在行文的过程中，如果恰当引用古人诗词佳句，不仅可以准确地表现文章的中心，而且可以增强文章的文学性、可读性，使文章更具音韵美。

4. 品读课文，感悟三峡的语言美

教师：如果说山塑造了三峡的形，那么水便是三峡的魂。郦道元被后人誉为“善写山水的大手笔”，《三峡》一文能够以如此短小的篇幅，将三峡错落有致的自然风貌描述得使人有身临其境的感觉，其语言很值得品味，你觉得文章哪个字或句用得好？好在哪里？

学生：小组合作，体会写作手法

探讨角度：可从动静、色彩、修辞、视角、用词、描写角度等方面赏析语言美和意境美。

第一组：从正侧面描写相结合的角度，赏析语言。

“两岸连山，略无阙处”正面写山“连”的特点，“隐天蔽日”侧面烘托山“高”。寥寥数笔形象地勾勒出三峡磅礴逶迤、雄伟峭拔的整体风貌，所以，我们在读此段时，语气要稍稍高昂一些，语速要适中。哪位男生能给我们展示一下？（学生朗读展示）

“至于夏水襄陵，沿溯阻绝。”正面描写，夏水凶险。

“有时朝发白帝，暮到江陵，其间千二百里，虽乘奔御风，不以疾也。”侧面表现江水迅疾。（朗读指导：语速加快，才能突出奔放美）（请一名男生朗读）

“ 每至晴初霜旦，林寒涧肃，常有高猿长啸，属引凄异，空谷传响，哀转久绝。”正面描写猿啼凄凉怪异，回声久久不绝，悲哀婉转，到处笼罩悲寂、凄凉的气氛。

故渔者歌曰：“巴东三峡巫峡长，猿鸣三声泪沾裳。”以忧伤的渔歌作结，暗示三峡渔民的悲惨生活，侧面表现三峡之秋的萧瑟凄凉。（朗读指导：语气稍低沉，语速稍慢）（请一名女生朗读）

第二组：从动静结合的角度，赏析语言。

山静水动：“素湍绿潭，回清倒影”为静；“绝巘多生怪柏，悬泉瀑布，飞漱其间”为动。（请一名女生朗读）

第三组：从色彩和视角的角度，品味语言。

色彩艳丽：白浪、绿潭、青山、花草。

多种视角：俯视：素湍绿潭，回清倒影；仰视，绝巘多生怪柏，悬泉瀑布。

第三组：用词上。一字一景：“清”“荣”“峻”“茂”，以极为精练的四字，状写了四种景物，突出表现春冬之时的清秀美。“寒”“肃”“凄”哀转突出表现秋的神韵。用词精当，表现景物各具特色，由景境导出了作者的心境。这种写景方法叫作“大笔点染法”。

第四组：修辞角度赏析。夸张（第一段“自非……不见曦月”），对比、夸张（夏水暴涨后的水流之美）。

下面我们再读课文，男生读前两段，女生读后两段，男生要读出山的雄壮美和夏水的奔放美，女生则要读出春冬的清秀美和秋的凄婉美，注意读出感情。

教师：一切景语皆情语。郦道元为我们展现了三峡的“自然之美”。（板书：自然之美）

本文对三峡的描写比较客观，作者的思想感情没有直接用语言表达出来，但从字里行间我们可以体会得到作者借景抒情，对三峡由衷地欣赏赞叹之情。（板书：赞美、欣赏）

【活动三】链接作者，体悟文本语言魅力

教师：作为著名的地理学家和散文学家的郦道元成功编著了《水经注》，下面就让我们共同链接作者，深入了解作者及其《水经注》这本书。

郦道元：北魏时期著名的地理学家，散文家。本文选自《水经注疏》。《水经注》，其书名为注释《水经》，实则以《水经》为纲，详细记载了一千多条大小河流及有关的历史遗迹、人物掌故、神话传说等，是我国古代最全面、最系统的综合性地理著作。该书还记录了不少碑刻墨迹和渔歌民谣，文笔绚烂，语言清丽，具有较高的文学价值。郦道元被后人尊为山水游记文学的鼻祖。博览古今的毛泽东曾称赞郦道元“是一位了不起的人”。

【活动四】立足文本，拓展延伸

教师：三峡的奇秀壮丽，自古以来就引得无数文人墨客挥毫泼墨尽情描绘，我们学过的诗有哪些？

学生：朗诵学过的诗。《早发白帝城》《夜雨寄北》《登高》

教师：毛泽东《水调歌头·游泳》里有“更立西江石壁，截断巫山云雨，高峡出平湖”；郭沫若的《过巫峡》里有“奇峰十二座，领袖万斯年”等，举之不尽，它就像滔滔的长江水，川流不息，汹涌澎湃的流向太平洋，流遍了整个世界。

“郦道元笔下的山水画卷已成为三峡历史的美好回忆，今朝的三峡正放射着世人瞩目的光辉，宏伟的葛洲坝工程，红火的三峡工地，正在成就着一个又一个的世界奇观，不管这块神奇的土地如何变迁，三峡是我们心中永远的三峡！三峡承载着我们永远的爱！”最后，让我们再次用自己美妙的嗓音诠释一下三峡的美吧！

（齐读）

【布置作业】

1.“我来当导游”

昔日郦道元笔下美丽三峡，如今因三峡工程更闻名于世，并吸引了无数中外游客前来观光旅游。请你用简洁生动的语言写一段导游词向前来观光的游客介绍三峡的风景特点和时代变化。

2.请同学们课后观察一下身边的景物，借鉴本课的写法，完成一篇“小练笔”。

【板书设计】

三　峡

郦道元

山	高、连	雄壮美	
	夏：疾	奔放美	自然之美
水	春冬：清	清秀美	赞美、欣赏
	秋：凄	凄婉美	

(三)课后展读：

为了促进学生的全面发展，让朗诵成为培养学生语文核心素养的重要途径，除了课前指导，课上训练，课后展示朗读环节也是十分必要的。课后开展朗诵展示活动，能够进一步培养学生的朗读能力，发展学生智力，使其获得思想熏陶，提升美育。

【课后反思】

俗话说：“读书百遍，其义自见。”文言文教学离不开读。本课教学，教师共安排了不同形式的朗读达到七次之多。教师范读、学生齐读、个别读、分角色朗读等，边学边读，朗读形式随着文本的深入学习而适时变换；欣赏课文、译读课文、细读课文、品读课文的行文思路，帮助学生充分理解了文本内容，提升了朗读技巧，把握住了作者的思想感情。无论是哪种形式的朗读，教师都要给予学生积极的评价，如“真整齐!”“你真棒!”等，激发学生学习的情感和愉快的学习体验。

于漪老师曾说：“要反复诵读，把无声的文字变成有声语言，读出感情，读出气势，如出自己之口，如出自己之心。”课堂上多种形式大量的朗读，使学生读懂了文意，领略了三峡的景物美，品味了三峡的语言美，体会了作者的思想感情。让学生反复吟咏文言文，既是学好文言文的好方法，又提升了学生的人文素养。

《小石潭记》教学设计

《小石潭记》是语文部编版八年级下册第三单元第10课。这是一篇文质兼美的游记散文佳作。全篇不到200字,但作者却把小石潭清幽秀丽的景色和作者游小石潭的心情,绘声绘色地表现出来了,让读者有种身临其境的感觉。为了能让学生通过品读文章精妙的语言,从而抓住景物特点,感受小石潭的自然之美,激发学生热爱祖国大好河山的情感,在教学设计中我们要特别注重加强诵读环节,并予以朗读技巧指导。让学生在感受文言文语言魅力的同时,体会作者失意被贬,情感起伏的变化,寄情山水的抑郁忧伤的感情,从而实现本课的教学目标,有效地突破教学重难点。《小石潭记》一课,依然从课前自读、课上朗读、课后展读这三部分,阐述朗读教学设计的策略探究。

一、教学目标:

1. 熟读课文,积累重点实词虚词,理解文意。
2. 学习文章写景特点, 揣摩借景抒情的写法。
3. 理解作者失意被贬,寄情山水得抑郁忧伤的感情。

二、教学重点:

1. 疏通文义。
2. 体会课文写景特点,揣摩借景抒情的写法,提高对美的鉴赏能力。

三、教学难点:

理解作者在贬居生活中孤独悲凉的心境。

四、教学安排:一课时

五、教学过程:

(一)课前落实自读任务:

1. 巧用零散时间,扫清字词障碍。
2. 结合书下注释,查找字典,熟读课文。
3. 巧借"喜马拉雅"音频软件,完成朗读预习作业。
4. 巧用"微信群",上传朗读作业,班级点评交流。

(二)课上实施朗读教学指导:

【活动一】开门见山,导入文本

今天，我们共同学习一篇文质兼美的游记散文《小石潭记》，作者柳宗元。

【活动二】走近柳宗元

1.关于柳宗元，你了解他哪些文学常识？

2.教师补充：

柳宗元（773—819），字子厚，中唐时期著名文学家、哲学家，河东（今山西永济）人，世称柳河东。“唐宋八大家”之一，与韩愈并称“韩柳”。与韩愈、刘禹锡同朝为官，由于参加主张革新的王叔文政治集团，失败后被贬为永州司马，从此柳宗元在荒远偏僻的永州苦待了整整十年，在此期间写下了为人称道的《永州八记》，后又被改贬到更为荒凉的柳州，四年后，病魔无情地夺去了他年仅47岁的生命。《小石潭记》是《永州八记》中的第四篇。

【活动三】读准字音

篁竹　卷石底　为坻　为嵁　参差披拂

佁然　俶尔　往来翕忽　悄怆幽邃

【活动四】初读文本，读准音、会停顿

1.自读读文

2.抽查一生朗读　（点评指导）

3.教师范读（配图 配乐）

4.学生齐读（配乐）

【设计意图】

此环节安排了不同形式的四次朗读。一、自读是基础，学生首先进行自读，大声朗读，调动自身的情绪状态，以积极的精神状态投入到本课的学习中来，自我欣赏朗读声音，形成画面感，培养其形象思维能力。二、教师抽查学生朗读，查看学生预习及自读中的问题；先由学生进行点评，从字音、停顿、强弱等方面指出问题；再由老师补充点评，鼓励、表扬，增强学生的自信心。三、教师范读，将学生带入情境，让学生一边听课文，一边想象画面，感受小石潭清幽秀丽的景色，准确地把握停顿和语速，提高朗读水平和欣赏美文的能力。四、配乐《高山流水》的古筝曲，学生进行齐读，这符合新课标的要求，为学生营造出朗读气氛，增强朗读效果，让学生在齐读的过程中，再次感受文章的语言美和声音美。

【活动五】译读文本，理解文意

预习情况反馈：检查每段重点字的解释（小组合作、互助完成）

第一段：西、乐、下、尤、以为、为坻

译文：从小土丘向西走一百二十步，隔着竹林，听到了水声，好像人身上佩戴的玉佩、玉环相碰发出的声音，（我的）心里很喜欢它。砍倒竹子，开辟出一条小道（走过去），向下看见有一个小潭，潭水特别清澈透明。（潭）以整块石头为底，靠近岸的地方，石底有些部分翻卷过来露出水面，成为坻、屿、嵁、岩等不同的形状。青葱的树木，翠绿的茎蔓，覆盖、缠绕、摇动、联结，参差不齐，随风飘荡。

第二段：可、许、空、下、佁然、俶尔

译文：石潭里的鱼大约有一百来条，好像都在空中游动，周围什么依靠也没有似。阳光向下一直照射到水底，鱼的影子映在水底的石头上，呆呆的一动也不动，忽然间又向远处游去了，来来往往，非常轻快敏捷，好像在和游人一同逗乐。

第三段：西南、而、斗、蛇、犬牙、不可知其源

译文：向小石潭的西南方向望过去，小溪曲曲折折，望过去一段看得见，一段又看不见。那石岸的形状像狗的牙齿那样相互交错，不知道它的源泉在哪里。

第四段：凄、寒、以、清、居、乃、去

译文：坐在小石潭上，四面被竹子和树木包围着，静悄悄的没有其他人，使人觉感到心神凄凉，寒气透骨，寂静极了，幽深极了。因为那种环境太凄清了，不能待太久，就记下了这番景致离开了。

第五段：隶、从

译文：同游的人有：吴武陵、龚古以及我的弟弟宗玄。跟着一同去的，还有姓崔的两个年轻人 ：一个叫恕己 ，一个叫奉壹。

过渡语：读懂了课文内容，我们对小石潭的风光也有了更深入的了解，下面，我们再次齐读课文，这一遍要求读得要入情入境。

【设计意图】

小组合作，边读边议，学生在交流互助中，积极解决重点词的释义，疏通文义，提高学习效率，形成小组智慧，增强记忆力。感受小石潭的美景，尤其是“蒙络摇缀，参差披拂”等那些极具表现力的语句；“日光下澈，影布石上”阳光透射下的潭水的清澈感，丰富了学生的想象力。学生在译读中赏析了文章精妙的用词，初步感知作者游小石潭的心境。小组内译读课文，可以将枯燥的文言文学习，变为有趣的学习；变被动为主动；在说一说，译一译中夯实了文言文基础，形成了积极的学习体验，有利于培养学生语文核心素养。在学生疏通文义后，已然对小石潭的美有了更

深的理解，安排学生再次齐读课文，学生可以读得更加入情入境。

【活动六】赏析文本，感悟情思

赏析美文

过渡语：看似平常的一篇山水游记，却是历代传诵的散文名篇，看似一处名不见经传的风景，却因他的妙笔处处生辉。下面，我们就来欣赏一下小石潭的美景：

1. 作者描写了小石潭的哪些景物？

明确：水、鱼、石头、源头、岸势　　（板书：石、水、鱼）

周围景物？竹子、树、藤蔓

2. 用下面句式，赏析小石潭的美景

过渡语：这些景物，各具情态，给作者留下了深刻的印象。找出你喜欢的景物描写，读出来，说说它的好处？

要求句式："我喜欢________句，它描写出___________的景物特点。"

训练目的：朗读，抓景物特点，口语表达　（按段落进行）

明确：第1段："闻水声，如鸣珮环，心乐之""如鸣珮环"比喻，写出水撞击石头发出清脆的声音，悦耳动听。发现小石潭的喜悦之情。

"闻水声，如鸣珮环，心乐之。伐竹取道，下见小潭，水尤清冽。"一连串动词：隔、闻、伐、取、见。写法：先闻其声，后见其形，移步换景的写法。"伐竹取道"，表明小石潭无路可通，人迹罕至，侧面写出小石潭环境幽静偏僻。

"水尤清冽"正面描写，写出水清特点。

"全石以为底，近岸，卷石底以出，为坻，为屿，为嵁，为岩。"运用比喻，写出石头的奇形怪状的特点。白描手法，精心描绘出小石潭的全貌。

"青树翠蔓，蒙络摇缀，参差披拂。"描绘出小石潭周围景致。"蒙络摇缀"，四字写树木的四种形态，简洁生动。

第2段："潭中鱼可百许头，皆若空游无所依。日光下澈，影布石上，佁然不动；俶尔远逝，往来翕忽。似与游者相乐。"

写鱼历历可数，反衬水清潭小；"空游"让人感觉不到水的存在，写出水澄澈透明；

游鱼：不动远逝，动静结合、拟人，赋予鱼以感情色彩，使潭上的游者与水中的游鱼融为一境，画面活泼有趣。明写鱼，暗写水。

第3段："潭西南而望，斗折蛇行，明灭可见。其岸势犬牙差互，不可知其源。"

将视线伸向远方,溪身:曲折蜿蜒,岸势:参差不齐。

“犬牙差互”,写溪岸交错不齐的特点。“不可知其源”写潭水的来源,突出溪水的曲折、悠远。

第4段:“四面竹树环合,寂寥无人,凄神寒骨,悄怆幽邃。”描写小石潭的幽静,把幽深冷寂的景色与孤凄悲凉的心情结合在一起,表现作者被贬后的痛苦心情。

“以其境过清,不可久居,乃记之而去。”写环境太清幽,精神上也不免悲怆,以至匆匆离去。

纵观柳宗元的游览顺序:发现小潭→潭中景物→ 小潭源流→ 潭中气氛。

感悟情思

过渡语:一切景语皆情语。情景交融,寓情于景是柳宗元山水游记的一大特色。下面,我们看看,在小石潭清幽秀丽的景色中,蕴含了作者怎样的心情?

1.抒情基调是什么?

从笔墨上看,前三段写乐,第4段写凄,文章的感情基调是“乐”还是“凄”?

明确:乐——凄 (板书:乐凄)

(齐读训练:乐,读出欢快的心情;凄,读出忧伤。语速慢)

【设计意图】

此环节安排了两次朗读,一次为学生以“我喜欢____句话,它写出了景物____什么特点。”的句式,来进行语言品读,教师采取鼓励性评价如“真好!”“你真棒!”,调动学生快乐地参与课堂互动的积极性。这种方式的朗读,既能使学生进行深度阅读、思考,赏析文本,抓住景物特点,又能促使其把握作者游小石潭的心情变化。另一次为“感悟情思”环节,指导学生把握作者的感情基调,要求学生在仔细品读语言中,能够说出自己的独特体验和个性化的感受,进而全班齐读,读出作者欢快心情与凄凉的心境,从而引出下面“走进作者”环节,链接写作背景。此环节的朗诵安排,培养了学生对优秀文学作品的欣赏能力和对祖国大好河山的审美能力,陶冶学生的美好情操。

2.链接写作背景

“永贞革新”失败后,柳宗元被贬为邵州刺史,行未半路,又被加贬为永州司马。永州地处湖南和广州交界的地方,当时甚为荒僻,是个人烟稀少令人可怕的地方。和柳宗元同去永州的,有他67岁的老母,堂弟柳宗直,表弟卢遵。他们到柳州后,连住的地方都没有,后来在一位僧人的帮助下,在龙兴寺寄宿。由于生活艰苦,到永州未及半载，他的老母卢氏便离开了人世。柳宗元被贬后，政敌们仍不肯放过他，造谣诽谤，人身攻击，把他丑化成“怪民”，而且好几年后，也还骂声不绝。由此可见保守派恨他的程度。在永州，残酷的政治迫害，艰苦的生活环境，使柳宗元悲愤、忧郁、痛苦，加之几次无情的火灾，严重损害了他的健康，竟至到了“行则膝颤、坐则髀(bì)痹(bì)”的程度。

过渡语：可以说，这个时期的柳宗元的心情常常是忧伤悲凉，欲求解脱却又无法解脱，心中愤懑难平，凄苦忧伤是感情主调；为了摆脱这种心情，便寄情山水，自寻快乐。但这种“乐”只是暂时的，一经凄清环境的触发，凄苦忧伤便流露出来。我们可以看文末同游的五人，看似是多余之笔，其实是神来之笔。

3.文末写同游者五人作用？

吴武陵——作者朋友，也被贬到永州

龚古——作者朋友，隐士，文学上的知音

宗玄——堂弟，放弃家业，一路陪伴。

二小生——他姐家两个孩子，亲外甥。

这五人都是至亲至敬的人，有他们陪伴在身边，作者为何还“寂寥无人”？说明他凄凉孤独感深厚啊！写作手法：反衬。以乐景衬凄情，愈见其凄凉。（板书：反衬）

4.拓展延伸《江雪》

过渡语：《江雪》这首诗写于这个时期，齐背诵 。

“柳宗元这首《江雪》中，‘孤’和‘独’，显得格外刺眼。寒江独钓不为‘渔’。是钓鱼还是钓雪，实在不重要。江上纵可钓鱼，此翁志岂在鱼？江上纵可钓雪，此翁志岂在雪？他钓的是一代大儒的大孤独。”他有很高的政治热情，且颇有治世之才，但不被朝廷信任，同遭放逐；生性孤傲倔强，坚忍执着，始终处于孤立境地。柳宗元山水诗中孤独寂寞不是一种自甘消沉的孤独寂寞，也不是一种单纯的孤独寂寞，而是一种极为复杂矛盾心理的体现，蕴涵了悲愤、解脱、抗争等复杂的情感。

过渡语：淡淡的喜，浓浓的愁，缓缓流淌出的是一首抑郁幽怨的古典曲子。寄情于景，排遣内心的苦闷。不愧是唐宋大家之一啊！（板书：寄情于景）齐读3、4段，语速放慢一点，读出凄凉之感。

【设计意图】

《江雪》一诗是作者在被贬永州时写的。学生齐背《江雪》，赏析该诗，能够进一步理解作者这个阶段孤凄悲凉的心情。课堂教学已接近尾声，文章从“乐”到“凄”的感情大幅度滑坡，让读者倍感凄凉。背景乐可以增强朗读效果，学生配乐齐读三、四段，进一步体会作者孤凄悲凉的心境。

5. 拓展延伸《永州八记》

《永州八记》包含《始得西山宴游记》《钴鉧潭记》《钴鉧潭西小丘记》《至小丘西小石潭记》《袁家渴记》《石渠记》《石涧记》《小石城山记》。

柳宗元在被贬为永州司马时，借写山水游记书写胸中的愤郁的散文。

《永州八记》已成为我国古代山水游记名作。这些优美的山水游记，生动表达了诗人对自然美的感受，丰富了古典散文反映生活的新领域，从而确立了山水游记作为独立的文学题材在文学史上的地位，柳宗元也因而被称为“游记之祖”。

结束语：

感谢柳宗元，为我们留下了这样一篇文质兼美的文字，也让我们体会了柳宗元失意文人内心丰富的情感，柳宗元的时代已经过去，让我们忘掉他的悲哀，尽情欣赏小石潭的美吧！最后，让我们再次齐读！

【设计意图】

学完课文，学生在读懂文章，领会作者欣赏小石潭的情感起伏变化后，再次配乐《高山流水》的古筝曲，进行齐读，学生在悠扬的古曲中，展开丰富的联想和想象，领略小石潭美不胜收的风光，为本堂课的学习画上圆满的句号。

【作业布置】

借鉴本文的写作手法，描写一处熟悉的景物，写一篇二三百字的短文，注意写出景物的特征和你的感受。

【板书设计】

小 石 潭 记

柳宗元

乐 **忧**

石 水 鱼

反衬 寓情于景

（三）课后展读：

课后展读，可以保持学生的朗读热度，提高学生的认知水平和朗读能力，形成学生良好的朗读素养。

（四）课后反思

以读为线组织教学，有效突破教学重难点。俗话说，“读书百遍，其义自见。”文言文教学离不开朗读。《小石潭记》一课朗读环节的设计，朗读形式随学习内容的深入而变化，自读、欣赏范读、个别读等多种形式相结合，边读边学；欣赏课文、译读课文、细读课文、品读课文的行文思路，学生充分理解了文本内容，提升了朗读技巧，有效把握住了作者的思想感情。

三、“朗读教学”的思考和建议

1.面向全体，因材而读

给予学生明确具体的朗读目标，精心设计朗读形式，可以激发学生的朗读兴趣；有层次读、有梯度地进行朗读训练，能够提升不同层次学生的朗读水平；诵读经典佳作，积累好词佳句，感受艺术魅力，提高语言审美能力，形成高雅气质，让学生的核心素养扎根在朗诵文本的沃土中，进一步发展学生的科学素养和审美素养，最终使学生获得全面的发展。在课堂朗读教学中，教师要结合学生实际水平，进行朗读教学分层设计。同一班级，学生的朗读水平参差不齐，朗读能力也有明显差异，从语文素养的培养上看，朗读要面向全体，培养学生的审美情操，提升学生的语文能力和阅读策略。在朗读教学中，要体现层次性，根据不同段落的朗读难易度，安排不同层次的学生来读，做到因“材”而读，激发学生的朗读兴趣。为学生创设朗读情境，借助多媒体技术引导学生朗读中入境，品读精妙语言想画面，在动情地诵读中使之融入情境。

2.加强指导，读思并重

在默读、自读、齐读、小组读、男女生分段落读等灵活多样的朗读方式中，教师及时进行朗读方法的指导，帮助学生提高朗读水平。阅读教学，教师要将文本的理解与朗读相互联系起来。如：描写三峡的山雄壮美，适合男生来读；描写春冬之时的三峡清秀美丽，秋的凄婉美，适合女生来读。叶圣陶把有感情地朗读叫作“美读”，“设身处地地、激昂处还它个激昂，委婉处还它个委婉……务期尽情发挥作者当时的情感，美读得其法，不但了解作者说些什么，而且与作者的心灵相同”。要想读出感情并不容易，需要在朗读技巧上对学生进行指导，如停顿、轻重、缓急，语气等。加强朗读教学，能促使学生快速融入课堂教学中，体会文章的语言美，促进学生阅读意识、能力与品质的提高。教师朗读的指导要具体，因为读音涉及词义，停顿涉及句子的组织，语气涉及虚词的作用和作者的情感，朗读正确可以促进对文意的理解和把握。

第三节　由言及文，深入文本

学习一门语言最重要的是掌握这门语言的语感和思维方式。所谓“文”是指字词句中所蕴含的思想感情、文化底蕴等人文因素，所谓“言”是指字词句本身的意义或作用；学习汉语言文学，因汉字的独特性而亦有其独特性，汉字以形表意，使用汉字时观其形而得其意，其中必定有想象和联想产生，汉语言文字的这一特点为学习汉语言文学提供了一条极为有效的捷径——由言及文。

优秀的文言文更是学习和掌握汉语言文学的极其重要的素材，现通过分享东坡居士的神品《记承天寺夜游》具体阐释由“字词句”本身而通往思想情感乃至文化底蕴这种方法的有效性，一起感受汉语言文字“工具性”与“人文性”的完美统一。

《记承天寺夜游》教学设计

教学重点：由言及文，积累常见文言实词、虚词，并能通过对相关实词或虚词精准的把握来品析文本；能够进入文本意境，领悟苏子的空明心境。

教学难点：进入文本意境，领悟苏子的空明心境。

学案设计：抓题目关键词，读文章，理解文题

（一）原文：“元丰六年十月十二日夜，解衣欲睡，月色入户，欣然起行，念无与为乐者，遂至承天寺寻张怀民，怀明亦未寝，相与步于中庭。”

思考：东坡因何而“夜游”？和谁同游？体会其间苏子的情感有何起伏变化？

（二）原文：“庭下如积水空明，水中藻荇交横，盖竹柏影也。”

思考：他们看到了什么样的景致？借助想象与联想描述此景，尝试理解苏子此时的心境。

（三）原文："何夜无月？何处无竹柏？但少闲人如吾两人者耳！"

思考：此情此景此境中，东坡居士回首过往，有何思悟？结合补充材料，谈谈你对"闲人"的理解？

（四）体悟与表达

学完本文，你想对生活充满趣味的东坡居士或者自己说些什么呢？请用3—5句话表述出来。

补充材料：

元丰二年七月，苏轼被诬陷以诗诽谤朝廷，被捕入狱。经过长达四个月的审问和折磨，苏轼幸免于死，被贬黄州。苏东坡蓬头垢面、跌跌爬爬地带罪从湖州向黄州走来，带着官场和文坛泼给他的浑身脏水，被人押着，到了荒凉的小镇黄州。

此次贬谪是苏子历生死劫后之重生，苏子被贬黄州，任团练副使，有职却无禄无权且无人身自由，圣上需要他进行彻彻底底的自我反省。钱财用尽的子瞻，开始了自食其力的务农生活。

经友人帮助苏子于元丰四年在黄州城东得茨棘瓦砾遍地的故营地数十亩坡地，他修葺茅屋，自建雪堂，掘水井，筑水坝，建鱼池，移树苗，种菜蔬，研制东坡肉……

他的邻人和朋友是潘酒监、郭药师、庞大夫、农夫古某……

延伸阅读：元丰五年三月七日，苏东坡到沙湖看田，途中遇阵雨，同行者被淋得狼狈不堪，唯有苏东坡不觉。雨过天晴，苏东坡有感寄情，作《定风波》一词：

《定风波》

莫听穿林打叶声，何妨吟啸且徐行。竹杖芒鞋轻胜马，谁怕？一蓑烟雨任平生。

料峭春风吹酒醒，微冷，山头斜照却相迎。回首向来萧瑟处，归去，也无风雨也无晴。

元丰五年七月十六日，苏轼与友人月下泛舟游赤壁。当时清风徐来，水波不兴，苏轼举酒嘱客，叩舷而歌，客吹箫和唱，飘飘然如临仙境。苏轼据此写出了千古绝唱前《赤壁赋》。

《前赤壁赋》（节选）

惟江上之清风，与山间之明月，耳得之而为声，目遇之而成色，取之无禁，用之不竭，是造物者之无尽藏也，而吾与子之所共适。

延伸思考及阅读推荐

1. 用关键词解读法，品读《赤壁怀古》《定风波》，着重诗词中绘景抒怀的句子，运用课上所学，写思悟。

2. 推荐阅读：苏轼前后《赤壁赋》、林语堂《苏东坡传》、余秋雨《东坡突围》。

教学过程：

导入：《记承天寺夜游》乃子瞻即兴之作，所记只是一刹那间一点儿飘忽之感而已，然这一刹闪动的灵光，却穿越千年时空，伴着初冬清冷的月辉点燃了无数寻求人性之光的灵魂。

今日让我们走进这篇仅85字的神品，解锁东坡居士的别样生活。

谈到东坡居士，我有一个疑问，此号缘何而来？

背景：天赐良机

此次贬谪是苏子历生死劫后之重生，子瞻生于1036年，早负盛名，为人磊落而不拘于俗，早有小人嫉妒，后遇王安石变法，苏子不满新政实施过程中的激进不切实际的做法，在与友人诗书往来时稍有流露，这便给了小人用政治手段置其于“死地”的口实，成为新旧党争的牺牲品，后苏子确因诗文而锒铛入狱，几近丧命，这便是“留名青史”的“乌台诗案”。元丰二年(1079年)此案终由圣裁而结案，苏子保全了性命。

苏子被贬黄州，任团练副使，有职却无禄无权且无人身自由，圣上需要他进行彻彻底底的自我反省。钱财用尽的子瞻，开始了自食其力的务农生活，苏子的思想随着生活的巨变也确乎发生着巨变，在黄州城东得十余亩坡地，修葺茅屋，自建雪堂，掘水井，筑水坝，建鱼池，移树苗，种菜蔬，研制东坡肉……“东坡居士”自此而来，东坡的别样人生自此开启……

“社会，文化，学问，读历史的教训，外在的本分责任，只能隐藏人的本来面目。若把一个人由时间和传统所赋予他的那些虚饰剥除净尽，此人的本相便呈现于你之前了。”

这是天赐良机，此时的东坡居士要呈现出其本相。

因空而明

“元丰六年十月十二日夜，解衣欲睡，月色入户，欣然起行，念无与为乐者，遂至承天寺寻张怀民，怀明亦未寝，相与步于中庭。”

读文本，谈谈在这48字中，你读到了什么？(多个角度，畅所欲言)

表达方式：记叙(时间，地点，人物，事件)

深入文本，结合动词“入”“行”“步”，副词“然”“遂”“亦”，谈谈苏子所处境况，揣摩苏子心绪变化。

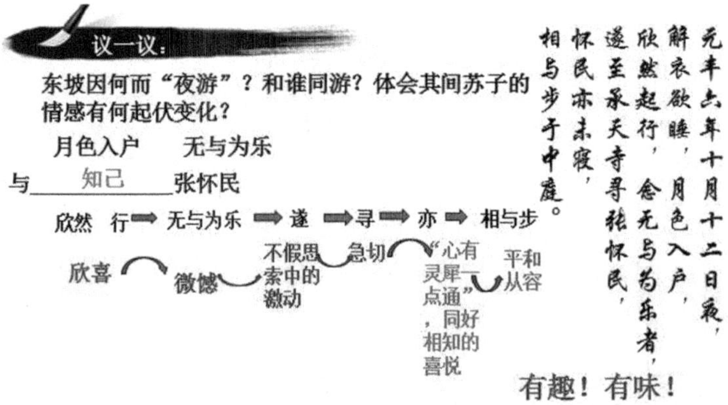

《般若波罗蜜多心经》“色即是空，空即是色”。

延伸阅读：查相关资料，结合古诗文积累，揣摩“念”和“寻”字用得有何妙处？

明心见性

“庭下如积水空明，水中藻荇交横，盖竹柏影也。”

用解读前48字的一些方法和技巧，帮老师分析这18字的妙处。

提示：表达方式，找出关键词(如　盖　空明)进行分析。

再教一招：

意象解读法：写景的句子一定有景，而且这一独特的景致是客观形象与主观心灵融合成的带有某种意蕴与情调的东西。把最容易找到的景剥离开来——竹柏、月、藻荇，结合个人积累，创设情境，揣摩此景，此情，此境所传达出的意蕴和情调。

竹柏——岁寒然后知松柏之后凋也；梅兰竹菊四君子；挺拔、刚毅、有韧性、有原则；

藻荇——水中浮游之物，柔软

不相搭调的两物在月色中浑然一境，怪哉！妙哉！此时之心境便是一泻万里之月华，流光融万物于一体，“目遇之而成色，是造物者之无尽藏也”。

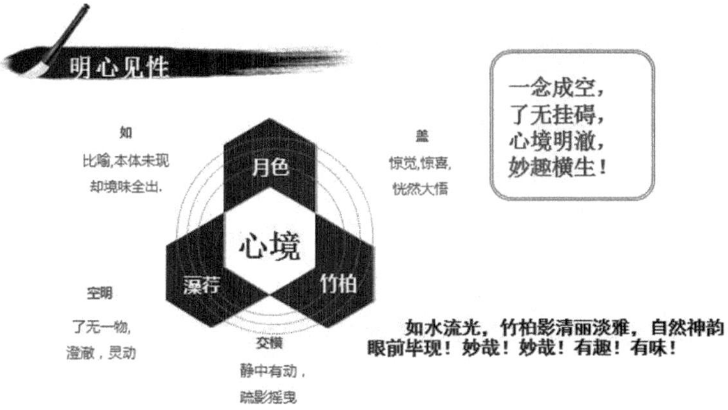

别样人生

何夜无月？何处无竹柏？但少闲人如吾两人者耳！

这19字又做何解？两反问一回答。

反问——反思(生活本身)——哲思——哲思的妙用便是使人自我嘲笑，能够自我嘲笑被林语堂先生称为“沦落的人类唯一自救的美德”，东坡便在自我解嘲中变得诙谐，醇甜而成熟，透彻而深入。

恬适，宁静欣悦的心境。

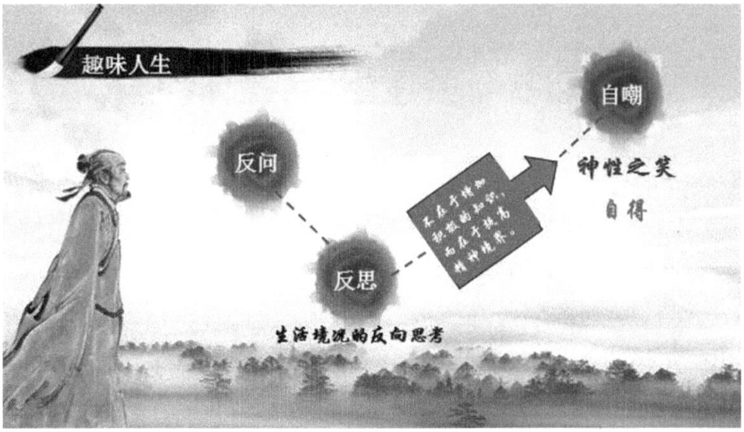

2000年，法国《世界报》评选“千年来影响世界进程的十二英雄”我国唯一入选的，就是苏东坡。

法国人的理由是：“苏东坡不为官位所迷惑，非常关心民间疾苦。居庙堂之高，心忧黎民；处江湖之远，为善一方。在贬谪期间，他抗洪灭蝗，赈贫救孤。在黄州，他组织过一个社团，跟猖獗的杀害幼儿行为作斗争，在杭州，他创立了中国历史上第一所公立医院……”

“中国古代，苏东坡这样的个体生命，可能绝无仅有。窃以为，没人比他更丰富。他似乎穷尽了生命的可能性，穷尽了中国文化的可能性。他抵达了生存的广度与深度的极限。他生活在古代，却比现代人更现代。他生命中的核心要素，提纯了人类文化的遗传基因。”

是夜，他“成了自然中伟大的顽童”，成了“也许造物主根本就希望人”成就的“这副面貌”！

教学反思：

由《记承天寺夜游》为切入口，由言及文，由文及人，带给师生太多的感动！苏学士绘一幅清闲淡雅的水墨画滋养我们的心灵，他那颗即使在不平遭遇中仍旧恬淡且对美极富感察力的心灵感染着我们，他那种饱经忧患仍然对社会和人生保持热情和积极进取的人生态度给予我们生活的能量……

孩子们也受益匪浅，我们发现生活中不是缺少美，而是缺少发现美的眼睛。逆境是埋葬弱者的地狱，也是造就强者的天堂。重要的不是别人是否理解自己，重要的是自己要肯定自己、发现自己。

第四节　关注生活，主体参与

20世纪初，杜威针对美国教育弊端，提出“教育即生活，学校即社会，从做中学”的教育观，此后，我国著名教育家陶行知，结合中国教育的实际情况，对杜威的“教育即生活”的观点进行吸收和改造，最终创立出适合中国教育的生活化教育思想。陶行知先生说：“没有生活做中心的教育是死教育，没有生活做中心的学校是死学校，没有生活做中心的书本是死书本。”①由此可见，在文言文教学中，如果缺乏生活化，那么，文言文教学也会是“一片死水”。

学生经常认为文言文与他们的生活距离十万八千里，学生说文言文看到标题

---

① 徐明聪.陶行知生活教育理论当代价值高端论坛论文集[C]南京：安徽教育科学研究院，2012：84.

就感觉陌生，读到文章更觉得头痛，它远离我们的生活，学之无用。在文言文的课堂教学中，如果能将学生的现实生活联系到文言课本中，引导学生转换视角，用现代人的心理去体察古人，比较异同。相同之处，能够看到古人今人思维及做法的一脉相承，不同之处，寻找差别，探究原因，领悟古人文章的高妙。这样做既拉近了文言与学生的距离，又打消了学习文言的畏难情绪，还调动了学生学习文言文的积极性，可谓一举三得。

一、对比文章思路

例如教学《愚公移山》时，看过文章标题后，不要马上阅读并翻译文章，而是先让学生试着思考，如果这是我们的作文题目，这篇文章你要怎么写呢？有的学生皱着眉头思考，有的学生微露笑容，觉得有点意思。

生1：我想应该先介绍愚公这个人

生2：对，可以用我们学过的人物描写方法，通过语言、动作、心理、肖像、神态等方法来描写愚公，

生3：要写愚公为什么移山？

师：(1)介绍愚公(2)移山的原因，还有吗？

生4：介绍愚公怎么移山，这可是个大工程啊，雇用挖掘机挖，用卡车车队拉走土和石头

生5：老师，我爸爸是干工程的，他们拆房子的时候用过炸药，可以买炸药阿，炸山会比挖掘机快

生6：最后写愚公挖到了金矿，发了大财，一家人过到过上了幸福的生活。(学生大笑)

师：这也不失为一篇结局圆满的小说，可是如果是在技术落后，劳动力缺乏的古代，没有炸药、卡车、挖掘机、工程队，这山又怎么移，为什么要移呢？

学生纷纷皱眉，表示不解。

师：请大家读课文，梳理文章的写作思路：交代背景—提出主张—确定方案—批驳智叟—天帝助力

引导学生比较自己先前的构思与文章的构思的不同，并揣摩其优劣之处，让同学们顺势走入文本，愚公不畏辛劳，不怕艰险，造福一方百姓的高尚品德和部分学生的挖金矿发大财的狭隘思想，形成了鲜明的对比，通过这种看似漫无边际的对

比，打通了学生和文言文之间的隔膜，巧妙消除了学生对文言文的陌生感，使之不由自主地亲近文言文，从中汲取精神养料。

二、活学特殊句式

由于新教材不特别强调词性和句子成分，很多学生不能分清“主谓宾定状补”及其位置关系，这就给分析和理解文言特殊句式，带来诸多不便，很多学生对初中课本中经常出现的“状语后置”“宾语前置”等句式，只会死记硬背，不会自己分析，难以理解。为改变这种现状，平时我们经常玩造句的游戏。

师：请大家写一个有主谓宾的简单句，

生：王鹏睡觉。

师：好，请给这个句子加上状语，（提示：在主语之后，谓语之前，修饰谓语的成分就是状语，最后压缩成八字口诀：主谓之间，修饰谓语）

生：王鹏在床上睡觉。

师：这个句子，古人会怎么表述？

生 1：鹏于床觉。

生 2：鹏于床睡。

师：请同学们回忆一下，文言文中是用哪个字来表示“睡觉”的？有的同学想到了《记承天寺夜游》中的“怀民亦未寝”，于是改为“鹏于床寝”

师：好，这下更有文言文的味道了，不过还不完美。既然想到了“怀民亦未寝”，就能想到下一句“相与步于中庭”，

“相与”翻译为“一起”，“于中庭”翻译为“在庭院中”“步”翻译为“散步”，，充当状语的“于中庭”在现代汉语中是放在谓语动词“散步”的前面，而在文言句式中，却是放在谓语动词“步”的后面，这种情况就属于状语后置。再回到我们的句子，“鹏于床寝”应该改为——学生脱口而出，“鹏寝于床”。

从上面的课例可以看出，教学中要不断引导学生联系生活，活学活用，这样既能激发学生浓厚的学习兴趣，活跃课堂气氛，又能进行语言训练，原本十分难以理解的特殊句式也就能轻松掌握了。

三、妙用现代技术

随着科技的发展，电脑手机成了生活必备品，QQ 微信也日益成为老少咸宜的

交际工具。我们要指导学生利用好互联网,使之成为学习文言文的利器,而不要闻电脑手机而色变,放弃这个学习的有力工具。

1.通过互联网查找资料

预习工作非常重要,但又难以检查学生的完成情况,有些资料,在查找传统书籍时耗时费力。利用互联网,在做预习时,可以轻松地查找到作者的生平事迹及详细介绍,文言文的写作背景等。课堂上,这一部分知识就不再需要教师滔滔不绝,而是可以由同学来展示分享预习成果,有利于调动学生学习文言文的积极性,增强语文学习的主动性,提高预习效率,而且有助于培养学生的表达能力,发展学生的思维。

2.利用音频设备听名家诵读

通过聆听文言文的名家诵读,可以学习朗读的重音,停连,腔调,情感,反复聆听,不仅熟悉了文章内容,而且体会到我们民族传统文化的精彩和文字音律的美妙。喜欢诵读的同学还可以学习模仿,提高自己的朗读水平。

3.利用微课学习文言知识

微课时间短小,主题明确,知识单一,内容具体,方便灵活。教师可以把制作好的针对某一文言知识的微课发到班级群,组织学生自行观看学习,根据学生自身情况,可以选择一次或者多次反复观看,随时暂停思考,消化吸收和做笔记。

网络和信息技术的合理利用,不仅节省了课堂时间,极大地提高了学生学习文言文的兴趣,培养学生主动学习的良好习惯,而且教会学生利用现代技术学习文言文,拉近学生和文言的距离。

四、参演文言剧本

有些写人记事的文言文,语言动作描写生动传神,学生在小组合作的基础上,把文言文改写成课本剧,在改写的过程中,揣摩人物形象;分组表演时,小演员们用动作语言神态来表现人物;评价分三个层次:有演员自评,小组互评,教师点评。从剧本改写,演员表演,服装道具等角度进行评价。把单纯的文言文的学习改为表演,不仅提高了学生学习文言文的兴趣,而且参与度极高,在改写,表演,观看的过程中,就不知不觉地分析了人物形象,背诵了课文。在改写剧本时,一定要写成文言剧本,这样利于熟悉原文,有助于背诵,也潜移默化地提高了学生语言的建构和运用。

附:《孙权劝学》剧本

人物:孙权　吕蒙　鲁肃　蒙母

第一幕

时间:三国某时。

地点:吕蒙帐中。

孙权:(语重心长)卿今当涂掌事,不可不学!

吕蒙:(极不情愿)臣军中多务。

孙权:(摇摇头)孤岂欲卿治经为博士邪!但当涉猎,见往事耳。(极有耐心地)卿言多务,孰若孤?孤常读书,自以为大有所益。

旁白:蒙乃始就学。

时间:三国某时。

地点:吕蒙家中。

旁白:鲁肃与吕蒙论议

鲁肃:(大惊)卿今者才略,非复吴下阿蒙!

吕蒙:(得意)士别三日,即更刮目相待,大兄何见事之晚乎!

旁白:肃遂拜蒙母,结友而别。

五、实地参观学习

记得前年暑假,看到有个学生在朋友圈发了几组武侯祠的图片和几句感受。我灵机一动,鼓励他多拍一些照片,等旅游回来制作一个PPT为同学介绍武侯祠,交流一下旅游的感受,我还提了一个要求:如果能联系到我们学过的文言文就更好了。这位同学精心制作了PPT,并且联系了诸葛亮的《诫子书》和《出师表》,同学们听得津津有味,而且对诸葛亮少了许多隔膜,多了几许亲近。我和同学们约定,以后假期出去旅游的,都可以和同学分享照片和感受。于是,徐子轩讲了蔚然深秀的醉翁亭,刘雨彤讲了浩浩汤汤的洞庭湖、诗赋俱全的岳阳楼,冯新月讲了清荣峻茂的三峡,邢诗茵讲了规模宏大的北京孔庙……

众所周知,旅游可以开阔眼界,增长见识。如果能把我们课本上学到的文言文和旅游结合起来,让学生亲身感受文章中所描绘的美好景象,亲眼观察到丰富的人文景观,不仅变枯燥的文言词句为美丽的景色,更能激发学生热爱祖国大好河山的情感。

六、撰写导游词

例如学习吴均的《与朱元思书》,可以让学生以导游的身份,向游客介绍富春江的美丽景色,要求:(1)忠实原文的基础上,适当发挥想象(2)抓住景物的特点细致描摹(3)以正如吴均所说:"______________"结尾。

生1:大家好!欢迎大家来到风景秀美的富春江。富春江两岸岩嶂耸立,被高大的树木覆盖着,所以一年四季,景色都青翠秀丽,山中时不时传来各种鸟此起彼伏的叫声。江水清澈见底,像一块无瑕的碧玉,各种各样的鱼儿在水中自在遨游。正如吴均所说:"自富阳至桐庐一百许里,奇山异水,天下独绝。"

师:哪位同学来评价一下?

生2:我觉得他写得很好,写出了富春江的美,先介绍山,再介绍水,非常有条理,而且使用了比喻修辞,生动形象,让我们有身临其境之感。

新教材比以往更加注重读写结合,文言文的阅读教学也可以和写作结合起来,文言中的奇山异水,都可以成为学生作文中的美景,文言中的写作手法,更值得学生借鉴。

由此可见,在文言文教学中,如果能够巧用方法链接生活,既能在疏通文义的基础上鉴赏文章之美,品味文化魅力,又能将文言文与学生的现实生活连接起来,提高学生学习文言文的积极性,切实提高学生的核心素养。

第五章 以文化人

——巧妙进行德育渗透

《义务教育语文课程标准》对语文教学总体目标提出的第一条要求，就是在语文学习过程中，要培养学生的爱国主义，集体主义，社会主义思想道德和健康的审美情趣，不断发展学生的个性，培养学生的创新精神和合作精神，让学生逐步形成积极的人生态度，确立正确的世界观、人生观和价值观。

第一节 链接内外资源，加强生命教育

一切教育都和生命紧密相连，就像意大利教育家蒙台梭利所说的，教育的目的在于帮助生命力的正常发展，教育就是助长生命力的最有效的手段，在所有的学科教学中，语文教育对生命力的发展起了极大的作用，从新课标的要求可以看出，培养人——培养健康乐观的学生，是语文教育的使命，我们要培养的是学生正确的世界观和价值观，新课标所强调的这种语文教育精神，与生命教育密切关注学生生命，爱护学生生命，提升学生生命的内涵和价值，有着极其一致的地方。

部编版语文新教材，以义务教育课程方案和《义务教育语文课程标准》为依据，在遵循语文教育教学的基本规律的基础上，大胆创新，采用“人文主题”与“语文要素”双线并行的结构，既强调注重语文素养的提升，每课都有一个收获，使教学有一个可以遵循的大致思路，也讲究一定的梯度结构，使得知识的掌握，能力的提升，语文素养的形成更为高效；又保证了语文与生活的联系，重视主流文化与传统文化的渗透，促进学生形成正确的价值观、人生观。下面以部编版初中语文教材七年级下册的部分课文为例，分析在语文教学中如何帮助学生逐步形成学生正确的生命价

值观，引导学生感受生命的可贵，认识生命的意义。

一、认识生命的价值

生命，如果跟时代的崇高的责任联系在一起，你就会感到它永垂不朽。

——尼雪夫斯基

生命价值是什么？怎样评判一个生命是否存在价值？如何创造生命价值？七年级下语文教材第一课《邓稼先》就给我们很好的解答。在学习这篇课文之前，学生回家预习，查找邓稼先相关的资料，然后向大家介绍“我眼中的邓稼先”，不仅要介绍邓稼先的生平经历，还要加上自己的认识和感想，有的学生介绍了邓稼先回国后的曲折经历，很为邓稼先打抱不平，认为留在美国有优越的科技条件，加上他物理方面的才华，一定能够成为世界的知名人士；有的同学介绍了“文化大革命”时期邓稼先的艰难处境；有的同学很佩服邓稼先身先士卒，勇挑重担的精神，因为在核武器插雷管，铀球加工等最关键最危险的时候，他都出现在第一线；有的同学为邓稼先身患绝症深感惋惜；有的同学介绍了邓稼先患病后，依然忘我地投入工作，直至生命的最后一刻。然后我们阅读了课文，了解了杨振宁博士眼中的邓稼先。最后，对比二者的区别，我们可能更关注个体的生存状态，以此来判断其生命价值，而杨振宁博士则能够把邓稼先放在宏大的历史背景中，放在广阔的国际环境中，揭示邓稼先的伟大贡献，生命价值和意义。邓稼先，怀抱着一颗报效祖国的赤子之心，在中国最困难的时期，放弃了优越的工作条件和生活环境，回到祖国的怀抱，用自己毕生的精力进行研究，探索研制出原子弹、氢弹，用生命为国家铺设了强国之路。我们常说生命有长短，价值有大小，我们从邓稼先身上能够学到，要看淡生命的长短，重视生命的价值。

二、感受生命的关怀

做人也要像蜡烛一样，在有限的一生中发一分热，发一分光，给人以温暖，给人以光明。

——萧楚女

在天桥、火车站、长途汽车站等很多地方，经常看见一些年老体弱的人，在向路过的人乞讨，每次从他们身边走过，心里总不是滋味。在部编版七年级 下语文新教材里，也有一些文章对社会上的不幸者进行了描写。学习这些文章，便于引导学生对不幸者，充满同情和关怀。杨绛先生的《老王》就是这类文章的典型代表。杨绛先生的文字表面上看似平平淡淡，实际上含义隽永，耐人寻味。所以，在讲《老王》时，我创造性地借鉴使用王君老师的方法，把王君老师的“训练学生文本细读的方法”改换成角色扮演，四人一小组，研读文章并撰写表演脚本：

1.一位同学扮演老王，述说自己的悲惨身世，从而体会老王内心的痛苦。

2.两位同学，一位学生扮演杨绛先生，一位同学扮演老王，演绎三轮车上的闲聊，从而体会老王没有家人的无依无靠。

3.四个学生扮演所谓的“看客”，对老王进行讽刺挖苦，从而体会社会的世态炎凉给老王带来的伤害。

4.两位同学，一位学生扮演杨绛先生，一位同学扮演老王，演绎老王给我送冰、送钱先生去医院，从而理解老王对我的帮助。

5.两位同学，一位学生扮演杨绛先生，一位同学扮演老王，演绎老王临终给“我”送香油和鸡蛋的过程，从而理解我对老王的“愧怍”。

杨绛先生是经历过时代和命运的剧烈起伏的，所以对人性的认识更加深刻，她非常感谢那些在家人落难时释放善意，甚至施以援手的普通人。通过学习《老王》这篇文章，能让学生体会到普通人生活的艰辛，底层人物命运的不幸，更应该让学生懂得，有些人，需要的不仅仅是物质上的关怀，他们或许更需要的是亲人般的呵护，精神层面的尊重。学习了这一课，同学们都懂得了用生命去呵护生命，不少学生对乞讨者不再冷眼旁观，对小动物也充满爱心，更加珍惜自己眼前的幸福生活，试着去关心和同情那些不幸者，真心实意地帮助那些不幸者。

悲悯情怀，自古而来，它是生命的动力。

三、战胜生命的困惑

生命是一条艰险的峡谷，只有勇敢的人才能通过。

——米歇潘

没有任何一个人的一生会是一帆风顺的，总会遇到各种各样的困难，作为学生该如何面对人生中的波折和坎坷呢？普希金的《假如生活欺骗了你》就是很好的范例。这首短诗，可以说是他一生的真实写照，他本人就曾屡遭坎坷，被流放南方，遭遇三重监督，最后死于决斗，但他那积极乐观的人生态度，始终没有改变，人生难免会遭受挫折，有的人会从此抑郁消沉，有的则会因此埋怨上天待人不公，诗人却以乐观积极的态度鼓励我们,遭遇困难,不要气馁,要对生活充满信心,光明美好的日子一定会到来。并且,当你战胜了眼前的苦难之后,回首这段经历,反而会觉得它充实了你的人生。

文字与生活其实是一脉相通的,这首短诗,在文字上很好理解,但是如果不联系学生的实际生活,只是空谈道理,作用也不大。所以,在读诗的同时,需要“我们”的参与。教读这首短诗时,我让学生一边读,一边从脑海中回想自己生活中遭遇的大大小小的挫折,让学生在阅读中联系上自己的生活经历,并且抛砖引玉,首先讲了自己生活上经历的一番挫折:2009 年足底血管瘤,鼓出一大块,每次走路都是钻心的疼,只好在肿瘤医院做了切除手术,那次经历让我失去了班主任的工作,离开我可爱的学生长达三个月,并且拄着拐杖走进考场,用椅子架着腿,整整两天,参加了在职教育硕士的考试。好在一切困难都咬着牙坚持了下来,结果很完美——手术成功,考试成功,工作也顺利恢复了。

此时,学生也纷纷打开话匣子,讲述自己的坎坷遭遇,自己是如何战胜这些苦难,克服困难的。最终,我们很自然地得出这样的结论:不遭遇困难不可能,但绝对不能被困难打垮,遇事要冷静,要有从哪里跌倒,再从哪里爬起来的勇气,那样就算风雨再猛,只要迎难而上,就能取得胜利。

这些课文培养了学生的耐挫力,树立正确的意识和坚强的意志,让学生面对困难时拥有积极向上的精神。这样,生活中就会充满七彩阳光,消极的情绪会被积极的情绪冲淡,从而坚强勇敢地面对挫折,战胜困难。

四、直面生命的终结

视死若生者,烈士之勇也。

——庄 周

在语文教材中,首次接触死亡这个沉重话题的篇目,就是奥地利作家茨威格写的《伟大的悲剧》,读来荡气回肠,震撼心灵,尤其是斯科特等人为探险事业而牺牲的事迹,至今令人连连叹息。而刘慈欣的《带上她的眼睛》虽是一篇充满创意的科学幻想小说,也让我们对生命和死亡有了深入的思考。文章讲述了,一个美丽的小姑娘,作为“落日六号”地航项目的领航员,在地航飞行失败后,被困地心,丝毫不存在任何获救的希望,在惨烈的极端环境中,她身处险境而不惊恐,不慌乱,不抱怨,“我”带着她的眼睛去草原旅行。在联系中断后,她以大无畏的精神继续坚守岗位,她勇敢坚强，她乐观坚韧，她哼唱的德彪西的《月光》时时萦绕在"我"的脑海，她身处绝境而从容淡定的精神令"我"钦佩。

现在和初中学生探讨死亡的话题，可能为时尚早，为了便于学生理解死亡，我利用电子黑板，在午休时间和学生一起观看了影片《寻梦环游记》。同学们看得特别认真，动情处纷纷流下了眼泪。当天，几乎所有的学生都在班级群里留下了自己的感受。有的说："死亡并不可怕，被人遗忘最可怕，我要多做有意义的事，让更多的人记住我。"有的说："我会永远记得我慈祥的奶奶，祝愿她在天堂生活愉快。"随后，我在班级群里链接了弘一法师圆寂的故事。弘一法师圆寂前，曾留言："华枝春满，天心月圆。"我死的时候，仿佛看见春天到来，繁花挂满枝头，圆圆的月亮，挂在空中，那就是我的归处。这是多么平静祥和的情境啊，弘一法师非常坦然地面对自己生命的终结，不留恋人世，不惧怕死亡。

面对死亡的话题，如果只是空谈理论，只能流于无谓的说教，无法勾起学生的兴趣，其实每个学生，都接触过死亡——大到亲人的离世，小到宠物的死亡，这些都或多或少对他们的生活产生过影响。所以，在学课文，看影片之后，我请学生以"生与死"为主题，出了一期手抄报，有的学生在手抄报上提到了文天祥、岳飞；有的学生讲了慷慨就义的瞿秋白；有的学生讲述了自己宠物狗衰老至死时一家人把它安葬在老槐树下；还有的讲了自己身患癌症的爷爷，不论病痛怎样折磨着他，都面带微笑地看着自己的儿孙。

语文课文是帮助学生认识生命价值的最好的示范，通过阅读一篇篇的经典文章，不仅学习了语文知识，提高了文学素养，而且体会到每个生命都有的意义和价值，从而思考人生，珍惜生命，创造人生的价值。

第二节　坚持多措并举，落实立德树人

国无德不兴，人无德不立。青少年处于世界观、价值观、人生观形成和确立的关键时期，青少年的价值取向将决定未来国家和社会的价值取向，因此，抓好这一时期的价值观养成功在当代，利在千秋。语文学科所特有的人文性在落实立德树人根本任务方面占据着得天独厚的优势。值得注意的是，在语文教学中进行德育渗透，不能板起脸来一味说教，不能穿靴戴帽、贴标签，而要提高渗透的无意识，坚

持多措并举，让学生在潜移默化中获得教育和启迪。

一、挖掘教材，细化渗透目标

在语文教学中，我们要善于捕捉蕴含在本文材料中的核心价值观渗透点，并把这些抽象的词语分解为形象可感、与学生实际生活相对应的要求，以便利于学生的理解与落实。例如，爱国，是一个非常抽象的词语。什么是爱国？不是空喊口号，而是体现在一个人生活的方方面面，体现在一个人成长的各个阶段。在学习《中国石拱桥》一课时，我们不仅要使学生掌握事物说明文的基本知识，还要引导学生抓住中国石拱桥的特征，进一步体会我国古代劳动人民的聪明智慧，提升民族自信心。这就是爱国。通过了解中国石拱桥的发展历程，学生进一步品味我国传统建筑独特的审美性，感受中华民族悠久灿烂的历史文化，激发民族自豪感。这也是爱国。

二、巧借媒体，打通感觉通道

感觉通道，是指个体接受刺激和传入信息形成感觉经验的通道。语文教学重视教育中的情感因素，教师可以根据课文内容选择恰当的背景音乐，或是利用多媒体制作相关影像材料，打通学生视听等感觉通道，营造良好的心理氛围，使学生潜移默化地发展认知与情感，提高渗透效果。

例如，在学习《苏州园林》一课时，可以引导学生课前搜集全国各地园林的视频或图片等资料，并将其制作成课件。课上各个小组进行成果汇报，学生们在准备和展示过程中欣赏了祖国各地园林的优美风光，对比悟出苏州园林的特点，从中感受到中国园艺和传统建筑背后所蕴含的博雅文化。又如，在学习《黄河颂》一课时，可以在教学前播放一段壶口瀑布的影像，让学生们直观地感受黄河奔腾咆哮、一泻千里的磅礴气势，也可以带领学生高声歌唱《黄河大合唱》，体会中华民族历经磨难、饱经沧桑、勇往直前的伟大精神。

三、注重朗读，体会文本内涵

鲁迅先生曾说过，汉字有三美："意美以感心，一也；音美以感耳，二也；形美以感目，三也。"语文教材中还蕴含着热爱家乡、热爱劳动、热爱劳动人民、珍惜时间、爱惜粮食、团结兄弟等许多核心价值观因素。

无论是实用性文体，还是诗歌、小说、散文等都是由文字生成独特的神韵、风貌和品格。教师可以引导学生借助朗读的形式，感受祖国语言文字丰富的文化内涵和审美价值，体会文中的“核心价值观”之所在。学生在齐读、赛读、自由读、分角色读的过程中，注意把握语速、停顿、重音、语调、感情等，读出文本的节奏美、语言美、形象美、情感美和意境美。

例如，在学习莫怀戚的散文《散步》时，教师可以借助朗读教学引导学生体会流淌在字里行间的父子情、夫妻情、祖孙情。“但我和妻子都是慢慢地，稳稳地，走得很仔细，好像我背上的同她背上的加起来，就是整个世界。”学生读到“慢慢地”一词时，轻缓而小心翼翼，读到“稳稳地”一词时，语气沉稳而坚定，仿佛散步的就是自己。在朗读的过程中，学生被文字的真挚情感深深地打动了，深刻体会到尊老爱幼这一中华传统美德和中年人所肩负的责任感。

又如，陆游的《十一月四日风雨大作》一诗，通过有感情地朗读，体会诗人虽已暮年仍壮心不已的爱国激情。作者巧妙地将自己的报国之志与梦境融为一体，豪壮而又深沉，具有很强的感染力。又如《观书有感》《〈论语〉十则》《伤仲永》《送东阳马生序》等诗文，都阐述了少年勤学的可贵，告诫我们要珍惜少年时的美好时光。通过朗读，引导学生从自身做起，从点滴小事做起，学习古人立志勤学的品质，继承、弘扬中华民族自强自立、奋发图强的美德。

四、拓展延伸，加强内化效果

语文教学中的拓展延伸环节，是对一节课所学知识的拓宽与加深。其目的不仅在于增加学生的知识积累，激发学生探求知识的愿望，培养学生创造性思维，更在于引导学生从文本所蕴含的思想中汲取成长的能量，促进德育目标的内化。

如学习《藤野先生》一课，不仅要学习本文通过典型事例和抓住主要特征刻画人物形象、突出人物品质的写法，更要引导学生学习鲁迅先生强烈的爱国之情。教师可以引导学生课前搜集鲁迅的相关资料，学完课文后由各组学生代表交流本组搜集的成果，然后相机而导：“鲁迅一生有过很多次重大的选择，他的每一次选择都是以民族的利益和前途作为支点。从鲁迅的人生选择中你想到了什么？”通过延伸拓展，激发学生的思考，引导学生要将个人的命运与国家的命运紧密联系在一起，为民族的兴盛和国家的富强而贡献自己的力量。

五、实践活动,促进知行合一

习近平同志指出:“道不可坐论,德不能空谈。于实处用力,从知行合一上下功夫,核心价值观才能内化为人们的精神追求,外化为人们的自觉行动。”我们可以组织学生开展各种形式的语文实践活动,在活动中渗透核心价值观教育。

例如,在教学《陈太丘与友期》一文时,我们可以指导学生将课文改编成课本剧。学生一人扮陈元方,一人扮友人,分角色表演课文内容。还可以就“元方入门不顾是否失礼?”这一问题分组开展微型辩论。在表演和辩论的过程中,学生不仅加深了对人物形象的把握,更加深了对“诚信”品质的理解。我们还可以组织学生开展以“爱国”为主题的古诗文手抄报比赛、现代诗文朗诵比赛、名人名言书签制作比赛,以“诚信”为主题的课本剧表演比赛,以“友善在我身边”为主题的演讲比赛等。让学生在实践中体验、感悟、成长。

六、言传身教,发挥印痕效应

印痕效应告诉我们:第一印象一旦印刻下来,这种固定行为模式就会保持终身。与条件反射不一样,这种印刻效应是不可逆和不易消除的。对于正值青春期的学生而言,教师的一言一行都对他们的“三观”产生极大极深的影响。教师的言传身教也是培育学生敬业精神最为直接和重要的途径。

什么是敬业?敬业就是一个人对自己所从事的工作及学习负责的态度。于教师而言,心怀教育理想,关心、爱护每一个学生,细心辅导基础薄弱的学生,耐心纠正学生思想上出现的偏差,可谓敬业;课前精心设计每一个教学活动,课上准确把握每一个教学环节,认真写下每一次板书,课下认真批改每一个学生的作业,也称敬业;广闻博览,善于学习,不断探索新的教学规律和教学方法,让学生享受学习的乐趣,更是敬业……

学高为师,身正为范。教师要通过自己的言行示范和高尚人格感召学生、带动学生,在学生心中播种下“敬业”的种子,使他们认识到敬业不仅能反映一个人的职业道德素养、成就自己的事业,还可以感染和引领整个团队甚至影响社会风气。这样学生会在潜意识里留下敬业的“印痕”,在各自的学习与生活中自觉践行。

“道自微而生,德自微而立。”在语文学科教学中进行德育渗透,不仅要将其融入学生的语文实践活动,让学生在丰富多彩的语文实践中感知、领悟,还要与学生的日常生活紧密联系起来，在落细、落小、落实上下功夫。只有这样，才能更好地完成立德树人的根本任务。

第六章　善假于物

——融合技术助推发展

“君子生非异也，善假于物也。”善于利用各种已有的条件是君子成功的重要途径之一。作为教师，要实现教学的高效益，也要善于利用各种教学手段，信息技术就是其中之一。现代信息技术与语文教学融合需要我们始终明确，立足点是语文课程而非信息技术，关注的焦点是语文课程而非计算机和互联网，融合的最终目的是丰富学习资源、改善学习环境、优化学生的学习方式、培养学生终身学习的能力。作为语文教师，我们要充分利用现代化信息技术，帮助学生创设一个主动求知、自由创作、广泛交流的学习环境，为创建“学生—语文—生活”相沟通的新型教学模式而不断努力

第一节　技术融合势在必行

一、语文教学与信息技术融合符合时代发展的需求

（一）我国教育信息化快速发展，但应用水平还有待提高

信息技术应用能力是新时代高素质教师的核心素养。随着《教育信息化十年发展规划(2011－2020 年)》《中小学教师信息技术应用能力培训课程标准(试行)》《教育部关于实施全国中小学教师信息技术应用能力提升工程 2.0 的意见》等一系列文件的出台和全国中小学教师信息技术应用能力提升工程的全面实施，教师应用信息技术改进教育教学的意识得到增强，教师信息化教学能力普遍得到提高。但面对学生日益增长的个性化学习需求和进一步提升信息化教育水平的要求，教

师信息化教学创新能力还有待提高。

（二）学生多样化、个性化学习需求迫使教育领域加快“教”与“学”的变革

天津市小升初招生政策改革后，各初中校校际间生源差距逐渐缩小，但班级内学生的学习基础差距逐步加大。同一个班级的学生学习基础不同，兴趣爱好不同，对同一课程掌握程度不同，导致他们学习需求的差异化。与此同时，在推进学习型社会进程中，自由、灵活、个性化的学习方式受到人们的推崇。以课堂教学为主的学习模式已经很难满足学习者对知识获取的需求。基于微型平板电脑、智能手机等手持终端设备的移动学习开始引起人们的重视。

（三）信息技术给语文教学带来巨大挑战与发展空间

信息技术的飞速发展改变着人们听、说、读、写的方式。阅读从文本阅读走向超文本阅读，由纯文字阅读发展到多媒体电子读物。在阅读方式上，网状链接结构方式取代了传统的线性结构方式。阅读过程从以往强调朗读与吟诵逐渐转向选择阅读材料、搜索相关主题、辨析加工有用信息等，这些都需要教师对学生进行指导和训练。

就写作而言，由使用纸、笔写作变为了使用电脑写作，输入方式除了键盘输入、鼠标输入外还实现了语音输入。写作方式由单一纯文字手稿转向图、文、声融于一体的多媒体写作。写作过程由原来的构思—成稿—修改的线性静态结构，转向超文本的网状动态结构。语文教师要关注这些社会变化，从变化中寻找教育的契机，满足社会发展对学习者提出的新要求，指导学生进行网络写作，使他们能够灵活地运用信息技术表达自己的思想情感。

从以上变化可以看出，信息技术给语文教学带来了巨大的挑战。作为语文课程未来发展的必然趋势，我们只有积极地迎接这一时代挑战，并努力地探索信息技术与语文教学融合的新模式，语文教学才能获得新的生命力。只有主动应对时代变化，才能开辟语文课程新的发展空间。

二、语文教学与信息技术融合具有坚实的理论基础

（一）信息技术与语文教学融合的内涵

1. 信息技术

信息技术是借助以微电子学为基础的计算机技术和电信技术的结合而形成的手段，对声音的、图像的、文字的、数字的和各种传感信号的信息进行获取、加工、处

理、储存、传播和使用的能动技术。随着科技的进步,更多其他形式的信息技术融入教育过程中,深刻地影响着人们的思维、学习、工作和生活。本书所提到的"信息技术"主要是指以计算机为核心的信息技术在教育教学中的技术,包括交互式电子白板、"网络学习空间人人通"、App 等。这些信息技术为教学提供了强有力的学习资源和工具,促进了生生、师生间的交流与互动,给语文教学带来新的生机和活力。

2."网络学习空间人人通"

"网络学习空间"是指由教育主管部门认定的融资源、服务、数据为一体,支持共享、交互、创新的实名制网络学习场所。本课题研究的"网络学习空间"是指"网络学习空间人人通",它是"三通两平台"的重要组成部分,是构建网络化、数字化、个性化、终身化的教育体系与推动教育教学模式创新的有效途径。

3.信息技术与语文教学融合

信息技术与课程融合是由信息技术与课程整合延伸出来的一种教育思想和理念。联合国教科文组织亚太地区教师发展技术与教学整合能力标准将信息与通信技术(ICT)在教育教学中的应用分为四个发展阶段:兴起、应用、融合、革新。祝智庭教授认为:我国的教育信息化正由"应用整合阶段"向"融合创新"的阶段推进。

"融合"虽然本质上仍可归为整合,但其纵深意义比整合更为深刻。"融合"既指像熔化那样融成一体,还指和洽,调和。"融合"强调信息技术与语文教学之间的包容关系,你中有我,我中有你,水乳交融,密不可分,即 1+1>2。融合的重点在于课程实施层面,即把信息技术作为工具与语文学科的教与学有机地融合在一起,以促进教学过程的最优化,提高课堂教学效益。这种融合不仅包括学科教学内容和信息技术的融合,还包括构建新型的教与学的方式。以多媒体和网络为核心的信息技术为语文教学提供了理想的资源、平台和教学环境,并渗透到语文阅读与写作教学中,拓展了语文教学内容的广度和深度,并使语文教学的形式发生了改变。本章内容重点阐述了在语文教学中融合交互式电子白板、"网络学习空间人人通"、App 等技术和资源的策略。

(二)信息技术与语文教学融合的理论基础

1.教学结构理论

《美国 2010 国家教育技术计划》归纳出一个全新的命题:"教育部门可以从企业部门学习的经验是,如果想要看到教育生产力的显著提高,就需要进行由技术支持的重大结构性变革，而不是进化式的修修补补。”①这就很好地找到了长期以来信息技术在教育领域应用成效不显著的原因。其问题就在于：教育领域的改革没有触及重大结构性变革。从而为解决“如何使信息技术真正对教育发展产生革命性影响”这个问题找到了明确的方向。一些学者通过对“教育系统结构性变革”具体内涵研究与探索，形成了一种全新的理论，也是教育信息化的核心理论——教学结构理论。

信息技术与课程融合基于教学结构理论。何克抗教授指出：“所谓教学结构，是指在一定教育思想、教学理论、学习理论指导下的，在某种环境中展开的，由教师、学生、教材和教学媒体这四个要素的相互联系，相互作用而形成的教学活动的进程的稳定结构形式。”

信息技术与课程融合，就是“通过将信息技术有效地融合于各学科的教学过程来营造一种信息化教学环境，实现一种既能充分发挥教师主导作用又能突出体现学生主体地位的以‘自主、探究、合作’为特征的新型教与学方式，从而把学生的主动性、积极性、创造性较充分地发挥出来，使传统的课堂教学结构发生根本变革——由教师为中心的教学结构转变为‘主导—主体相结合’的教学结构。”②其中，营造信息化教学环境是信息技术与课程融合的基本内容，实现以“自主、探究、合作”为特征的新型教与学方式是深层次整合达到的具体目标，变革传统的课堂教学结构是融合要达到的最终目标。

2.信息技术的特性

信息技术的平等性、开放性、互动性、选择性符合学习者个性化学习的需求，有利于营造信息化教学环境，构建新型的教与学的方式。

平等性。平等是互联网重要的基本原则。互联网的技术结构不是层级结构，而是网状结构，它没有中心节点。虽然不同的点有不同的权重，但没有一个点是绝对权威的。互联网的这一结构特点决定它内在的精神是去中心化的，是分布式的，是平等的。

开放性。越开放，人与人的接触就越多。信息量决定价值，所以开放变成一种

---

① 何克抗.新课改·新课堂·新跨越，徐福荫，黄慕雄.教育技术协同创新与多元发展[M].北京：北京邮电大学出版社，2013：42.

② 何克抗.新课改·新课堂·新跨越，徐福荫，黄慕雄.教育技术协同创新与多元发展[M].北京：北京邮电大学出版社，2013：43.

生存的必需。开放作为一种基本特性，有助于教师引导学生创建更多的链接，丰富个人信息含量。教师可以通过评价、激励、竞争等方式帮助学生们形成开放、共享的意识。

互动性。互联网和大数据都体现了双向性，也提示我们：互动创造价值。通过生生、师生间的互动，教师了解学情，学生获取最新信息和策略支持，更好地促进教与学。

选择性。通过改变学习方式就可以让被动学习变成主动学习吗？参与讨论就一定是主动学习吗？听教师讲解就一定是被动学习吗？可见，学习方式并不一定直接导致被动与主动。同理，用了技术并不代表就是主动学习，不用技术也不代表就是被动学习。不会有这么简单的因果关系。那么，主动/被动学习的边界到底是什么？选择性。选择是关键的一个环节，有了选择才会有全身心地投入。学习不是走流程，而是在选择中专注，在专注中探寻。有了选择的空间后，学生的批判性思维才会有价值。学生才会判断哪些该学，哪些不该学，才会不断明晰自己的方向，专注于自己热爱的领域。

3.超文本

人类的思维呈网状结构，它无中心、无边缘，而且带有跳跃性特点。语言以非线性顺序出现能更好地与思维保持同步。传统的语文教学多为线性顺序，青少年学生的思维很大程度上被其束缚。信息技术采用"超文本"的方式组织和管理信息，使语文阅读与写作教学发生了根本的变革。"超文本"是指依据人脑的联想思维方式，用网状结构组织和管理信息的一种先进技术。超文本链接可以在文本的任何一个节点上增加和补充新的内容，任意调换信息的先后次序，进行自由组合，突破了时间和逻辑的线性轨道。超文本这些特性更符合人类的阅读与写作习惯。

4.移动学习

移动学习是一种在移动计算设备帮助下的能够在任何时间任何地点发生的学习。[①] 这种学习方式依赖于移动通信和移动计算技术，通过一些便携式移动设备实现教育内容与教育服务信息的传输。移动学习除了具备数字化、多媒化、网络化、智能化的特征外，还有其独特的优势：学习者不再局限于教室或电脑前，他们可以随时、随地、随心所欲地进行微学习，既满足学生的不同学习需求，也使更多碎片

① 陈伟超.国内移动学习研究现状及发展建议[J].中国电力教育，2009(4)：16.

化的时间变得专注而有意义。丰富的网络资源和人性化的应用程序，给学生的学习提供便捷条件，也带来丰富变化，有助于激发学生的学习兴趣。

5. 大数据

1997 年 NASA 的研究人员 Michael Cox 和 David Ellsworth 提出了“大数据”一词。“大数据”通过对一般软件工具难以捕捉、管理和分析的海量数据进行整合与分析，从而发现新知识、创造新价值。与传统数据相比，“大数据”具有数据量巨大、数据分析由专家层变为用户层、大量采用可视化数据展现方法等特点。这些特点正好符合当前人们学习方式逐渐向个性化和人性化转变的需求。“大数据”在教育中的应用主要有两个方面：教育数据挖掘和学习分析技术。教育数据挖掘主要指对学生的学习行为和学习过程进行量化、分析。学习分析技术主要指监测和预测学生的学习成绩，及时发现潜在的问题并采取相应措施，降低甚至防止学生在学习中可能产生的风险。在“大数据”时代，我们跟踪每一个学生的数据信息变得更加简便，有助于从真正意义上实现个性化教育。

第二节　典型问题不容回避

一、信息技术与语文教学融合的典型问题

现代信息技术介入课堂，以其省时、省力、高效、便捷等特点为课堂教学注入了活力，丰富了学生的直观感受，有利于突破教学重、难点，提高教学效率，显示出勃勃生机。但我们也要认识到，信息技术是一把“双刃剑”：用得好，会使课堂大放光彩；用不好，只能是以形式害内容，降低教学效益。反思当前信息技术与语文教学融合现状，主要存在以下问题：

（一）课堂容量过大影响学生知识吸收

某些语文教师将语文教学内容，如作者简介、文章主题、结构特点等全都制成 PPT，课上一张接一张地放，很多学生还没有看清当前内容就换成下一张。过大的容量容易使学生产生学习障碍，不少学生反映：课堂上笔记跟不上，上课忙忙碌碌，一刻没停，好像很充实，可什么都没记住。这种劳而无功的学习状况让他们既困惑又苦恼。

(二)过度依赖视听导致学生思维训练减少

信息技术与语文教学融合的特点之一就是直观性。在很多教师看来,在语文教学中融合信息技术就是课上展示几张图片、播放几段录像资料。这样的信息技术辅助教学,长此以往不但不能提高学生的语言文字解读能力,而且限制了学生的想象力,不利于培养学生发散思维。

例如,一位教师在讲《生命,生命》一课时,为了让学生理解生命的顽强,准备播放一组图片:婴儿诞生时的啼哭,斑马在草原上散步,小鸡破壳而出,花朵绽放的瞬间,等等。播放过程中,计算机出现了故障,原本安排好的图片无法放映。其实,教师可以让学生联想表现顽强生命力的画面。也许学生会联想到登山运动员登上珠穆朗玛峰时的欢呼雀跃,联想到刘翔飞越终点时"狰狞"的脸庞,联想到杨立伟驾驶"神舟五号"飞船在太空遨游时露出的笑容。这可能比"灌"给他们现成的图片更利于发散思维的培养。

(三)忽视学情削弱了融合效果

网络资源的融合不能违背学生身心发展规律,否则难以达到融合的效果。例如,一位教师执教朱自清《背影》一课,当他讲到"父亲买橘子"这一内容时为学生播放了刘和刚演唱的歌曲《父亲》。教师的设计意图是帮助学生更好地理解父爱,但从实际授课效果来看,学生并不像教师预想的那样感动,倒是在场的听课教师眼里泛起了点点泪花。

反思这位做课教师的行为不难发现,他在使用课外资源时缺乏对学情的分析。《父亲》这首歌曲更适合唱给有一定生活阅历的人听。那些背井离乡在异地打拼的人听到这首歌,看着画面中饱经沧桑的父亲的形象,往往会回忆起自己远在家乡或已经过世的父亲。对于初中阶段的青少年来说,他们的父亲多处于四十多岁的壮年,歌中唱到的"不知不觉你鬓角露了白发""不声不响你眼角上添了皱纹",这些衰老的表现特征并不十分明显。他们的父亲在生活中尽管也会遇到艰难挫折,但大多没有达到歌词中唱到的"人间的甘甜有十分,你只尝了三分"的程度。歌词所展现的信息与学生的生活经历有一定的距离,想通过歌曲唤起他们的情感体验无异于隔靴搔痒。

(四)过度依赖技术导致师生情感互动缺失

语文课堂上纯美的心灵呼应是语文教师追求的最高境界。纵观各级各类学校的语文公开课,不难发现,一部分语文教师从头到尾不用写一个粉笔字,只有大屏幕的标准字体。有些课件的播放程序设计缺乏灵活性和可控性，采用了不可停止的播放方式。上课时，如果教师操作失误无法立即停止，重新调整需要很长的时间，造成被动和尴尬。有些教师对信息技术操作不是十分熟练，上课时完全被课件牵制住了，眼睛紧紧盯着计算机屏幕，唯恐点错一个按钮，根本无暇顾及与学生的情感交流。在这些语文课上，教师只是一个课件放映员，丧失了发挥教学机制的空间，缺少了师生互动，严重违背了语文新课改的本意。

随着信息技术的发展，网络教学在一些学校悄然兴起。课堂上教师指导学生利用搜索工具解决问题，利用课堂网络互动系统发表自己的观点或检测所学内容的掌握情况，整个过程非常重视学生与计算机的互动，却常常忽视了生生间、师生间的交流。课堂教学不仅是对知识的传授和学习，更是师生、生生间的情感交流。一味地用人机交互来代替语言、情感的交流，很难培养出全面发展的学生。

二、信息技术与语文教学融合问题成因

(一)对融合的认识肤浅

信息技术对课堂教学的促进作用不能充分展现，很大程度上在于教师对信息技术与课程融合认识的不足。学校教师年龄结构不均衡，年龄偏大的教师受传统教学形式的影响比较大，教育理念更新速度慢。很多教师的信息技术水平仅停留在播放 PPT、使用实物投影阶段。他们运用信息技术更多的还停留在教学演示层面，只有少部分教师可以熟练运用信息技术实施教学互动。至于引导学生开展网络学习，在他们看来基本上是不实用也不可能的。这也正是多数教师只在公开课、教学大赛时请人“精雕细琢”一节课，常态课照样“满堂讲”或“满堂放(PPT)”的原因。有些教师错误地认为：课件制作越花哨、难度越大、水平越高，信息技术与教学融合的效果就越好。很多教师虽然有意识地将多媒体技术、电子白板技术或学习系统平台应用于课堂教学，但不能对信息技术环境下教学活动各要素进行科学的整合，融合时机不对，融合方法不当，容易陷入形式化、盲目化的误区，难以保障课堂教学质量。

(二)忽略学生主体性作用

学生是教学过程的直接受体。信息化教学的目的之一在于培养学生数字化学习能力和创新思维。而在教学实践中，教师更多关注的是信息技术与学科知识的融合，试图以最优化的技术或工具展示教学内容，往往忽视对教学主体的分析。教

学设计、媒体选择，不是基于对学情的分析，影响了学生积极性、主动性以及师生之间的情感交流。在课堂教学中，教师受教育观、技术观和实践能力限制，错误地使用信息技术的情况时有发生。有些教师认为信息资源越丰富，学生就能吸收得越多。有些课件技术操作性差，有些教学资源华而不实，教学常常因此迷失方向，最终偏离教学目标。如果缺乏科学、有效的教学设计，即使信息技术手段再先进、教学环境再好，也难以收到良好的教学效果。

（三）教师专业发展不足

技术的应用依赖于人。在信息技术与教学融合的道路上，教师怎样发挥主导作用最为关键。如果教师的资源观、技术观等观念思想存在偏颇，或者在教学设计、技术操作等能力上出现不足，都将严重影响融合的效果。有位教师在讲《杜甫诗三首》一课时，为了激发学生的学习兴趣，给学生播放网红短片《杜甫很忙》。教师不仅没有给学生指出这种“娱乐至上”的文化泛娱乐化现象的危害，而且跟着学生一起带着娱乐的心理“消遣”。对于正处于“三观”形成关键期的青少年来说，教师的行为很可能产生消极的影响。有些教师为了激发学生的学习兴趣，在课件不该插图的地方插了图，或插图之后没有解说，纯然为了点缀课件，求得所谓的美化效果。有些教师在课堂上所选播的音乐没有经过严格挑选，与教学内容并不和谐。学生在教师操作现代技术设备的过程中，在图、文、声、像等纷繁芜杂的信息冲击中，眼花缭乱，身体疲惫。教学设计是教师教学过程中的一种再创造能力。怎样将教学内容、媒体技术、学习者这三者有效地联系起来，依赖于教师的专业技能和综合素质。但从信息技术与语文课堂教学融合现状来看，提高教师信息化教学设计能力是很必要的。

第三节　阅读教学融合策略

当前初中语文阅读教学存在着种种“偏态”：一是以教师过度讲解替代学生的阅读体验；二是阅读教学的知识体系被应试教育的题海战术和反复操练所绑架，阅读课似乎变成了解题技巧训练课；三是师生互动流于形式，课堂上出现了形形色色的假合作、假探究，表面上看学生都“动”起来了，实际上，语文知识和阅读能力没有得到相应地增长和提高；四是难以满足不同学生的学习需求，小升初招生政策改革后，班内学生学习能力分化加大，一些阅读能力稍差的学生来不及思考教师的提问，阅读能力强的学生已经先声夺人。这样的阅读教学往往是劳而无功甚至是有害的。如何纠正初中语文阅读教学的种种“偏态”，真正提高学生自主阅读的能力呢？信息技术与阅读教学的融合为我们提供了一条解决路径。

一、信息技术与语文阅读教学融合的实施

下面，以部编版八年级上册第五单元《蝉》一课为例，阐述信息技术与阅读教学融合的步骤与方法。主要分为以下四步：

（一）教师编制学案，上传到网络空间

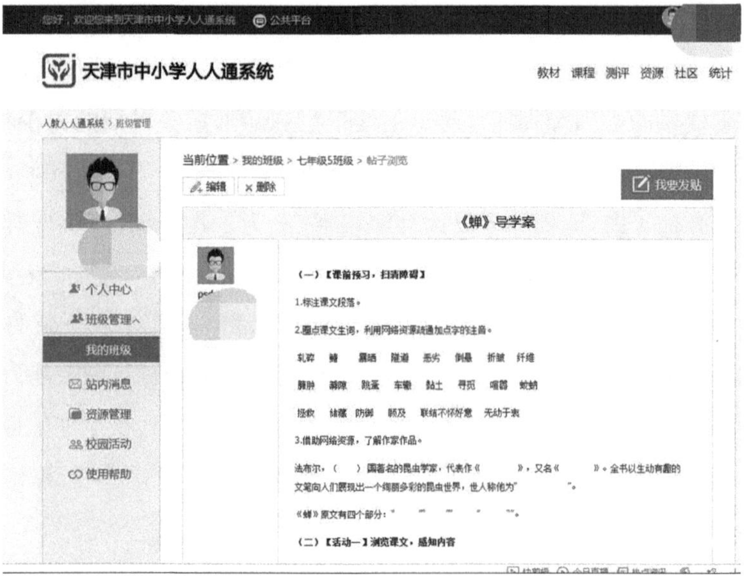

“人人通”平台上的“导学案”

课前，教师依据教学内容编制“导学案”，并以“帖子”的形式发布在“人人通”平台“我的班级”中。为了便于查找，可以在发帖时选好分类——“课前预习”。与传统的纸质“导学案”相比，依托“人人通”平台发布“导学案”不仅环保，而且便于师生操作和资料收集，增强了师生互动。

导学案主要内容如下：

【课前预习，扫清障碍】

1. 标注课文段落。

2. 圈点课文生词，利用工具书或网络资源疏通下列词语的注音和词义。

轧碎	鳍	暴晒	隧道	恶劣	倒悬	折皱	纤维
臃肿	罅隙	跳蚤	车辙	黏土	寻觅	喧嚣	蚊蚋
拯救	储藏	防御	顾及	联结	不怀好意		无动于衷

3. 借助网络资源，了解作家作品。

法布尔，______国著名的昆虫学家，世人称他为“__________”，代表作_______。该书又名__________，全书以生动有趣的文笔向人们展现出一个绚丽多彩的昆虫世界。。

《蝉》原文有四个部分：“________”“________”“________”“________”。

【浏览课文，感知内容】

1. 思考：课文主要介绍了有关蝉的哪些知识？作者是按照怎样的顺序进行说明的？请借助思维导图梳理课文内容。

2. 结合课文内容补充蝉的生长过程图。思考：按一般说明文的写作顺序，介绍一种昆虫的生长过程时，一般按照卵、幼虫、成虫的顺序进行介绍。这篇文章却打破常规，作者为什么这样安排写作顺序？

【对比阅读，理解写法】

运用圈点批注法比较课文与百度百科中介绍蝉的说明性文字，体会两个文本在语言风格上的不同。

【内外结合，感悟精神】

结合课文内容和课外资料谈一谈，你感受到法布尔怎样的研究态度和科学精神？

请圈点课文相关语句并做出分析。

（二）学生自主学习，教师收集问题

学生通过电脑或手机登录“人人通”平台，进入“我的班级”，查看教师发布的“课前预习”，在“导学案”的指导下一步步完成自主学习。学生在自学过程中产生感悟或疑问，可以在“导学案”帖子下方的“回复”区留言。例如，一位学生在回复区提问：“法布尔为什么对蝉有着这样浓厚的兴趣？”另一位学生发出这样的感叹：“作者观察蝉非常仔细，他怎么会有如此耐心长时间做一件事啊？”其他同学可以就这些问题进行解答、追问或讨论，促进了学生的思考和交流。教师收集学生问题，对于比较集中的问题做好记录，调整自己的教学内容。“自主学习”这一环节可以由学生在家里完成，也可以利用语文课时间在网络教室完成。

（三）学生分组研讨，教师适时点拨

课上研讨部分，主要开展三项活动。

活动一：感知内容，明确顺序

学生借助思维导图梳理文章内容。学生自学过程中已经完成了思维导图，课上分组交流，将优秀的作品拍照上传至“班级微信群”，教师可以在屏幕上放大图片，个别视力不佳的学生可以操作自己的手机进行同步浏览。学生展示后，教师在电子白板上出示“括号图”，请学生根据文章内容补充完整。

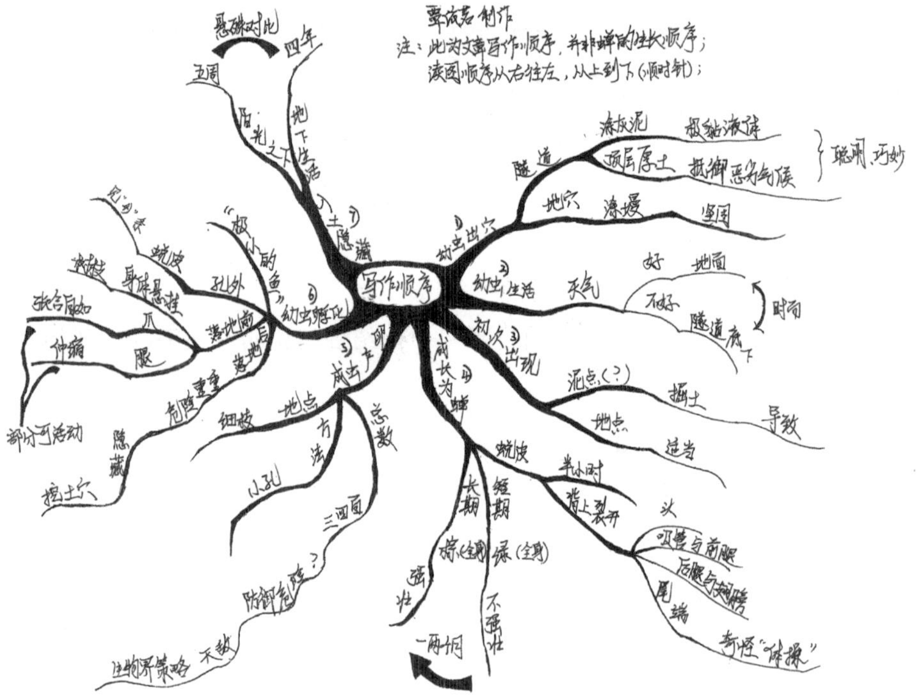

接下来，教师展示有关蝉成长过程的图片和“金蝉脱壳”动画视频，帮助学生更好地理解蝉蜕皮的过程，感悟生命的神奇与美好。教师先引导学生梳理课文内容，后展示图片和音视频资料，可以避免信息技术替代学生的想象。

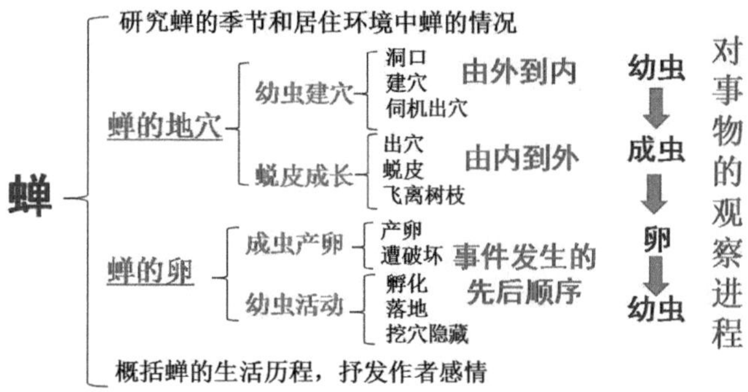

《蝉》课文结构"图"

教师继续引导学生思考本文的说明顺序。学生讨论后，明确：第一部分采用由外到内再到外的说明顺序。第二部分采用了事件发生的先后顺序。全文则是按照作者对事物的观察进程进行说明的。接下来，教师出示"蝉的生长流程图"，请学生结合文章内容进行填空，引导学生理解作者这样安排说明顺序的特殊用意。

借助电子白板显示说明顺序和成长流程图，更为直观形象，易于学生理解，同时也比教师在黑板上书写、绘制更为便捷。

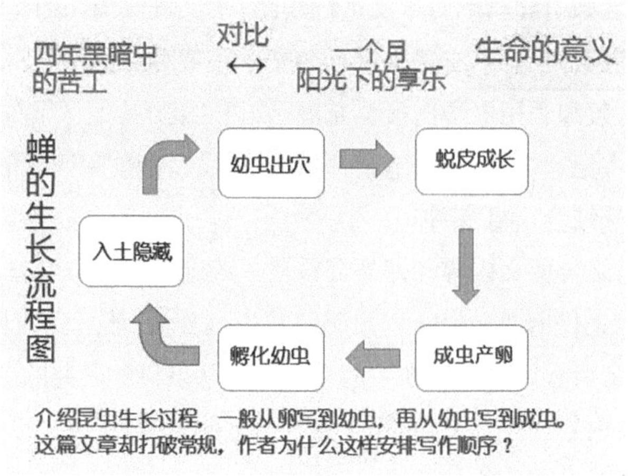

蝉的生长流程图

活动二：对比阅读，理解写法

教师引导学生运用圈点批注法比较“百度百科”中介绍蝉的说明性文字与课文在语言上的不同。学生在电子白板上一边圈点一边分析。与学生看着手中的课本回答问题相比，在电子白板上进行演示更为形象直观，其他学生听讲注意力也更为集中。

蝉是节肢动物门，昆虫纲，半翅目，蝉科的一类生物。目前已知大约有3000种。之所以会让我们产生蝉生命短暂的错觉，是因为它们独特的生活周期。蝉的一生经过受精卵、幼虫、成虫三个阶段。进入夏天，早年产下的受精卵会孵化成幼虫，他们会钻入土壤中，以植物根茎的汁液为食。幼虫成熟后，爬到地面，脱去自己金灿灿的外骨骼，羽化为我们常见的长有双翼的成虫。7月下旬，雌成虫开始产卵，8月上、中旬为产卵盛期，卵多产在4～5毫米粗的枝梢上。

——节选自百度百科

交互式电子白板显示“百度百科”文字

分析过后，教师引导学生对本文进行小结：本文既具有“说明文”的特点，又兼具“文艺化”的笔调。凡是具有这样特点的文章一般称之为“科学小品”或“文艺性说明文”。随后，教师利用电子白板补充展示《昆虫记》其他章节的句子，引导学生进一步感受《昆虫记》“文艺化”的笔调，同时也激发了学生阅读这部名著的兴趣。

活动三：内外结合，感悟精神

教师请学生结合课文内容和课外资料谈一谈感受到法布尔怎样的研究态度和科学精神。学生先找出课文中的相关词句并进行分析，然后交流网上搜集的有关法布尔的资料，最后教师补充法布尔的自述和他从事科学研究的图片。这些文字、图片资源与课文内容相互补充，有利于激发学生的思考，使他们更好地感悟法布尔对生命的尊重和对世间万物的关爱。

在布置作业环节，要求学生继续阅读《昆虫记·蝉》的另外两部分——“蝉和蚁”“蝉的音乐”。这时，教师在屏幕上展示日本插画大师熊田千佳慕绘本《昆虫记》的插图。绚丽的色彩和细腻的笔触对学生产生了强大的视觉冲击力，生命的活力与大自然的美好气息扑面而来，激发了学生的阅读兴趣。

“你们撕裂动物而我研究活体；你们把它变成悲惨而可怜的物体，而我使它变得可爱；你们在拷问室和解剖室工作，而我在蓝天下观察，倾听知了歌唱；你们用细胞和原形质做化学实验，而我在昆虫高尚的行为中研究它们的本能；你们窥探死亡，我观察生命。”

交互式电子白板显示法布尔自述

（四）学生自测反馈，教师讲评巩固

教师将课前编辑好的测试题上传至“课堂互动系统”，学生使用 iPad 完成自测题。师生对自测内容进行讲评和巩固。学生完成测试后系统自动生成成绩，学生可以查看答案解析，教师对学生错误比较集中的题目进行讲解巩固。

二、信息技术与阅读教学融合的效果

（一）充分发挥了教师的主导作用

以前，我们的改革更多是围绕着教师的“教”，现在我们更关注学生的“学”。“教师”变为“学师”，教法变为“学法”。“教学”的含义也不再是“教”和“学”，而是“教”学生怎样“学”。这就要求教师在学生学习的各个环节起到有效引导的作用。

教学应以学情作为起点，以学习目标作为终点，中间由教师为学生搭设 2—3 个台阶，帮助学生达成学习目标。授课前，教师依据学情和教学目标设计“导学案”。《蝉》是自读篇目，文章篇幅较长，教师引导学生借助树形图、括号图、流程图等不同形式的思维导图梳理文章内容，有利于学生理解文章的脉络结构和说明顺序。大多数的学生在生活中只见过蝉蜕或蝉的成虫，很少见过蝉卵和幼虫，对于蝉具体的成长过程也不是十分了解。教师精心选择蝉成长过程的图片，通过电子白板清晰地呈现在学生面前。“金蝉脱壳”动画视频将蝉原本半小时完成的蜕皮过程在短短的几秒钟内演示出来，形象而逼真。这些网络资源弥补了学生生活经验的不足，帮助他们理解作者对蝉这种小生灵的敬畏与怜悯之情，引导学生感悟生命诞生的神奇与美好。此外，教师在研讨过程中引入《昆虫记》其他章节句子、法布尔的画像、法布尔的研究感悟、《昆虫记》绘本插图等教学资源，有助于突破教学的重、难点，更好地发挥教师的主导作用。

(二)有效发挥了学生的主体作用

新一轮基础教育课程改革提出了许多新的课程和教学理念。其中，转变学生学习方式，提倡自主、合作和探究的学习成为新课程改革的重点要求。信息技术与语文阅读教学融合，增强了学生学习的主体性、独立性和选择性，满足了不同学习基础学生的发展需要。“导学案”的题目分为基础和拓展两个层次。不同学习能力的学生可以根据自己的实际情况进行不同程度的自主学习。基础部分包括“疏通字词”“作家简介”“写作背景”“主题思想”“写作特色”等要求全体学生都要完成。对于这些内容，学生可以通过查找网络资源进行自学。拓展部分内容，如以教材为核心进行相同主题、相同作家、相同写作特色的拓展性阅读，或者是对某种思想、某种写法、某个知识点的深入学习等，学生可以根据自身学习能力进行选做。

例如《蝉》一课，我选择了三份拓展性阅读材料：小思的散文《蝉》、虞世南的诗歌《蝉》和歌曲《蝉》，要求学生阅读三份材料回答问题：1. 与法布尔的《蝉》相比，这三个文本各有怎样的特点？(提示：可从体裁、语言、作者情感角度比较)2. 读完这几个文本，结合自己的感受写一段《蝉悟》。通过完成“导学案”中不同难度的学习内容，学习能力强的学生借助网络资源获得更多知识，进行更加深入的探究式学习。学习基础稍差的学生也可以有更为充分的时间进行思考。学生通过“人人通”平台积极互动，相互启发、借鉴，有效地提高了文字感悟能力和语言表达能力。

(三)课前预习提高了阅读教学效益

以往阅读课的预习作业，很多老师布置得比较随意：大多是标注段落，朗读课文，疏通生词，思考课后题。因为缺少明确的步骤和可操作性的方法，影响了学生预习的积极性，往往不能引起学生足够的重视。预习作业常常变为可有可无的“鸡肋”，预习效果难以保证。信息技术融合背景下的“预习”，操作更为便捷：学生利用电脑或手机登录“人人通”平台，参照“导学案”一步步地进行自学；自学中遇到问题可以直接上网查找资料，还可以通过“人人通”平台进行提问，与老师和同学进行交流。学生经过自主学习有了知识和心理的准备，课堂上的交流、展示更加自信和积极，提高了阅读教学效益。

(四)有效提高了学生的语文素养

部编本语文教材采用“双线组织单元结构”。除了“内容主题”这条显性的线索外还有“语文素养”这条隐性的线索。“语文素养”包括基本的语文知识、必备的语文能力、适当的学习策略、良好的学习习惯等。信息技术与语文阅读教学的融合，以引导学生学会阅读为目的，侧重阅读方法的指导和良好阅读习惯的培养，提高学生自主阅读的能力。学生借助网络了解作家作品，圈点批注，绘制思维导图，补充流程图，比较语言特点，通过一个个具体的学习任务完成自主阅读。经过长时间的培养，学生学会了圈点批注的阅读方法，掌握了借助“思维导图”这类思维工具学习课文的方法，提高了发现问题、借助网络解决问题的能力，培养了主动发现知识、建构知识的习惯，提高了语文素养。

第四节　文言教学融合策略

2011版《语文课程标准》明确指出：“语文课程是一门学习语言文字运用的综合性、实践性课程。九年义务教育阶段的语文课程，必须面向全体学生，使学生获得基本的语文素养。”结合语文学科特点，语文教师应该激发学生学习语文的兴趣，使学生在实践中，不断丰富语言积累，培养语感，发展思维，提升审美鉴赏和创造能力。作为一名语文教师，我们必须转变传统的教学观念，借助现代信息手段最大限度地激发学生的学习潜能，关注学生的基础知识、基本技能的训练，提升学生的思维品质和综合实践、创新能力；从学生发展的角度，精心设计每一堂语文课，让学生在教学互动中，进行愉快的学习体验。结合教学实践，我们认为利用信息技术与语文学科的深度融合，不仅能够激发学生的学习兴趣，而且能够提升学生的语文核心素养。现以部编版七年级上册《狼》一课为例，来具体阐述信息技术与文言文教学深度融合的策略。

一、巧用朗读软件，激趣导读，提升课前预习能力

课前预习，是学习中必不可少的一个重要环节。结合语文学科的特点，进行充分的课前朗读是高效课堂的前奏，正所谓“读书百遍，其义自见”，充分的课前朗读在学习中起着至关重要的作用。朗读不仅能增强学生的语感，而且能够陶冶学生情操，引起学生共鸣，培养思维能力。

借助现代化信息技术，布置朗读预习作业，有助于提高学生学习的积极性和主

动性，提高学习的求知欲，为学生课上积极参与课堂互动起到助推作用。《语文课程标准》里写道："各个学段的阅读教学都要重视朗读和默读。"[①]要想培养学生的朗读习惯，教师还要进行及时的引导和点评，才能引起学生对朗读作业的重视。借助班级微信群，让学生在群里进行朗读，便于教师及时做好统计和监督，适时地点评鼓励，对学生是一个促进；微信录音功能，由于受到录音时长限制，学生不能将一篇文章完整地录制，只能选取片段进行朗读训练，因而朗读课文的完整性缺失；在实践中，我们进一步改进，利用手机录音功能，录好后转发至微信群中，虽然解决了上述问题，但是录音多了，学生的音频文件不便保存，而且占用手机内存；"喜马拉雅"是一款非常好的软件，它大大解决了我们之前做法中的难题。该软件，不仅能记录保存每一次的录音作业，而且所用时长一目了然，学生可以在回放中反复收听朗读音频，总结经验与不足，提升朗读技巧，此种做法效果非常好。借助微信平台，交流朗读作业，既培养了学生的朗读兴趣，又使之相互促进，取长补短，学生的积极性被充分调动了起来。

《狼》一课的朗读预习作业，班级是这样进行的：首先，学生进行初读，教师进行字音订正，确保学生朗读前的读音准确；然后，指导学生下载"喜马拉雅"App，注册、使用。帮助学生，充分挖掘该软件的强大功能，在录音前，学生先进行搜索《狼》的音频文件，学习、欣赏、模仿他人的朗读作品，在模仿中收获朗读技巧；进而在反复自读的基础上，保证朗读的流畅性，再进行朗读录音。经过训练，班级语文朗读兴趣高涨，枯燥的朗读预习，变得生动起来，"读中思，思中读，愈读愈有味"，学生在潜移默化中养成了朗读的好习惯。

爱因斯坦说："兴趣是最好的老师。"学生非常喜爱用喜马拉雅软件完成朗读预习作业。通过借助"喜马拉雅"的朗读软件和班级微信群，学生培养了预习习惯，课上的学习效率得到了提高。实践证明：巧用"喜马拉雅"软件，辅助教学，既能促进学生的朗读训练，又能帮助学生利用零散的时间进行学习提高。朗读训练与"喜马拉雅"软件深度融合，大大激发了学生的预习兴趣，提高了朗读水平。即使是晦涩难懂的文言文，学生也可以在有兴趣的朗读中，转变学习文言文的态度，变枯燥为有趣。信息技术与语文学科的深度融合，有效地为学生课上学习助力，学生的学习

---

① 中华人民共和国教育部. 义务教育语文课程标准(2011 年版)[S]. 北京：北京师范大学出版社，2012：22.

素养悄然形成。

二、巧用教学白板,提高效率,提升课堂互动性

语文课堂应该发挥学生的主动性,让课堂"活"起来,让学生"动"起来。"交互式电子白板,是一种新的高科技电子教学系统,它集黑板、计算机、投影仪等多种功能于一体",实现信息技术与学科教学的完美融合。它能使教师、学生和文本三者间多维度、多形式的对话,促进教学过程的更优化,有效激活语文教学课堂,增强师生间的互动性,提高学习效率。

此外,交互式电子白板作为新型的现代教学技术走进课堂,为学生提供了更为丰富的学习资源,极大地改变了资源的呈现方式,也带来了教学方式的变革。在教学实践中,希沃白板是我们一直在使用的教学技术。相对于 PPT,它可以更好地辅助教学,提高课堂教学效果,它的"游戏互动""思维导图""多媒体链接""插入有声的汉字拼音"等功能,都是 PPT 无法实现的,它可以增强师生间、生生间的互动性,让课堂学习更具实效性。

《狼》作为一篇文言文,疏通文义,积累文言词汇,体会狼与屠户的形象,把握文章主旨是本课的教学目标。作为文言文的重点解词,如若死记硬背,必然削弱学生学习的主动性。借助希沃白板的技术,课上采取游戏竞赛的环节,来激发学生学习兴趣,大大提高了学生的学习效率。教师明确自身在课堂上的组织者、引导者的角色定位,借助信息技术转变教学模式,发挥学生的主动性,唤起学生的课上活力。做法如下:将本文中出现的重点虚词"以""之",以及一词多义的"前""止"等词语,进行归纳汇总。在希沃白板中,借助其"课堂互动性",编辑成课堂答题竞赛互动模式,学生在白板上答题结束后,软件自动出现答题结果,有效地激发了学生的参与热情,课上学习注意力得以提高。此外,选择小组间的 PK 模式,让小组间进行 PK。这种游戏竞赛形式,有效地激发了学生的学习兴趣,夯实了基础;人机互动,为语文课堂注入了新鲜与活力。

《语文课程标准》指出:"……注重激发学生的好奇心、求知欲,发展学生的思维,培养想象力,开发创造潜能……"[1]巧用白板中的"思维导图"设计本课的思维

① 中华人民共和国教育部.义务教育语文课程标准(2011 年版)[S].北京:北京师范大学出版社,2012:20.

导图可以帮助学生梳理课文思路。课中，我们将本课书的知识重点简单地整理成思维导图，帮助学生更好地把握文本；学习后，学生结合本课重点，绘制富有个性化的思维导图，既锻炼了把握重点的能力，又培养了创造力，增强了记忆力，创设了自主复习的资料图。

实践证明：交互式电子白板的教学应用，增强了课堂上的探究能力，发挥了特色教学功能；使学生更容易接受知识，通过多种感官的刺激，使单调的课堂变得多姿多彩，增强了记忆力，符合学生的学习规律，构建了轻松愉悦的教学方式，效果显著。

三、巧用投屏软件，关注学习进展，提升教学及时性

语文学科教学，离不开学生的参与活动，学生的课上参与呈现方式，可以是在黑板上书写，可以是在白板上互动，但更多的时候是学生在座位上交流讨论或进行练笔，这就需要教师的及时关注，必要时还需在班级进行整体强调，从而提高学习的时效性。

《基础教育课程改革纲要（试行）》指出，要“大力推进信息技术在教学过程中的普遍应用，促进信息技术与学科课程的整合，逐步实现教学内容的呈现方式、学生的学习方式、教师的教学方式和师生互动方式的改革，充分发挥信息技术的优势，为学生的学习和发展提供丰富多彩的教育环境和有利的学习工具。”①

投屏软件，在语文教学中给语文课堂带来了巨大的变化，促进了学生在学习中多种能力的发展，学生也真正成为学习的主人。借助手机或平板电脑，将图片或文档投屏在白板上，学生可以一目了然地分享经验，为课堂助力。

《狼》一课的教学，先由学生根据几幅图片进行适当想象，将本文改编成一篇白话故事，要求运用环境、神态、动作、心理描写；再进行班级交流。将学生的改编成果拍照投屏，班级分享写作经验，并在投屏上进行优缺点的圈点，这种教学方式，较为直观，视听结合，学习效果显著。

课堂学习后，结合本课的重点，借助“百度问卷”进行小测，直观的呈现出班级答题情况，便于师生关注知识掌握情况和学习水平，改进后期的教与学的方式。

实践证明：借助投屏软件，将语文学科与信息技术进行了深度融合。教师可以

---

① 教育部. 基础教育课程改革纲要（试行）（2001 年版）.

在移动过程中，对投影仪进行操控，进而对授课内容进行控制，让课堂更具智慧和魅力，提升学生的创造力。

总之，在语文教学中，借助信息技术与学科的深度融合，既激发了学生的学习兴趣，又加深了学生对课堂知识的理解；增强了学生学习的信心，转变了学习方式，提高了学习效益；思维能力、实践能力等语文核心素养均得到了有效地培养和提升。

第五节　写作教学融合策略

“大数据”为语文教学提供了丰富的教学资源，这些教学资源包括两类：一是教学内容资料，如文本、图片、音视频、网易公开课等；二是丰富的可支持学生自主学习、自主探究的数字化学习工具，如移动 App 等。“喜马拉雅”是一款整合了大量音频栏目的手机 App，学生可以借助它听到不同领域的深度声音，例如“百家讲坛”“朗读者”“在清华听演讲”等。又如“网易公开课”App，拥有大量的国内外公开课视频，也有大量的 TED 和专题研讨会的视频。视频比音频更能让人完全投入，有利于学生利用碎片化时间摄取大量深入的观点和知识，并在听取的时间静静思考。学生可以选择听 10～20 分钟长度的音频，也可以选择 40～60 分钟的音频分几次听完。这些音视频可以缓存在手机、iPad 等移动设备里，便于学生随时随地学习。

一、借助移动 App 融合网络资源，创设写作语境

“朗读者”“见字如面”等节目所邀请到的嘉宾多是来自社会各个领域具有影响力的人物，有些是影视明星，有些是学生不甚熟悉的航天英雄、美术家、科学家……学生收听(看)节目，可以透过这些有血有肉的真实人物遇见大千世界，感受文学之美、情感之美、生命之美。收看(听)节目的同时，学生的心灵与作者、朗读者、演讲者、主持人进行“对话”和“交流”，感受到他们的言语和人格的双重魅力，有助于学生积累间接生活经验。无论是由佳作内容生发的联想思考，还是与作者、朗读者、演讲者、主持人产生的情感共鸣，都有利于激发学生的创作灵感。教师可以通过“微信群”向学生发送“朗读者”“见字如面”“开讲啦”等节目链接，然后布置相关练

笔作业。或者让学生下载“喜马拉雅”等音视频 App，全班同学收听(看)同一音(视)频，根据情境完成练笔作业。待学生养成习惯后，可以引导学生自主搜索适合学习的资源推荐给其他同学，培养他们主动学习的意识和能力。

学生们听完“见字如面”后燃起了写信的热情，纷纷拿起笔来给自己的亲朋、师长、同学写信。下面是一位学生在教师节前夕给老师写的一封信，质朴的文字涌动着炽热的真情。

学生例文 1：

致老师的一封信

李林

敬爱的老师：

您好！在教师节即将来临之际，您的学生向您致以节日的问候。祝愿您在教育事业上获得更大的成绩，在生活中能够快乐、幸福。

您在看到我的名字时，也许会感到惊讶吧！因为在平常的学习生活中，我似乎与您并没有太多的交集。在二班这个藏龙卧虎的集体中我并不突出。我只是您教过的众多学子里平凡的一个，而您陪我走过三年难忘的初中生活。

初一的我们，充斥的大多是锐气，同学之间几乎每天都会发生摩擦，是您让我们从幼稚莽撞的少年完成了到如今成熟稳重的蜕变。上您的课不会沉闷，与同学之间有尺度的玩笑使四十五分钟稍纵即逝，而该掌握的知识却一个也没有漏掉。在轻松快乐之余，语文也不知不觉地成为咱班的优势学科。

初二年级您已不再担任班主任的工作了，您很少对我们“动怒”了，总是保持着睿智的笑容。是我们真的成熟懂事了，还是您以一位任课教师的身份不方便管得太多，我不得而知。初三的生活才刚刚开始。我很高兴最后的一段时间您依然陪着我们，用您的笑容让我们明确奋斗的方向。

想说的还有太多，恐怕这小小的格子无法承载。您曾说我的文字带着一种淡淡的忧伤，可能我的潜意识里认为，凄美的文字才足以表达深刻的情感。对不起，这次写作没有按您的要求列提纲，因为对自己再熟悉不过的人没有必要用那种生疏的方式。所以，您现在看到的，是没有斟酌、没有构想的纯白的真心话。

又如，一位学生听了“朗读者”第一期“遇见”后，回忆起她上瑜伽课时遇到的一位外国老师。为了纪念这段美好的“遇见”，抒发对老师的怀念之情，她用心写下了下面的文字。

学生例文 2：

四逢即缘

雪儿

“明不明白，你一直在我的脑海，在我的心里，都是爱。看不看得出来，我会一直等待，等待你的归来。” ——题记

秋风夹杂着一丝果香，轻轻掀起我的衣角。在这天高云淡的秋，我怀揣着憧憬和新奇，走进了“瑜伽”这个全新的世界。馆内的几位姐姐（老师）待我都很好，但给我最深印象的，便是有过四面之缘的你——Z 老师。

难忘初相见

把我首次带入“瑜伽”世界的便是你。那是一节“三星”难度的课，你头上戴的灰色发套网着你那柔美线条的头发，眼眶中似嵌了极富吸力的黑珍珠，两排长睫毛扑闪扑闪地眨着，双腿紧实而有力量。你总操着一腔怪怪的中文，讲起课来容光焕发，眉飞色舞，“不要勉强自己，尽力就好”是你重复多次的话语。你经常到我身边，或提醒我双腿距离过大，或帮我收腹。你习练瑜伽也不过三年，在这节课上用自己的进步来激励我们这些初学者。虽然语言交流并不十分顺利，但你总是尽力讲解每一个体式的要点。由于我身体灵活性较好但力量不足，你经常提醒我做慢些，控制力道。你也讲了手倒立的起跳式，让我十分感兴趣。此后，我被你称为“宝贝”。

情谊日渐深

后来两次上你的课，你都认出了我。为了更好地关照我，你便让我挪到你身边。你对人亲切和蔼，脸上常挂着甜甜的笑，而且还十分敬业。一次上课，只见你在一张写满英文的纸上找着备课的体式，一边为难地思考着如何给我们讲清楚，一边做着体式的示范。密密麻麻的英文看得人头晕目眩，旁边还有各式各样的标记。你在教室中逐个辅导我们，遇到高难度体式便帮我们进行动作分解。我分明感受到的是你对瑜伽的炽爱。有时已经超过了下课时间 30 分钟，你却毫不在乎，只在乎沉浸在瑜伽中的享受。你的风趣与乐观，像阳光一般洒入我的心房。后来由于种种原因，我再没能去上你的课，至今都觉得十分遗憾。

何日君再来

最后一次上你的课，得知你即将回国。那节课给我留下了极深的印象。前半

节课，你将中级体式串联起来，附上动感十足的音乐，串联节奏十分欢快，像是要奔向大海的河流，一会儿有力地冲击礁石，一会儿又恢复平静。后半节课，你将爽朗、霸气集于一身。“放开约束，做最真实的自己！”双腿扎马步，手臂从头顶向下方收拳五次，再配上昂天长啸的呐喊，你说这是生气时最好的发泄方式。结果瑜伽教室秒变少林寺。下课后，学员们纷纷和你拍照留念。

别了，Z老师！不管你去了哪里，我都会记住你。你在我心中种下的种子早已成长为小树。你的一举一动，一颦一蹙，早已铭刻在我的记忆深处。你的幽默、爽朗、乐观早已深深影响了我。佛曰：“前世一千次回眸才换回今世一次相遇。”虽然你的回国我很惋惜，但是能在“瑜伽”的世界里遇上你，也是一种缘分了，Namaste（谢谢），Z老师！

再练瑜伽时，耳边却少了那句亲切的“宝贝”，心里不免空落落的，总是期盼Zumra快些回到中国，我希望看到那张笑靥如花的脸。

二、借助移动App融合网络资源，提升学生人文素养

“喜马拉雅”中以“朗读者”“见字如面”为代表的一系列音视频将个人成长、情感体验、背景故事与传世佳作进行有机地结合。选用的文本都是由文学顾问团精心挑选的经典美文。教师引导学生借助移动App收听（看）这些文化节目，有利于学生将自己的阅读趣味由网络小说逐渐转变为经典美文，将阅读的功能由消遣娱乐转变为促进个人成长，阅读由读文逐渐扩大到读人、读史、读社会。在朗诵、演讲、背景音乐的助力下，学生可以在课堂语文学习之余更好地实现“沉浸式”体验。经典文化对他们的感染、鼓舞、引领作用，远远超过了单纯地写作技能的提高和好词好句的积累，有利于学生写作素养的整体提升。

有一位对收藏很感兴趣的学生，他在“喜马拉雅”中找到了“马未都说收藏”节目，经常在闲暇之余听上一小段。时间长了，他也受到了影响和熏陶。一次，作文练笔题目是“晒晒我的收藏”，他向大家介绍了自己珍藏的三件“宝贝”。虽然文白夹杂的语言略显稚嫩，但字里行间能感受到他对这三件“藏品”的喜爱之情。

学生例文3：

晒晒我的收藏

张豪

幼时有几件喜爱的物件，时常想起，甚为怀念。

最喜欢的是一柄开山刀。人臂膀长的，单手握都拿不住，不过念着电视剧中的“大侠”，仗着心中凌云壮志，在小伙伴前耍耍威风，他们羡慕的眼神尽收眼底，心中泛着得意。但母亲老是用它去砍柴，我心中不平，大吵了几次。有一回弟弟拿它去玩，忘在了路边。一个妇人给把它捡走了，我问弟要，他却不知，我苦寻到了那妇人家。硬问妇人要，妇人却说那是她的。告诉了母亲，母亲骂了我一顿，我心中不甘，但最后也就不了了之了。

一日，我在田里摘了一个葫芦。用水洗干净，用大菜刀把外层的皮刮掉。葫芦挺大，菜刀也很大，以至于我刮了一个下午。坐于树底下，等蚊子出来时，我也就成功了。我把它藏在一个隐秘的地方。第二天，拿着一把锋利的小刀，在葫芦一侧刻了一个“卍”字。现在想来好笑，道家的葫芦上刻着佛教的字。怕是笑掉牙。接下来是漫长的等待，我几乎是一天去看一次，直至它风干了。把它的葫芦嘴处切个口，掏尽葫芦内残余的渣子，洗净。一个宝葫芦端在手中，对着小伙伴一举，大喊：“妖孽莫跑！”后来葫芦被偷了，到现在也不知道是谁拿走的。

莫说我只是收集这些烂玩意儿。

一“宣”字小铜鼎，市场价值几千元，此乃我宝物。当初我在一个废品站捡到它，看着精致，后来上网一查，价格吓我一跳。虽然我不知手中这小鼎是真是假，但有个念想也好。小鼎核桃一般大小，双耳三足，肚子圆胖，内壁似有香灰撒在了上面，手里握着，走夜路底气都足了许多。后来母亲拿去保管了，看都不让我看一眼。她本来想卖掉，可我不舍，留在家里也好啊！

钢刀斩不断丑恶嘴脸，葫芦收不尽世态炎凉，唯有小鼎盛装着正义，却是暗淡无光。

三、借助移动 App 引导学生养成勤于练笔、积累素材的习惯

果戈理习惯随身带着笔和本，不管什么时候，去什么地方，只要听到看到什么奇闻趣事、谚语警句或有了心得体会，他都会随手记录下来。这些笔记本成了果戈理写作的宝库。他写文章时就在这些宝库里看看翻翻，找出有用的写作材料。在写作教学中，我曾多次向学生引经据典地讲述果戈理的这一写作经验。如今，善于

观察、勤于积累的写作经验依然保留，只是形式更加“优雅”，操作更为“便捷”。

“讯飞语记”是一款支持电脑同步编辑、朗读笔记等功能的 App。教师可以引导学生借助这款神器记日记、写随笔、积累写作素材。当学生有了“瞬间突发式冲动”，可以从容地拿出手机，打开 App，动动嘴就可以及时记录，保存自己对事物的“第一印象”，真可谓“随时随地，张口就记”！后期只要把记录稍作修改就是一篇日记，对于学生而言，写作变得更加轻松便捷。暑期，一位学生和父母到四川游玩。在旅行途中，她用“讯飞语记”随手记录下自己的见闻和感受。在游玩了青城山后，她根据自己的情感体验写下了这篇文章。

学生例文 4：

一次特别的旅行

雪儿

曾经，我希望像三毛一样，能够来几次说走就走的旅行。去哪儿，待多久，完全依从着自己的心。原以为这辈子我只能遥望着这个梦想发呆，但这次我成功了，因为我终于找回了我的那份——随性。

此刻，我正行走在青城山后山的路上。山路两侧藤萝缠绕，绿树成荫，实在是个难得的避暑胜地。我沿着蜿蜒的山路向上走，一片片“墨绿”闯入我的视线，这里的绿竟是那样的浓烈！

伴着松柏的幽香，我继续向上走。突然，我看到了水——自然界最纯洁的灵魂。金色的阳光洒在琼花碎玉般的水花上，水花立刻变成了一颗颗耀眼的“小水晶”。那样纯粹的白，那样如鸣佩环的清脆之声。那个清脆的声音洗涤着我沾满灰尘的心，将它洗得如此透亮。

我情不自禁地加入水花的舞蹈，什么淑女形象，什么他人的眼光，全都被我抛在脑后。我挽起袖子，卷起裤脚，迫不及待地奔向溪水，双脚踏入小溪的一刻，没有刺骨的寒冷，只有无尽的舒爽。

任由溪水冲刷我的鞋吧，任由水珠溅湿我的头发吧，顾不了那么多了，玩就玩个痛快！我抄起水枪，让它在溪水中狠狠地“吸”了一口，朝着半空猛地一射，一道水龙冲天而起。我的心仿佛也随着它冲上了九霄云外。我拍手叫着、笑着，一扫被囚禁多年的心性。我和爸爸一人一支水枪，毫不手软地“相互伤害”。满耳都是爽朗的笑声，满眼皆是横冲直撞的水流。我仿佛看到内心深处燃起了一团小小的火焰。它是那样圣洁，又是那样温暖。

这次旅行，不仅是爬山，更是带着一颗虔诚的心去探寻。“峨眉天下秀，青城天下幽。”感谢青城山，你幽静的自然气息净化了我的心灵，让我释放了自己的天性，找回了那份可遇不可求的——随性。

这款 App 人性化的“分类”设计可以帮助学生将摘抄或随笔按主题进行分类，重要的素材可以设置“星标笔记”，方便查找。它支持文字编辑、图文排版等功能，学生可以很轻松地完成一篇图文并茂的笔记，还可以将其分享到社交媒体。学生的随笔、随拍等可以及时存放到云盘，方便学生随时查阅、提取。“讯飞语记”不仅有助于学生养成良好的写作习惯，还可以帮助学生有效积累写作素材。学生日常读到的格言警句、美文片断等都可以借助它进行积累，方便学生随时随地查看、使用。

四、借助网络环境优化写作过程

当前大多数学生使用作文纸或作文本写作。学生写错了就要涂改，若改动内容少还比较清晰。如果需要修改的内容多，稿纸的空间有限，常常是添改的内容和原文混在一起，难以分辨，只好毁掉重写。有些学生时间来不及就选择将错就错，勉强完成一篇交给老师。因为对写作缺少精益求精的精神，长此以往作文水平停滞不前。大多数学生都具备熟练操作文本编辑软件的能力。相比纸质书写，在网络环境下使用电脑写作对学生而言更为轻松便捷。

学生在写作过程中遇到困难，可以借助网络及时解决。小到一个词语的使用是否恰当，一句名言的出处是否准确，大到补充某一个主题的素材，学生都可以借助电脑完成。需要补充的资料可以轻松地插入稿件的任意位置。反复修改、删除恢复、随意调换位置等功能使作文修改比在纸质稿件上简便得多。使用不同色彩的字体或人性化的功能将原稿和修改稿进行分区，改动的内容一目了然，便于学生对比反思。原稿、修改稿还可按一定的需求进行分类保存，为后期成果展示奠定基础。

五、借助网络环境优化作文评改

文章不厌百回改。想要提高学生的写作水平，修改是至关重要的环节。修改是对自己作品的反思、评估和调整。引导学生进行自我评估、自我评价、自我调整

学生在网络教室进行写作

对实现理解性学习起着重要的作用。如果没有反思，就不是做中学。因为，引起学习的是对活动意义的有指导的反思，而不是活动本身。对于教师的写作教学设计而言，评价（Evaluate）的核心就是为学生的持续反思提供精心设计的机会。①

（一）三种评改形式与操作流程

1. 自主评改

学生对照教师提供的提纲对自己的作文进行反思、评价和修改。例如，部编本教材七年级第一单元有一个写作练习：以《我的好朋友》为题，写一个200字左右的片段。要求不仅写出人物的外在特征，还要写出他的性格和气质。学生完成写作后，教师出示以下提示，指导学生反思自己的练笔：

①这段话描写了这位朋友怎样的性格特征或精神气质？

②片段中的朋友与你所了解的现实生活中朋友、你希望向大家介绍的朋友是否完全一致？

③如果一致，总结一下本次写作的成功之处。如果还有一定差距，想一想造成差距的原因是什么？该做怎样的修改？例如，你用到了哪几种描写人物的方法？这些描写方法是否有效突显了人物的精神气质？你是否注意通过细节展现他的性格品质？你的描写是否饱含了对这位朋友的感情？再次阅读这段话，你被自己描

① 〔美〕格兰特·威金斯，杰伊·麦克泰格.追求理解的教学设计[M].严寒冰，宋雪莲，赖平译.上海：华东师范大学出版社，2016：240.

写的文字打动了吗?

学生反思后,在电脑上对自己的作品进行修改。教师巡视指导,选择典型作品,向全班进行展示,并由学生讲解修改思路。

2. 小组评改

教师将学生分为若干小组,每组4～6人。学生每次完成习作后将自己的作文上传到"人人通"平台。小组内相互浏览作品,在"回复区"依据写作训练目标进行有针对性的评议:摘录精彩的句子并作简要赏析;写一句简要的评语,给出具体的修改建议。学生参考同学的建议修改自己的作文,并上传修改稿。各组推选出"优秀文"或"潜能文"进行班级展示。

3. 班级评改

教师选择典型作文,组织全班学生进行集中修改。先是在小组内评选出最佳修改稿,然后进行班级展示。师生评价各组的修改稿,评选出班级最佳修改稿。这种修改方式更适用于解决学生写作的共性问题。

(二)评改过程中的注意事项

1. 注意批改内容的专题化和系列化

每次作文讲评、批改的重点应与写作训练点相契合,体现专题化和系列化,切忌眉毛胡子一把抓。在兼顾常规批改的同时重点突出一个方面,或审题,或立意,或结构,或语言表达,或表现手法,等等。教师的总结和点拨也要与之相呼应。只有经过这样一次一个专题的重点积累,才能使学生的整体写作水平实现螺旋式上升。

2. 注意提高学生整体写作水平

作文评改以提高全体学生写作水平为根本目的。这就要求教师要坚持"辅优""补差"两条腿走路。发现、培养写作能力强的同学有利于发挥他们的辐射作用,从而带动其他同学。但是,班内还存在着很多写作能力较差的同学。如果每次都只是表扬优秀,有可能挫伤写作能力较差同学的自信心,那些"优秀习作"会让他们觉得难以企及,望而却步,从而动摇前进的决心。因此,每次集中评改的作文应选择不同层次的文章,使不同学习基础的学生都有机会得到指导。教师要密切关注学生的评改情况,注意了解学生的情绪变化,加强引导与调控。教师要积极创设民主和谐的评改氛围。定期让各组选出"潜力文"进行修改,比一比看哪一个组改得好。这样做可以调动全体学生的积极性,尽可能地缩小学生之间的差距。

(三)信息技术与作文评改融合的实践效果

1. 充分发挥了学生的主体性

青少年学生是能思善想、具有主观能动作用的人。教师不能把他们当作“容器”放在被动接受的位置，而应让他们真正成为学习的主人。作文的评改是写作教学的重要内容。教师要克服过去那种“教师包批包改负担重，学生‘袖手旁观’无所谓”的倾向，充分发挥学生的“主体作用”，让他们积极参与到作文评改的过程中。基于网络环境的作文评改充分发挥了学生的主体作用：自己写作，自己批改，自己点评，自己发现问题，自己解决问题。自己劳动所得的果实才是最甜的。同样，学生们对同学的评改更加珍惜，对自己总结出的知识记忆得更加深刻。

2. 促进了学生间的交流和学习

基于网络环境的作文评改可以充分调动学生的学习积极性，使学生全身心地参与其中。同龄人之间相近的认知水平、思维方式、心理特征，教师适时地调控、点拨，使互补和合作更为有效，对提高学生的写作兴趣和写作能力起到了积极的作用。学生静下心来浏览、评价、批改其他同学作文的过程就是相互学习、取长补短的过程。在写“佳句鉴赏”和“一句话点评”时，他们既不能写一些套话、虚话，也不愿重复别人的话语，于是想方设法创新自己的语言。一些语言枯燥无味的同学常常主动搜集名言警句、雅词妙句，唯恐自己的文章在评改时“相形见绌”。所谓见多识广，原本作文基础水平差的同学在一次次的评改中耳濡目染，渐渐提高了写作能力。

六、借助移动 App 展示写作成果，维持学生的写作热情

每个学生都渴望自己的作文能够得到大家的关注与肯定，发挥信息技术的交际、评价、反馈功能，有利于维持写作动机，保持学生的写作热情。

“美篇”是一款图文创作分享应用 App，它解决了微博、微信朋友圈只能上传 9 张图片的痛点，为用户创造了流畅的创作体验。美篇在苹果应用市场社交类排行前十，是千万用户发布游记、摄影大片、美文，记录美食、生活、情感的选择。教师可以引导学生借助“美篇”进行“写作”并分享到朋友圈或班级微信群。也可以以班级或学生个人的身份创办写作类“微信公众号”，定期推送学生的优秀作品，进行更广范围的宣传和交流。

借助“美篇”“微信公众号”等移动 App 所开展的“写作”，不同于为写而写的枯

燥的日记或周记，不同于为应试而死记硬背的“宿构作文”。图文并茂的形式、流畅的创作体验，更容易满足新时代中学生的心理需求，使写作因形式的改变而变得轻松有趣，有利于培养学生善于观察、及时记录的良好习惯，提高学生发现美、感受美、表现美的能力。移动 App 使学生作品的展示与交流变得更为快捷，包括同学、家长、老师在内的校园内外的人都可以参与作品的评价。学生从老师、同学的评价中感受到情的感染、爱的鼓励、美的享受，有利于激发他们写作的自信心，维持他们写作的热情，提高他们的写作水平。

第六节 融合的效果与建议

一、信息技术与语文教学融合的效果

（一）融合促进了语文教学的变革

1. 教学环境的变革

教学的本质是对环境的创造。“信息技术为语文教学构建了一个多媒体、网络和智能相结合的个别化、交互式、开放性的动态教学环境。”①传统语文教学的形态多为“教材＋黑板＋视听媒体”，从幻灯到 PPT 再到现在普遍使用的交互式电子白板，经过数十年的演进，虽然有了一定的改变，但视听媒体还缺少互动性，基本上是单向传输。信息技术与语文教学的融合正向“教材＋计算机＋多媒体网络”转变。教学媒体的功能已由传统的“演示工具”向“认知工具”“交流工具”“评价工具”“情感激励工具”等更高层次发展。

① 倪文锦，谢锡金. 新编语文课程与教学论[M]. 上海：华东师范大学出版社，2014：224—236.

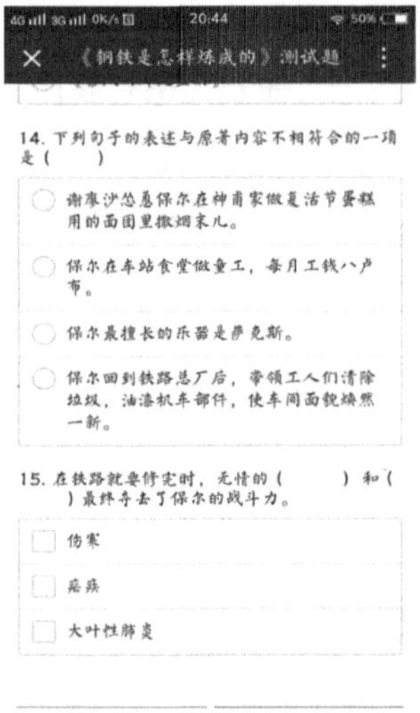

借助“问卷星”编制检测题

借助微信群反馈检测结果

例如，在名著阅读教学中融合“人人通网络空间”和移动学习 App，可以让学生接触到超越教室的学习空间。课上，借助“问卷星”检测学生的阅读情况。课后，给学生布置作业，要求学生以“我心中的保尔”为题写一篇读后感，上传到“空间”，进一步促进了学生的阅读与思考，加强了生生、师生间的交流互动，有效地支持了学生的个性化学习，培养了学生的信息素养和创新意识。

2. 教学过程的变革

与信息技术相融合的语文教学，不再是教师按部就班的实施教学计划，而是在这一过程中引导学生自我探究、自我发现、自我建构，并在此基础上获得知识，形成能力。教学过程也变为教学内容持续、动态的生成与转化，意义不断建构与提升的过程，更有助于提高学生主动搜集、加工、应用信息资源的能力，有助于培养学生的创新思维和实践能力。

3. 教学方式的变革

传统的语文教学多以教师讲读为主，稍好一些的采用师生问答的形式，其弊端之一就是不能有效调动所有学生参与其中，多数学生仍处于被动接受的状态，甚至还有学生在课堂上“陪听”“陪看”“陪记”。信息技术与语文教学融合，依托网络教学环境，使教学方式由传统的以“教”为中心逐渐向以“学”为中心转变。教学方法也由原来的单纯的基于归纳或演绎的讲解转变为基于“主动探索”“对话交流”“意义建构”等多种新型教学方法的综合应用。

4.学习方式的变革

语文阅读教学的学习内容，从传统的纸质材料逐渐发展到教师通过微信等方式推送电子资料，再到现在，越来越多的学生借助信息技术自主搜索学习材料。阅读方式不再是传统的线性结构方式，取而代之的是网状链接结构方式。阅读的过程也从传统的文意理解、语言品析转向搜索相关主题、对比阅读材料、辨析加工信息等。信息技术与语文写作教学的融合，使写作方式由单一的文字书写转变为图文并茂、声形并茂的多媒体编辑。写作过程由传统的审题—构思—成文—修改的线性静态结构转向超文本、任意流动的网状结构，让学生更加得心应手地运用现代信息技术表达自己的思想感情。

（二）融合激发了学生的学习兴趣

语文是人类最重要的“交际工具”，只有在“交际”中，语文才有生命，有意义。随着自媒体的兴起，人与人的交际方式已由面对面的交流转变为远程交流、虚拟空间对话。通过网络可以随时随地、自由平等地进行交谈。一些平时不善于表达个人观点的学生可以借助网络大胆地表达自己的想法。无论是“阅读”还是“写作”，其学习成果一旦在网络上发表，会很快引来同学、老师、家长、网友的围观与评论。评价主体更为多元，评价更为及时，这种“期待效应”更加有利于学生保持学习的热情，激励他们创作出更好的“作品”。

（三）融合有助于减负提效

“知之者不如好之者，好之者不如乐之者。”学生认为课业负担重的原因之一就是缺少学习的兴趣。信息技术遵循了学生思维活跃、喜欢交流的心理特点，激发了他们学习、交流的兴趣。语文学习不再是枯燥无味的，学习—交流—展示—评价，学习过程因为有了学生的主动参与也变得鲜活有趣。苦乐不在客观的事而在主观的心。有了同学、老师、家长甚至网友的评价与鼓励，学生的学习过程和学习结果就受到更多人的关注，学习就有了不竭的动力，学生学在其中、乐在其中，也就不再觉得是一种负担。

二、信息技术与语文教学融合的建议

（一）加强引导，不断提高学生的信息技术素养

在开展研究的过程中，我们也发现了一些问题。一些学生缺乏使用移动终端

的自制力，很多老师和家长也因此对互联网教育抱有成见。作为教师，要对家长和学生进行耐心地引导，让他们明确互联网教育的意义和价值。教师要掌握帮助学生树立信息道德和信息安全意识的策略与方法，不断提高自身及学生的信息道德和信息安全的意识，避免学生在网络中迷失自己，让信息技术成为学生个性化学习的手段和工具。

我们客观分析，即使没有信息技术的融合，仍然采用传统教学方式，学生也很可能出现上述问题。看到“硬币的一面”后，我们要做的就是转动硬币，让变化不断深入。作为教师，要对家长和学生进行耐心地引导，使他们明确“互联网＋教育”的意义和价值，让信息技术成为学生个性化学习的手段和工具。一方面，教师要培养学生网络学习的自觉性，使他们增强自律意识，提高自控能力；另一方面，引导家长起到引导、监督的作用，指导学生提高信息技术素养，以防在网络中迷失自己。

(二)丰富资源，构建更为便捷的系统和平台

网络学习资源有待丰富，不仅指可下载的免费资源，像学习网页等网络资源也需要不断更新。智能手机虽是以资源丰富著称，但其资源大部分都是手机游戏和电子书。开发商大多注重手机的娱乐性，真正帮助学生移动学习的学习资源却是寥寥无几，这是移动学习无法借助智能手机广泛推广的原因之一。

此外，一些软件使用起来还远远没有在电脑上操作那么便捷。智能手机软件集文本图片、音频、视频于一体，如何在保证功能多样性的前提下进一步提高操作的便捷性是关键。当前，学生进行碎片化学习的途径有谷歌、百度等搜索引擎，喜马拉雅、爱奇艺等音视频分享平台。专题性的移动学习网站还比较少，并且大部分网络学习类网站仍停留在原来的版本，用智能手机登录这些网站，只能显示一部分页面。

推进教育信息化向常态化发展，需要不断完善体制机制。学校、政府和社会要各司其职，各尽其责。学校指导教师找到适合自己的信息化教学模式，教师引导学生找到适合自己个性特点的学习方式，相关企业更要加强市场调研，加大教育平台的建设和教学资源的开发，更好地满足教师和学生的需求。

(三)加强专业知识和技能的融合，提高教学设计和实施水平

教师是教学改革的积极参与者，是课堂教学的设计者和实施者，可以说：教师是决定课改成效的“最后一公里”。提高信息技术与语文教学融合的实效性，最关键的还是要加快语文教师的专业化发展，提高他们教学设计和实施的水平。过去，

我们加强教师的专业化建设，关注更多的是教师对学科知识、教育心理学知识、教学法知识、信息技术知识的学习。但在实际教学中，很多教师不乏扎实的学科知识、丰富的教学管理经验和较高的信息技术水平，但是并没有取得理想的融合效果。究其原因，很大程度上是这部分教师在教学设计过程中缺乏对知识和技能的通盘考虑和综合运用。

由此，一种新知识——Technological Pedagogical Content Knowledge（简称TPACK）成为目前教师需要掌握的重要知识。TPACK，即整合技术的学科教学知识，主要包括学科内容知识、教学法知识和技术知识。TPACK 强调三类知识的有效融合，它们之间并不是简单的叠加关系，而是知识间的相互融合和渗透。信息时代的语文教师要尽快掌握 TPACK，提高教学设计能力，不断探索、总结信息技术环境下的"教"与"学"的理论及方法，寻求新的创新和突破，加快信息时代自我专业成长。

第二部分

且读且思

心灵碰撞与教育断想

——读《顾明远教育口述史》有感

2018年的暑假，天气似乎较往年更加闷热。然而教育局为骨干教师赠送的书籍《顾明远教育口述史》，似一阵清风吹散暑气与燥热，让我们的内心变得沉静而笃定。所谓开卷有益，一部著作对人的影响是多方面的。此刻，下笔记录的也只是阅读过程中的心灵碰撞与教育断想。

一、学生培养：创造的活力来自选择的自由

作为一名教师，我常想：理想的学校是什么样子的？那一定是教师乐教、学生乐学、安静有序但又充满生机与活力的。如果之前这些目标还只是比较模糊的理念，读完顾先生的这本书后，我的脑海里逐渐浮现出理想学校的面貌。

顾先生中学时期就读的南菁中学，那里有着敬业的教师：他们或带病坚持上课，精神抖擞，极富艺术性；或布置富有挑战性的学习任务，不断激励学生；或具有极高的文艺修养，美术、音乐信手拈来，成立合唱团、口琴队，辅导学生排练话剧，样样在行。那里没有高考的竞争压力，学生学习反而主动、生动：学数学，不仅学数学知识，还把它当作一门艺术，用最好的道林纸整齐地书写；班内有同学画画、篆刻、踢球，其他同学就"见贤思齐"、一心向学，因此培养、发展了健康的兴趣，后期很多人还将中学时期的这些兴趣发展成个人专长；在艰苦的内战环境下，学生们自主办起了文艺社团和刊物，培养了社会适应能力和创新能力；高年级进步学生寒暑假休假时组织旅外同学会，举办暑期补习班、图书室和歌咏队，使年少的学生开阔了视野，激活了思想。这样的学校尊重人、培养人，给人以选择的自由，创造的活力。这样的学校充分发挥学生的主动性、创造性，充分发挥师生和生生间的影响、带动作用，使每一个人都成长为有理想、有担当、有眼界、有主见、有知识、有能力的独立

个体。

二、教师素质:教育现代化的基石

顾先生指出,教育现代化首先要求教育思想的现代转化,包括人才观、教育价值观、教学观、师生观。近十年来,天津市深入开展了“学校现代化建设”工作,通过几轮的检查,义务教育阶段的学校基本上达到了现代化学校建设标准。然而教育现代化不是有了现代化的校舍设备,学生受教育达到较高的水平,就算实现了,而是有一系列特征要求的。这些指标不只是硬件,而更重要的是软件,是全社会对教育的认识,特别是教师队伍的思想建设和业务能力的提高。

教师的敬业、教师的水平,是提高教育质量的关键。教师善于学习和研究,善于钻研教育规律,总结教学经验,以适应学生的发展变化,这本身就是一种敬业。我们国家能否持续繁荣下去,可持续发展的基础和动力在哪里?关键在人才,根本在教育。我们有一流的教育,才能有一流的国家实力,才能成为世界一流的国家,提高教育质量必须依靠教师,当前教育改革的重点工作之一就是建设一支规模宏大、素质优良的教师队伍。

教师要提高业务能力,使“教师”成为不可代替的职业。任何一个社会的职业,只有具有不可替代性,这个职业才能有社会地位,才能受到社会的尊重,如果一个职业是任何人都能担任的,则这个职业不可能有较高的社会和经济地位。反思我们的语文教学,学生常挂在嘴边的几句话是:语文学与不学一个样;一个月不上学,语文成绩也不会受多大影响;听老师讲还不如看教参或教辅材料呢……不得不说,语文教材编写尚不完善是造成语文教学“尴尬”处境的原因之一,但是语文教师综合素质和业务能力有待进一步提升也是不容忽视的。就拿减负问题来说,首先老师要把课上好,让每个孩子听懂学会,这样课后就可以少留作业,家长就不用再增加额外负担,不要买许多辅导材料,不要上那么多补习班儿。

俗话说:名师出高徒。只有高水平教师才能培养出人才。当今时代是科学技术突飞猛进的时代、创新的时代。提高教师的素质和业务能力是时代的迫切需求。过去只要把书本上的现成知识教给学生就可以了。现在教师要把日新月异的知识交给学生还要培养学生自己获取知识的能力。

“教育的发展在于改革,教育的改革在于创新,教育的创新在于学习。”想要学生热爱学习,教师首先要勤于学习、善于学习。作为语文教师,我们要自觉加强先进教育理论的学习，充分借鉴国内外先进的教学研究成果，提高自主开发教学内容的能力。最低标准是使自己的“一桶水”常换常新，更高的标准是做一条奔腾不息小溪，为学生带来源源不断的活水。

除了终身学习，教师还要自觉加强教育科学研究。提到教育科学研究，我又想到了顾先生概括的现代化教育的8个显著特征：(一)受教育者的广泛性和平等性；(二)教育的终身性和全时空性；(三)教育的生产性和社会性；(四)教育的个性性；(五)教育的多样性；(六)教育的变革性；(七)教育的国际性和开放性；(八)教育的科学性，即教育对教育科学研究的依赖性。其中第八个特征启示我们：教师要教书育人，不能只做教书匠。教育是一门科学，人的发展是有规律的，教育也是有规律的，就是要懂得教育规律，就要学习教育理论、心理学理论，并在实际中应用。这样，现代化教育的前七个特征才能得以体现和落实。

三、课堂教学：松开摁在牛头上的手

在教育过程中要充分发挥教师的主导作用和学生的主体作用。学生是教育的对象，教师起着引导和指导的作用。在教育过程中要充分发挥学生的学习积极性和主动性，使学生有主人翁感，使他们主动地接受教师的指导。怎样才能更好地发挥“双主”作用呢？我从顾先生的书中得到了一些启示。

顾先生对研究生的培养方式很好地体现了他的教育观。他的重要教学经验之一就是让学生们自己学习，自己研究。理科可以和导师研究同一课题，在导师指导下共同做实验，然后个人独立完成研究论文。文科则主要靠研究生独立查阅文献、调查研究、处理信息。即使参加导师的课题，学生所承担的子课题也必须自己独立完成。教学方式采用“放任式”，他没有给博士研究生滔滔不绝地讲课，重要的是引导学生多读书。读书要做笔记，做笔记不是抄语录，而是写出自己的理解和评论。通过自己的笔，实际上是通过自己的脑，才能更加深刻地理解所读的书。阅读能力是学习其他学科的基础能力，是为学生的一生奠基的能力。作为语文教师，我们有责任引导学生掌握阅读的方法，提高学生的阅读能力。

《礼记·学记》：“独学而无友，则孤陋而寡闻。”这就告诉我们：如果学习中缺乏学友之间的交流切磋，就必然会导致知识狭隘，见识短浅。顾先生经常选一些当前教育热点问题组织学生进行讨论。通过举办沙龙和论坛，研究生们获取更多方面的信息，扩大了眼界，增长了知识，达到了资源共享的目的。当然，课堂教学更多地

采用学生自学、讨论的“放任式”教学形式，并不是说教师完全不管。教师的指导更重要的是指明研究方向，指导研究方法，并对学生进行严格要求，只此而已。

在书中，顾先生回顾了自己出国考察、访问的经历，通过比较研究，总结了国外先进的教学经验和我国教育存在的问题。这在很大程度上拓宽了我的教育视野，丰富了我的教育见闻。纵观顾先生展示的众多国家的教育经验和特色，我发现“启发式”教学的关键在于提高教学活动的设计能力。顾先生提到，一些自由主义国家不是不重视基础知识，他们的教学非常有计划，而且是精心设计的。例如初一年级的艺术课，学习传统的和现代的绘画艺术，教师不会讲著名艺术家的知识，而是让学生自己去调查、研究这些艺术家，找出他们的代表作品，找出他们的艺术风格和艺术特色，介绍他们的代表作品与他们的流派，然后给全班学生做一个报告与展示。又如，一节生物课，老师布置这次作业是采集树叶。书上列出 20 多种树叶，老师不会给学生树叶鉴定表，而是让学生自己去找树叶的图像，可以查参考书、上网或者找植物学家咨询，采集数据后要查出每一种树叶的正式名称、树叶结构、树叶附属物、树叶排列、树叶形状、树叶边缘和树叶脉型，然后老师教学生如何画树叶，这个作业两个星期完成，课后学生到处去找树叶、找资料，并将找来的树叶对照，写出作业。再如，高中一年级的历史课，这一节课讲 1889－1945 年的历史。布置的作业是“历史文化组合：1889－1945”，包含十个内容，历史事件表，历史人物专访，对历史人物的讣告，对历史人物的颂文，历史电影评论，一本书的书评，史评，一幅历史画的画评，假如历史可以假设，献词。作业的封面设计有两个要求，一是采用对美国历史的艺术表达形式，二是镶嵌历史名人的名言。这个作业两个月完成。学生兴趣盎然地学习，不仅会牢固地掌握基础知识，而且会发展学生的主动性、创造性，还能大大扩大学生的知识面。

由此可见，教师在课上的“闲庭信步”，是因为课前和课下下足了功夫。课前，教师要根据学情和教学目标设计学生活动、需要学生讨论的问题和作业。课下，要对学生的学习和作业进行指导。工作量之大可想而知。这种教学才是真正意义上“启发式”教学。反思当前一线教学中屡见不鲜的“灌输式教学”或“虚假的启发式教学”。正是因为教师过于包办代替而削弱了学生的主动学习，过于强调知识的传授而忽略了能力的培养。虽然口口声声地强调“授人以渔”，殊不知，所授之“渔”也多为解题技巧和得高分的能力。不同的教育理念产生不同的教学内容和教学形式，不同的教学内容和教学形式培养出来的学生，其核心素养和综合能力自然有所不同。

有人打比方说，中国老师把牛拉到一个地方去，告诉它，这里的水最好，草最好，然后就不由分说地把牛的头摁下去——吃；而西方的老师把牛带到同样的地方，只告诉它，你自己去吃吧。同样是吃水吃草，中国的牛吃得很痛苦，西方的牛却吃得很舒服。灌输的背后是对人性的压制。摁，是强迫学习。强迫学习是被动地，是不会有好效果的。因此，从这个角度来说，谁能调动学生的学习主动性，谁就在教学上取得"完胜"。愿我们每一教师都成为一个有智慧的"懒"教师，把学习的主动权真正地还给学生，让他们觉得学习是一种快乐，享受到成功的喜悦。是时候把摁在牛头上的手松开了。

四、学校建设：不求大而全，但求有特色

顾先生访问日本林琦小学时，一位老师说："残疾人总有不残的部分，只要把不残的部分发展起来，他将来就会有发展，就能幸福。"事实上每个人都有局限性，都会遇到某些障碍或困难，问题在于如何克服这些障碍，解决这些困难。帮助别人化解困难，共同走向幸福，这是真正的人道主义。我们经常说"教师是太阳底下最光辉的事业"，因为没有爱就没有教育。我们大多数教师教的都是身体健全的学生，也许这些学生身上存在着这样或那样的缺点与不足，但是我们应该用赏识的眼光看待每一个学生，发现他们的优点，发展他们长处，让每一个学生找到人生的方向，树立成长的自信。这就是教师的价值，也是教师的幸福。

顾先生走访的各国中小学，这些学校可能规模不大，但都独具特色。它们尽可能地少一些攀比，多一点实事求是。它们不追求大而全，而注重培养学生的能力与自信，为学生的未来奠定坚实的基础。这些学校大多有一个坚强的领导；与社会有密切联系，与家长形成教育合力；教师都能开动脑筋，不断改进教学。这些学校充分体现了"以人为本""因材施教"的教育思想。例如，为学习成绩好的、学习能力强的或者学习有困难的学生设立专门的教师，或进行自学，或有教师进行辅导。在这些学校任教的教师，多是学生活动的观察者、记录者，是学生钻研知识的帮助者与建议者，是学生活动的设计者和组织者。西方的父母和教师对他们的孩子和学生既不溺爱也不严酷，他们不是训练主子和奴才，而是想方设法引导学生自由发展，帮助他们成长为具有个性和独立人格的人。由此可见，尊重人、为了人、发展人，古今中外理想的教育概莫能外。

五、时代使命:伟大的事业需要伟大的人格

在本书的尾声部分,顾先生回顾了对他产生深远影响的几位亲人,这些亲人的言行也给我很大的触动。

顾先生的母亲周淑贞,年纪轻轻就遭遇丈夫离弃,但她孤身侍奉公婆,极尽孝道。虽然生活拮据,但十分重视孩子的教育,支持孩子读书深造。她从小教育孩子做一个正直的人,要有不卑不亢的精神,对富贵的人不低声下气,对贫穷的人富于同情。我想顾先生身为教育大家,耄耋之年仍葆有教育的初心,为中国教育呕心沥血,与他儿时所受母亲的影响应该有很大的关系吧。

周淑贞艰难坎坷的一生和对孩子的教育让我不禁想到了胡适的母亲冯顺弟。胡适的父亲在胡适很小时就去世了。他的年轻的没有文化的母亲用自己的善良、宽容、倔强刚强的性格与家人们和睦相处。对他的教育也是刚柔相济、严慈并进,对胡适的人格产生了深远的影响。

两位母亲的相似之处可以归结为:对于苦难的承受力和战胜苦难的坚韧,为人处世的大度和远见,对教育的重视,教子有方,等等。有人说:母亲是一所学校,母亲用那纯正的心灵和端正的身教,传授和示范着做人的道理,滋润了孩子的心灵,影响了孩子的德行,惠及了孩子的人生。反思教师的作用,与母亲何其相似啊!身教重于言教,作为一名教师同时也是一位中学生的母亲,对照两位伟大的女性,对照这些优质的品格,我觉得自己需要修炼的还有很多,今后还要不断提高思想境界和人格修养。只有这样,才能更好地影响学生和孩子。

顾先生的岳父周建人,身为领导干部,始终保持书生本色,非常平易近人,特别关心人民群众。顾先生的妻子周蕖,父亲是高级干部,但她从不张扬。讲究实际,不求虚荣。对自己克勤克俭,几近吝啬,对他人却极其慷慨。他们资助贫困学生,一再追加资金却淡泊名利,不求回报。

这也让我联想到另一位伟大的女性——钱三强的夫人,世界级的物理学家何泽慧。她是中国的骄傲,被称为“中国的居里夫人”,曾跟居里夫人学习镭学。如今苏州的网师园曾是何家私宅,正是何泽慧无私地把它献给了国家。十年浩劫她被打倒,被批斗,家也抄了,她和钱三强一起被关进陕西合阳的“五七干校”去劳动改造,养猪、扫厕所、施肥、锄地……但是她不改初心,无怨无悔。86 岁时,何先生每周还要坚持几次到高能物理所上班。晚了就从食堂买几个包子、馒头带回去吃,渴

了就喝点白开水。她家住在中关村，所里想派车接送，她坚决不要，还是挤公共汽车。何先生也经常会一个人坐公交车去买菜。她就像一个普通老太太，让你感觉不到大科学家的派头。她的生活一丁点儿也不讲究，书桌上的镇纸是老人自己捡来的鹅卵石。在人们都开始用名牌武装到牙齿的时代，老人依旧提着一个人造革书包，那书包带子已经断了，用绳子系着，革裂开了，用针线缝了起来。她的衣服上还有补丁，脚穿老式解放鞋。他们的家，在中关村 20 世纪 50 年代的小区中，昏暗的楼道里贴满了疏通下水道的小广告。家里的家具也都是上世纪 50 年代的旧物。单位几次来人说可以搬到条件更好的院士楼居住，但都被何泽慧拒绝了。

她不缺钱，生活却是非常简朴。90 多岁的大家闺秀、"中国居里夫人"，每天穿着解放鞋，坐公交车去上班，常常就在单位食堂买几个馒头带回去吃，这本身就是中关村再也不会有的人文景观。这种淡泊名利，不求任何享受的品质令人敬佩。何泽慧说："作为一名科学家，本来就应该朴素、真实、勤奋、诚实、讲真话。"虽出身名门贵族，曾富甲一方，但身上却毫无骄奢的影子，朴素踏实地报效着祖国！"兰之猗猗，扬扬其香。不采而佩，于兰何伤。"真正的"高贵"是那血与骨中洗不去的坚韧芳华！

"像松树一样做人，坚挺不拔；像小草一样学习，随处生根；像大海一样待人，容纳百川，像细雨一样做事，润物无声。"这是顾先生总结的四句人生格言，也是值得我们铭记的座右铭。

一口气读完这本著作，仿佛跟随着顾先生穿越人生百年，博览中外教坛。我不仅重温了先生提出的关于教育的真知灼见，而且更加深入地了解了这些意见提出的历史背景。掩卷而思，先生刻苦求学、发奋自强的经历令我心生敬佩，先生为中国教育殚精竭虑、奔走疾呼的身影让我难以忘怀。先生高尚的道德风骨、矢志不渝的教育追求和博大深沉的教育情怀令我高山仰止。

《辞海》把知识分子定义为："有一定文化科学知识的脑力劳动者。如科学工作者、文艺工作者、教师、医生等。"作为一名教师，作为一名知识分子，我们不仅要铭记新中国第一代知识分子的光荣与梦想，更要责任肩负起时代赋予的使命，传承、发扬他们的高尚品格和伟大精神，为党的教育事业、为真正实现中华民族的伟大复兴贡献自己的力量！

（崔立红）

哲学的意义

——读《中国哲学简史》有感

第一章:“照中国哲学家们说,那就是成为圣人,而圣人的最高成就是个人与宇宙的同一。”“它是最理想主义的,同时又是最现实主义的;它是很实用的,但是并不肤浅。入世与出世是对立的,正如现实主义与理想主义也是对立的。中国哲学的任务,就是把这些反命题统一成一个合命题。”冯友兰先生在全书开始就论述了天人合一。人与自然,现实与理想,入世和出世,中国的哲人们就是在不停地寻找着这两种极端中间的那个平衡点。

“中国人不大关心宗教,是因为他们极其关心哲学。他们不是宗教的,因为他们都是哲学的。他们在哲学里满足了他们对超乎现世的追求。他们也在哲学里表达了、欣赏了超道德价值,而按照哲学去生活,也就体验了这些超道德价值。”“在未来的世界,人类将要以哲学代宗教。这是与中国传统相合的。人不一定应当是宗教的,但是他一定应当是哲学的。他一旦是哲学的,他也就有了正是宗教的洪福。”宗教和哲学的关系是必须在讨论哲学之前就理清楚的。冯先生并没有像西方哲人一样展开去通过逻辑推理分析讨论宗教和中国哲学的差异性,他没有给予什么实际的信息,而是在一个超层面完成了哲学对宗教的分离。

我一直相信,每一种文化都必须发源于她的自然环境,经济环境,哲学当然也是如此。温州人的重商主义就是山区地形带来的,犹太人的重商主义亦是如此,日本的人多地少也带来了日本高度密集有序的土地利用观念。而中国的农耕文化必然使得哲学中带有一些农耕文明的特色。在农耕文明上建立起来的家族文化,还有更重要的,对日常自然的关注,以及由此引发的对事物的直接领悟构成了中国哲学的内核。自古文史哲不分家,读懂文学作品,断不可割裂文学与哲学和历史的联系,故而潜心再读冯先生的作品后,果真收获颇多。

第二章:“我们若把诺思罗普在这里指出的和我在本章开头提到的联系起来、就可以看出,已区分的审美连续体的概念,由此而来的未区分的审美连续体的概念以及区分的概念,基本上是农的概念。农所要对付的,例如田地和庄稼,一切都是他们直接领悟的。他们纯朴而天真,珍贵他们如此直接领悟的东西。这就难怪他们的哲学家也一样,以对于事物的直接领悟作为他们哲学的出发点了。”有趣的是,中国哲学的很多观点在西方哲学中也都能够找到映射。比如,第三章:“在自然界和人类社会的任何事物,发展到了一个极端,就反向另一个极端;这就是说,借用黑格尔的说法。一切事物都包含着它自己的否定。”这就非常明显地体现出中西两种哲学看待事物的差别,中国哲学是感性的,平实的,叙事性质的,而西方的哲学是理性的,需要寻找到最简明,最精确的概念,而不管那个概念是多么抽象。

第三章:“儒家学说是社会组织的哲学,所以也是日常生活的哲学。儒家强调人的社会责任,但是道家强调人的内部的自然自发的东西。因为儒家‘游方之内’,显得比道家入世一些;因为道家‘游方之外’,显得比儒家出世一些。这两种趋势彼此对立,但是也互相补充。两者演习着一种力的平衡。这使得中国人对于入世和出世具有良好的平衡感。”中国哲学的一大特点就是两派理论的争鸣,儒家和道家。在历史上这两派理论也是互有攻守,汉武帝之前是道学占优,无为而治深入人心,汉武帝改革开始遵儒攘道。而后的更迭频繁,数不胜数,甚至到了现当代“文革”时期仍在反复,而现在的国学热似乎也有以前变幻的那些影子。实际上这两种理论并不是完全分歧,在方法上两者区别最大,在第十五章有这样的话,“这就是儒家的方法,这种方法把人的精神提高到同天的境界。它与道家的方法不同,道家的方法是通过否定知识,把人的精神提高到超脱人世间的地位,使‘彼’‘此’分别。儒家的方法不是这样,它是通过推广仁爱,把人的精神提高到超脱寻常的人我和物我分别。”

在第三章的末尾,冯先生列出了“儒家者流盖出于文士。墨家者流盖出于武士。道家者流盖出于隐者。名家者流盖出于辩者。阴阳家者流盖出于方士。法家者流盖出于法述之士。”接着,就围绕这个主轴开始了百家的论述。这里面的各家的内容我就不再一一陈述了,只是觉得冯先生对各派之间的关系把握非常出众,比如第五章就有这样的记述,“不过,我们将会看出,孔子所体验到的超道德价值,和道家所体验到的并不完全一样。道家完全抛弃了有理智、有目的的天的观念,而代之以追求与混沌的整体达到神秘的合一。因此,道家所认识、所体验的超道德价值，距离人伦日用更远了。”而道家本身又分为三个境界，第一境界是避，即避世，第二境界是了解宇宙事物变化的规律，然后为己用，第三境界则是从一个更高的角度看自身，接近于无我，也就是庄子。体现关系比较经典的还有第八章所言“道家是名家的反对者，又是名家真正的继承者。”书中关于墨家和儒家的关系主要是从政治哲学的角度阐述的。第七章说：“墨家的国家起源论，也是一种功利主义的理论。现在再看儒家的国家起源论，又与它不同。孟子说：‘人之有道也，饱食暖衣，逸居而无教，则近于禽兽。圣人有忧之，使契为司徒，教以人伦：父子有亲，君臣有义，夫妇有别，长幼有序，朋友有信。’”“照孟子和儒家中孟子这一派讲来，宇宙在实质上是道德的宇宙。人的道德原则也就是宇宙的形而上学原则，人性就是这些原则的例证。孟子及其学派讲到天的时候，指的就是这个道德的宇宙。理解了这个道德的宇宙。”

第十六章：“从中国的观点看，在国际政治的范围内，当代的世界史以及近几百年的世界史就像是重演春秋战国时代的中国史。”冯先生在书中对中华民族的关切也体现了出来。所以每到了这种社会大变革的年代，各种思想的碰撞就会异常剧烈，所以汉朝以后两千年的哲学积淀还赶不上春秋诸子两三百年的蓬勃昂扬。后人的思想或对前人的仅仅做了一些改动和延伸，或者就是纯粹在为统治者进行着辩护和扶持。应该说，整个中国哲学思想体系，在先秦已经建立。

第二十八章：“这四种人生境界之中，自然境界、功利境界的人，是人现在就是的人；道德境界、天地境界的人，是人应该成为的人。前两者是自然的产物，后两者是精神的创造。自然境界最低，其次是功利境界，然后是道德境界，最后是天地境界。它们之所以如此，是由于自然境界，几乎不需要觉解；功利境界、道德境界，需要较多的觉解；天地境界则需要最多的觉解。道德境界有道德价值，天地境界有超道德价值。”“所以中国的圣人是既入世而又出世的，中国的哲学也是既入世而又出世的。随着未来的科学进步，我们不得不相信，宗教及其教条和迷信，必将让位于科学；可是人的对于超越人世的渴望，必将由未来的哲学来满足。未来的哲学很可能是既入世而又出世的。在这方面，中国哲学可能有所贡献。”这让人不得不想起了奇才王国维先生的人生三境界，“独上西楼，昨夜西风凋碧树，望断天涯路”，“衣带渐宽终不悔，为伊消得人憔悴”，“蓦然回首，那人却在灯火阑珊处”。一个是在觉解，一个是在追求，似乎，这两者同根。

（姬佳佳）

换个角度看教育

——读《教育哲学》有感

有幸研读石中英的专著《教育哲学》，在阅读的过程中主要解决了两个问题，一是教育活动是否需要哲学，二是教育哲学包含的内容。

教育的根本问题是培养什么样的人的问题，我们培养的人不仅是要满足或适应现实社会的要求，更要能够改造并推动现实社会的发展。可是我们作为教育实践者往往无法真正地寻觅到教育的意义。我们的常态是低头围绕着教育目的专注于各种琐碎的教育工作。比如备课、上课、布置作业、找学生谈话、课堂提问等，我们忙于解决各种各样的教育问题，却很少抬头去思考教育的真正意义，很少去追溯各种教育问题产生的根源。我们培养的是社会需要的未来的人才。未来的理想的社会是怎样的，人作为人存在的价值是怎样的，人与人之间的关系又是怎样的，教师怎样才能以更加广阔的眼界来看待上述这些问题，那就需要哲学。教师只有通过哲学，才能系统地解决各种问题，解放自己的想象力，从整体上理智地指导自身的教育教学工作。

教育哲学的内容

教育哲学回答了人生与教育，知识与课程，理性、自由、民主、公正与教育的问题。教育哲学指出教育要关注人的存在问题。教育要提高教育对象的生存能力，要帮助他们提高存在的智慧，教师应以存在的眼光来打量教育的对象。教育要处理好知识的工具性和其他维度上的关系，这本书从哲学的角度剖析了知识与人生、人生与课程的复杂关系。《教育哲学》还指出课程的目的不仅局限于给予学习者一些实用的知识，而且也要能够给予他们一种理智的欢乐——一种经过认真思考后豁然开朗的情感体验。

那么我们如何在课程中给予学习者知识和理智的快乐？那就需要教学的理性

化、自由化、民主化和公正化。

梳理阅读的过程中得到的启示着实打开了自己的教育思路，也确实能从一个更系统全面地角度来审视教育活动。在一边学习的过程中我自己也在不断反思。在反思自己对教育目的的认识的过程以及“人生与课程”中对课程目的和价值的思考中，我发现自身教学的不足之处，我对于“学科素养”的要求理解不够深刻，现在试图从哲学的角度来重新审视“学科素养”的要求，就有了很多新的发现和感悟。课程与人生的关系除了“工具性关系”外，还有“本体性关系”，即“通过知识而不断地改进人生”。无论什么时候，扎实的知识功底、广博的知识视野、合理的知识结构和良好的知识素养都是重要的课程实践的目标。而这些目标也恰好是“核心素养”明确的教育培养的目的——让青少年学生具备发展和适应社会必备的综合素养。

这就要求教师首先要改变自己审视教学内容的高度，才能适应当下“核心素养”的要求。这就是教学的理性化——教学的合理性。我们要结合教学内外环境和条件的变化对教学行为进行重新阐释、设计、重构，让教学建立在理性的基础之上而不是传统的惯例或者个人的权威。最重要的就是教材知识的理性化。我们的课堂应该是能够引发学生理性的质疑和思考，关注学生的身心成长和素养发展，而不是将知识简单、直接、机械地灌输给学生，过于注重表层的符号教学的形式除了提高学生的成绩以外，其实于学生的素养发展并无益处。实际上，教师教学的重点不在于知识灌输的多寡，而在于学生是否能理解知识本身的特点和知识之间的内在逻辑结构，以及学生能从知识本身的学习中获得生命的意义，做到这些，才是教学真正地走向了合理化的“深度”。这里所说的深度并不是一味增加知识的难度和广度，深度的核心是能在教学中引发学生对知识理性深入地思考和探究，从横向和纵向找到知识与知识之间的逻辑关系以及了解某一类相通知识的异同。引导学生能够运用深度学习的所得来解决在后期学习中遇到的疑难问题，引导学生掌握知识背后潜藏的能力、价值和情感，掌握学科能力、学科思想、学科经验形成学科素养，教师在课堂上思考的更多的是如何促进学生的发展和变化，如何能够激发学生大胆质疑和思考。

因此，真正在语文课堂上实现培养学生“学科素养”的目的就一定要从自身教育行为的改变入手。

备课要备出知识体系，有深度、有梯度、有精度。教师要了解单元架构和单元重点，了解单课在整个单元、整本书、整个语文学习过程中的作用及其与单元、书和学科的关系。备课中努力织成横向和纵向的知识网，让学生对知识的整体结构有个系统地认识。

丰富教学的层次，实现知识教学的丰富价值。关注学生的学习过程、关注学习者对知识的核心概念和基本原理的深层次理解、关注学习者对所学知识的自我建构和学习意义的找寻。

自我发展的追求和教学追求有机结合。教师是学生的榜样，教师自身要有不断发展的追求，才能适应不断发展的时代。教师更要并将自我发展的追求和教学实践有机结合，让教学实践充满新鲜和活力。这样学生也会在日常的学习中感受到教师的不懈追求和努力，并加以模仿。做一名爱阅读、观念新、素养高的教师，让师生的课堂在不断地创新思考中变得活力无限，就会对学生产生无穷的吸引力，学生也就在潜移默化地影响中爱上学习、乐于学习，主动参与学习，主动思考知识，主动提升自身的素养。

学会从哲学的角度审视教育教学问题，用“心”用“脑”理性构建和谐的师生关系，让琐碎的教育活动形成系列，指向明确，多而不杂，忙而不乱。深入分析教育教学问题背后的哲学基础，解放自己的想象力，提高自身理智观察分析的能力和思维能力。

（杨　坤）

育人的本质

——读《爱弥儿》有感

《爱弥儿》是法国资产阶级民主主义者、杰出的启蒙思想家卢梭的重要著作。一名师范毕业生对这部著作向来是耳熟能详，今年暑期闷热的天气里又捧起它细细读来，别有一番滋味上心头。

《爱弥儿》一书是卢梭通过对他所假设的教育对象爱弥儿的教育，来阐述他的教育思想。他的教育思想是从他的自然哲学观点出发的。辩证地来看待此书中的教育思想，有一些观点读来，还是颇有启发。

"他们总是把小孩子当大人看待，而不想一想他还没有成人哩。"我们反思一下，作为家长对待自己的孩子，尤其是年龄特别小的孩子，我们是不是总是呐喊："你怎么这么笨！这么简单你都不会。"甚至有些家长在微信圈里吐槽："一谈学习就鸡飞狗跳，不谈学习母慈子孝！"还要配个图安慰自己"自己生的，自己生的孩子"。其实，静下心来想想我们着急的根源就在于你把孩子当大人看待了，你用自己几十年的经验去和一个只有几年生活和学习经验的孩子 PK，胜利者固然是成年人，究其本质你还是失败了，因为你可能因一时的简单粗暴就扼杀了一颗乐于求索的心灵。于是乎若干年后，你又大声疾呼，哎呀呀！我的孩子怎么对学习这么不感兴趣呢？兴趣基于好奇，孩子最初是好动、好问而后转变为好奇，好奇心推动学习兴趣。每次孩子稚嫩地好奇和尝试都被你的白眼和"鸡飞狗跳"式的交流抹杀了，他们又何来兴趣可言呢？好可怕啊！

确实应该反思自己在教育孩子时的过往，我也错了！

再往后翻翻这本书，随着爱弥儿的成长，他到了十三四岁的年龄，恰好是我们教育对象的年龄，细细地品读，有些观点确实如醍醐灌顶。

"学生和老师也这样把他们看作是不可分离的，把他们一生的命运始终作为他们之间共同的目标。”读到这里，我突然想到了经常在讲座听到的“教师的职业倦怠”，教师和学生的命运绑在一起，彼此的发展是共同的目标。既然目标相同大家肯定会互相爱护，彼此尊重。学生乐于跟老师结为朋友，老师乐于尽心竭力赋予学生种种知识。反之，如果学生把老师当作他儿童时遇到的灾难，老师把学生当成一个沉重的负担，彼此都巴不得互相摆脱，没有真心诚意的依依不舍的情谊，所以，“一个是心不在焉，一个是不服管教”。久而久之，教师职业倦怠，觉得身心疲累；学生也上蹿下跳，觉得度日如年。

育人的本质就是有“仁爱之心”。相信学生，爱护孩子，让我们的目标相同，让我们一起共同发展。老师的真爱自心中流露，学生自然也愿意真心相待，班级管理的一些突出问题也就在“爱”中自然化解了。孔子曰：“仁者，爱人也。”只有真心诚意地爱学生，才会在教育事业中获得育人的不竭动力。心怀理想，出于爱心，倾听学生的呼声，回应学生的关切，才能切实将立德树人的根本任务落到实处。

爱弥儿还在成长，《爱弥儿》的阅读也还在继续，细细阅读，有收获，也有发现，取其精华，促进自己的成长。愿教子尽量少遗憾，育人务求多欣喜！

（杨　坤）

熟读深思子自知

——读《爱弥儿》《苏东坡传》有感

闲暇时桌前捧书细品，忙碌后临窗执卷小憩。阅读可以涵养精神，提升素养。阅读实在是一件极好的事情，它可以开阔视野，豁达胸襟。

人常言：腹有诗书气自华。“你们说苏轼开豪放词风，但你们可知老范突破传统下开苏辛之词，你们可知永叔误会大苏屈其文而憾居第二吗？”看着学生讶异又溢满求知的眼睛，我心中还是有一些小确幸。教师拥有丰富的知识，独到的见解，可以让学生产生语文学习的向心力，然而丰富知识、创新思路的途径，唯有读书。在读书中我学会了给学生创设语文学习情境，激发他们参与实践活动的热忱；在读书中我摸索课堂讨论的焦点，搭设促其发散思维的平台。语文教学就是要让师生共同沉浸在语言文字的美好中，语文教学究其根本就是要教会学生学会读书，徜徉在书海中，引导他们思想得到碰撞，灵魂得以依偎，唯有读书可以让我们在学习的道路上闲庭信步。翻看专业书籍可以夯实教学基本功，研讨教育理论可以提升工作科学性。近期阅读了《爱弥儿》上下卷和《苏东坡传》，真有捧书阅读，难以释卷的感慨。

《苏东坡传》一书国学大师林语堂用自己的文字为我们展现了“元气淋漓富有生机的苏东坡”，他具有“蛇的智慧，兼有鸽子的温柔敦厚”是一位熠熠闪烁的天才。

卢梭《爱弥儿》论述教育问题的独特视角让人捧书难释。一个假想的学生，一腔真挚的热情，教育的原则和方法伴随着爱弥儿的成长娓娓道来。像是一位传道授业的导师，像是一位倾心教子的家长，像是一位相知有素的朋友。

教育中崇尚自然，师生关系，换位思考；教学中注重实践，激发兴趣，注重方法。从襁褓中的爱弥儿到长大成人的爱弥儿，教育教学的重要原则和方法如涓涓溪流自然地流淌进我们的心房。

研读中，收获成长，更收获了快乐。收获之一：教育教学的方法原则厘清了。收获之二：教育教学的理念更新了。收获之三：开拓创新的思路打开了。

我们不要告诉学生应该学习什么东西，要由他自己明白希望学什么东西或是希望研究什么东西。作为教师要设法让学生了解他希望得到的一切，巧妙地使学生产生学习的愿望，向他们提供能满足他们愿望的办法。我们在课上问学生的问题不应当太多，应当经过慎重的选择。因此，课堂提问的有效当然就表现为所提问题的针对性和明确性和可操作性。教育教学理论大家可能都会援引和阐述，但是一旦我们了解理论提出的背景和实践的结果往往才会使人产生一种强烈的模仿意识和代入感。读书后这种感觉于我正是日益强烈，翻看《爱弥儿》一书，一则发现很多理论及其外延原来在这里，二则发现很多存留在头脑中的反思和不解在书中厘清了思路，找到了方向增强了科学理论的支撑力，这种强大的力量，促使我去实践—反思—再实践—再反思。一些读书后的想法形成了文字，更多读书后的收获立足课堂也进行了有益的实践。所谓言有尽而意无穷，细细考量终觉读书时日尚浅，自己确实还需继续深入读书。每日养成读书习惯，一书、一本、一笔，读着、学着、记着：成长着并快乐着。

诸葛亮有言“非学无以广才，非志无以成学”。“有志者、事竟成，破釜沉舟，百二秦关终属楚”。教育教学是一门艺术，传承、发展、创新，以明确的目标意识去实践、反思、提高，以教育家的胸襟接纳一切发展，倾心教学；以孩子王的思想包容一切不足，用心育人。后面的征途一定还会有更多的精彩。

（杨　坤）

教学需要“顿悟”

——读《课堂观察——顿悟的艺术》有感

没有一艘船
能像一本书
也没有一匹骏马
能像
一页跳跃着的诗行那样——
把人带往远方。
静静地打开一本书吧
阅读这条路
最穷的人也能走
不必为通行税伤神
这是何等节俭的车——
承载着人的灵魂。

——〔美〕狄金森

阅读虽然没有将我的身体带向远方，但我的心灵却随着书中的内容不断前行，我渐渐懂得：无穷的远方，无数的人们，都将和我有关；我越来越悟出：阅读是生命中最有效的修行方式。

假期的这一个月，都在看林高明的《课堂观察——顿悟的艺术》，选择这本书是因为这本书不像纯理论的大部头那么难于理解，书中有具体的事例，有作者的感悟。作者文采飞扬，著名教育家的言论信手拈来，所举事例详细常见，便于学习和借鉴；道理讲得透彻，发人深省。整本书读了近一个月，因为边读边思考边感悟，有些章节反反复复的读，现将一些感悟记录如下，和大家分享。

一、学生被动，缺乏主体

我们在日常教学中，应当始终把学生看成学习的主体。回忆自己初登讲台的那几年，在课堂上滔滔不绝的讲授，喋喋不休的提问，希望学生都能够按部就班，循规蹈矩的按照备课时的预设回答，似乎这样的课堂才是完美的，看到学生紧皱眉头，疑惑不解，我就会心虚，是不是自己备课不够充分，讲得不够清楚，怎么还会有学生有问题呢？现在想来学生能够质疑问难，探讨提问，才是最可贵的。

例如学习了《我的叔叔于勒》有同学在随笔中写道："菲利普夫妇一家本身就是只能勉强维持生计的困难家庭，他们也有追求美好生活的梦想，可是现实却是如此残酷，他们希望有一个有钱的亲戚的帮助，这种想法也很正常。老师，如果我们也有一个于勒这样的叔叔，我们应该怎么做呢？"还有在学完星新一的《喂——出来》后，有同学写道："我想如果我是小说里的人物，恐怕我也和大家一样，毫不犹豫地往洞里扔了东西，我不想伤害别人，更不想伤害自己，但可怕的是我们在做一些事情时，对所造成的后果一无所知，老师，怎样才能避免这种情况的出现呢？"

有时，看到这样的提问，我也很难做出正确的回答，但是，我为学生能够独立思考，质疑问难而感到欣喜。我深深地记下了这一句话："不能独断专行，为所欲为，扰乱正在致力于解决学习任务的学生们的思维进程，要维护每一个学生在安静的环境里学习的权利，维护他们提问的权利。"

爱因斯坦也曾说过："提出一个问题往往比解决一个问题更重要。"因此，我们在日常教学中，一定要多给学生思考的时间和空间，激发学生的学习热情，提高他们提问的兴趣和勇气，善待每位能提出问题的学生，不要打消他们的积极性；认真对待学生提出的每一个问题，即使他们的问题有些可笑，那也是他们自己思考的结果。

二、只要是出自真诚的表扬，越多越好

林老师在书中讲了一则小故事：孔子带着弟子途经一条河，河水汹涌湍急，正巧有个百姓掉入了水中，他的同伴不会游泳，就大声说，谁能把他救上来，就奖励一头牛，孔子的一个弟子跳入水中把人救了上来，其他弟子都嘲笑他贪财，孔子却表扬他，说他给大家树立了一个"别人有难，施予援手"的榜样。

孔子能够发现弟子身上的闪光点,真诚的提出表扬,可想而知,以后即使没有那一头牛的奖励,他也能继续帮助别人,而不会因大家的嘲笑而止步不前。美国著名心理学家威廉詹姆士曾说:“人类本性中最深刻的请求就是受到赞美。”所以在教学中,我们要善于捕捉每一位学生身上的闪光点。

这对后进生的转化更是行之有效,后进生身上的缺点错误很多,很明显,如果常常指责缺点,久而久之会在他心中形成逆反,你即使说得再对,他也会想方设法提出反驳,甚至觉得老师在处处针对他,如果我们能对他的微小的进步及时点赞,用真诚的赞美来代替尖锐的批评,这不仅能让学生在赞美声中慢慢改正缺点,养成良好的行为习惯,更能让学生感受到老师对他的关爱,老师在关注着他的不断成长和点滴进步,从而达到事半功倍的效果。

三、教学首先是爱与情感的教育,其次才是知识技能的学习

著名教育家苏霍姆林斯基曾经列举过这样一个事例,一个孩子因为最亲的外祖母去世,在课堂上没有集中注意力听讲,受到老师批评,老师冷淡地说:“外祖母死了有什么关系?必须认真听课!”这个孩子因为这件事情恨透了这个老师。老师对待学生,任何时候任何事件中都应该充满爱,设身处地地为学生着想,感受他们的痛苦与快乐,如果老师缺乏爱,培养出的学生,即使成绩优异,也会冷酷无情,而无益于整个社会。“如果你不喜欢被人打骂吧,那你就尽量不要去打骂学生;你不喜欢整天机械重复地埋头题海吧,那你就尽量不要让学生生活在苦海里;你不喜欢别人怎么对你,你就不要以此来对待学生。”简简单单的语言道出了“己所不欲勿施于人”的真谛,也启示我们教师平时应该爱自己的学生,爱学生要像爱自己的孩子一样。遇到学生犯错误,也不应该用简单粗暴的呵斥与批评去对待他们,应该循循善诱,用学生喜欢的,乐于接受的方式教育更好。

尤其是在做班主任的这几年,我从关注学生的成绩,慢慢地转变为关注他们的成长,从学生不完成作业就严厉批评加倍惩罚,慢慢地转变为耐心的询问原因,甚至及时更改或取消“不合理”的作业,理解学生的苦衷和需求,关心学生的生活和学习,帮助学生解决学习和生活中的困难,尽量让班里的每一个学生觉得老师是爱我的,让学生在爱的环境中学习知识,增长技能,获得成长。

四、听课最直接的意义是博采众长，以利于提升自身的教育教学水平

所有伟大的教育家及优秀的教师都是在课堂中诞生的，听优秀教师的课是教师自身成长，最直接最便捷的方式，但有时也会误入歧途，初登讲台时，我觉得自己听课，更多的是在听老师的教学内容，教学设计，学习老师的教姿教态。有时听到一堂好课，会不假思索的拿来，直接用在自己的课堂上，殊不知，不考虑学情的照搬照抄，是达不到理想的教学效果的。后来对一些采用高科技手段的课更加感兴趣，例如白板课，电子黑板课。仔细想来，有些地方也是形式大于内容的，甚至是换汤不换药的，再后来自觉有了一定的进步，听课可以做到边听边思，边听边想，对于好坏，也有了自己的评判标准，而不是一味地人云亦云。听课，开阔了我的眼界，让我学习到更多新的教学方法和技能，例如听佳佳老师的课，让我接触了“思维导图”，听吴老师的课，让我了解了“任务驱动法”，我不再照搬照抄，而是先进行了解，学习研究，找到合适的时机进行尝试，也收到了很好的效果。听课，更能看到自己的不足，它是教师走出自己的教育教学习惯的好方法，是一种智慧的探求。

五、反思能成就优秀的教师及伟大的教育家

孔子曰：“学而不思则罔。”

孔子曰：“见贤思齐，见不贤而内自省。”

曾子曰：“吾日三省吾身。”

教学反思，一直以来都是教师提高自身业务水平的一种有效手段，是促进教师专业成长的不二法门，苏霍姆林斯基恳切的忠告：“谁在努力分析自己的课的优点和缺点，分析自己跟学生的相互关系中的问题，那他就已经取得了一半的成功。”反观自己，在反思的道路上，始终没有迈开步子，做得太少了。而林高明老师在书中从六个方面分别讲述了如何反思、反思的种种作用、反思的重要性，以及光有反思是不够的，要和具体的行动联系起来，相辅相成。

今后我要从自己的教学实际出发，不断养成自我学习与自我反思的习惯，以课堂为经，以阅读为维，把反思和行动结合起来，促进自身的成长。

六、名家视野

林高明老师此书最后的一个章节是名家视野，对国内外的七位著名教育家进行了独到的解读：

苏霍姆林斯基——探寻发芽的思维；

阿莫纳什维利——品味课堂的气韵；

佐藤学——心融于课堂；

马克斯·范梅南——教育的意蕴；

黄克剑——哲思流贯照眼明；

叶澜——课堂中大写的人字；

张文质——生命是诗意地栖居。

很惭愧，除了苏霍姆林斯基和叶澜还稍有了解，对其他教育名家及其教育理论知之甚少，这也促使我明确了今后的阅读方向，多读一些教育理论书籍，提高自身的理论修养，将理论付诸于课堂实践，培养求真务实的技能本领，提高教学能力，培养更多更好的学生。

（于　珍）

教育的使命与担当

——读《在教育家的智慧里呼吸》有感

行走在教育的路上，每天都在思考教育的真谛，也曾翻阅大量书籍，希望能在与先哲名家的接触中，获得交流与共鸣。当我偶然遇到《在教育家的智慧里呼吸》这本书，突然有一种“梦里寻她千百度”的感觉。

这本书的作者张康桥，是江苏省溧阳市实验小学教育集团管委会主任、校长、江苏省特级教师，“江苏人民教育家培养工程”培养对象、江苏省“333 高层次人才”培养对象等。本书分三大版块：“自由的沃野”“突围的思想”“前进的方向”。整本书以散文化的笔调分别讲述了孔子、苏格拉底、希腊三贤、孟子和荀子、董仲舒、朱熹、王阳明、夸美纽斯、卢梭、蒙台梭利、蔡元培、晏阳初、杜威、苏霍姆林斯基等古今教育家的教育理想与教育思想。

在书中，张校长以其善思、哲理、细腻、独特的文笔引领我们从古代中外先哲的教育思想一直回归到当代的教育思想，在每一小节的论述里，结合故事和事例，让读者从故事里便能轻松地了解到这位教育者的教育思想或教育理念，再加上张校长独特精辟的点评，让人有一种“掬水月在手，弄花香满衣”的惬意与满足。

整本书没有生硬晦涩的大道理，那些新锐独特而又真诚坦率的观点总能引起我的共鸣，一路读来感觉暖意萦怀，颇有感想。其中给我印象最深的有以下几点：

一、让教育归于朴素

翻开书的第一章“自由的沃野”中的第一节“孔子：追求可爱的教育”，我就感到一种很亲切的感觉。孔子一直是我所仰慕的，他的教育思想理论和观点一直在影响着我，指导着我。而张校长用“可爱的教育”来概括孔子的教育思想，虽然以前从来没听过这个说法，但是却感觉很贴切。这个“可爱”是指没有任何功利心、没有任何杂念、近乎赤子般的纯真、澄明的教育，是一种返璞归真的教育，而这也是我们当今最应追求的教育。

文中引用的汤普金斯的一段话对我触动很大，这是对美国教师自我分裂状态的一种描述："作为一个老师，他的困扰在于没能帮助学生学习他们想要了解和需要了解的东西，而是向学生显示我有多聪明，向他们显示我知识多渊博，向他们显示我备课多认真。我就是在进行一场演出，其真实目标不是帮助学习，而是以此使他们对我有一个好的评价。"

其实我很佩服这个教师，他敢于剖析自己的内心世界，敢于发现自己的问题，敢于把这一切都呈现出来，对自己发出诘问和声讨。而他所描述的这些不正是我们经常存在的状态吗？而可悲的是我们都已经把这些视为平常，从来没感觉这样的教育状态有什么不妥。看到这里我不禁扪心自问：我们的教育到底应该是怎样的教育？我们经常挂在嘴边的一句话就是"以学生为主体"，而我们有多少时间是在真正地以学生为主体呢？我们的教育经常被一些功利性的、现实性的东西所束缚，我们的孩子学习是为了适应未来社会发展的需要，为了将来能考上一个好的大学，为了能为家族光耀门楣，而有谁会想到为了孩子自我的快乐发展而教育？

我们的教育在社会制度和社会风气的影响下总是会不知不觉走在一条无可奈何的道路上。老师为了上好一节优质课，不厌其烦地上课、改课、再上、再改，只为让一切天衣无缝，锦上添花。而我们的孩子只是在被动地听了一遍又一遍，还要配合老师当作从未听过而且饶有趣味的样子。我们的讲台不知不觉成为老师的秀场，而我们的老师也多少有一些作秀的感觉，我们的教育很多时候看起来冠冕堂皇，华丽无比，而实际却是精心搭建的空中楼阁。我们的教育多么需要一种真诚朴素的态度，只需老师和孩子们一起交流探讨，共同学习。老师不必向学生炫耀自己学识，不必为了一个"好评价"而掩饰与炫耀。学生也不必为了一个"好评价"而隐瞒自己的真实想法。让一切归于朴素，归于学生真实发展的需要。

我很喜欢张校长在这一小节最后的一段话：好的教育需要真诚反省，追求立言与立人的和谐统一，而真正好的教育才是"可爱的教育"。

二、教育需要信仰

作者在书中直言："真正好的教育必须建立在教育信仰之上。"掩卷自问："什么是信仰？我的教育信仰是什么？"

在西藏，遥远的雪域高原，苍茫的雪山下，蜿蜒着无尽的苍凉，时有朝圣者，衣衫褴褛，三步一鞠，五步一躬，朝着梦想的国度虔诚朝拜，踽踽前行。这就是信仰，不计较个人得失，不在乎尘世价值，只为心中的那份神圣。

本书所提及的教育家，从中国的孔子到陶行知，从国外的苏格拉底到苏霍姆林斯基，他们对教育都有着自己独特的理解，都有属于自己的教育信仰，他们不管有着怎样的人生经历与遭遇了哪种人生磨难，他们对教育始终充满了激情，并且能够自始至终地坚持下去。正因为他们的对自己教育理念的执着与坚持，并不断地付诸行动，才让他们在历史的河流中沉淀下来，成为人类历史中一颗颗闪耀着智慧的星星。

成功的教育就是坚持自己的理念并付诸行动。纵观曾炒得轰轰烈烈的虎妈狼爸，抑或猫爸羊爸，他们的家庭教育之所以能被冠以“成功”一词，我认为皆因为他们都拥有自己的教育理念，并能将自己的教育理念进行到底。现在的教育风暴一波未平，一波又起，在纷纷攘攘的教育浪潮中，如果我们没有自己对教育的认识，没有自己的教育理念，那我们就很容易成为墙头草，倒来倒去，那我们的孩子就会在我们的朝令夕改中变得茫然无知，不知所措。试想，一个人连方向都迷失了，如何能走到终点？而坚定的教育理念就成为我们前进路途中的指路灯，指引着我们披荆斩棘，砥砺前行。作为一个教育者，我们更应该拥有属于自己的教育信仰，唯有如此，我们才能保持清醒的认识，不被现实的种种迷雾遮挡了前行的路。

“十年树木，百年树人”，教育必须着眼于孩子一生的成长去思考，因而教育无法成为快餐教育、速成教育，教育只能慢工出细活；教育没有捷径，教育只有遵循儿童的成长规律，耐心等待，静候花开。

三、教育者的担当

在“希腊三贤：灵魂的转向”一节中，张康桥校长以古希腊著名先哲的故事为导引，向我们阐述了一个沉重的话题那就是——教育者的担当。

泰勒斯在仰望星空判断明天是否有雨的时候，不慎跌入沟里，被人讥笑为“哲学家只知道天上的事情，却不知道脚下将会发生什么”。我们教师在现实生活中是不是也常有这样的尴尬境遇？去买菜的时候，当告知卖家自己是教师后，竟不敢和人家讨价还价，就怕人家说“老师能算计，抠门儿”。社会上一部分人在高呼尊师重教，而另一部分人在讥讽、鄙视教师这个群体。张校长告诉我们“自从教育走向学园的那一刻起，励志生活与民众生活的冲突就一直存在，并一直较劲儿。我们一会儿固守‘象牙塔’，一会儿又一头扎进市场经济大潮；一会儿清高甚至自恋，一会儿又匍匐于资本与产业化”，寥寥数语揭示了教育者与民众的矛盾点，也描述了教育者在理想与现实中的生存状态。其实教育者就是那“仰望星空”的人，经常被人认为是“好高骛远”不能“脚踏实地”。而我们有时却要保持这种看似“呆傻”的执着，只有这样才会让我们的学生充满好奇与幻想。

“好的教育通向个人自由，真正的自由意味着自我担当。”所以尽管我们在教育的路上会遭遇形形色色的挫折与讥讽，也会遭遇很多的不理解，但是我们为了把“理想国”引向每个人的内心，让众人的灵魂安居其中，就要勇于为理智生活辩护、为人文教育辩护，尽管明知会遭到冷遇，还是要勇于担当，因为理智生活者必须勇于担当！

张康桥校长在本书的《后记》中说：“这本书写得非常艰难，而且是越写越难。”教育何尝不是如此呢？我想起很久以前读过的一首简单短小的诗《憧憬》：在我的心底\浮着小小的船\我坐着这艘小船\要到海中去\我一定到得到\我绝不放弃。

（姜媛媛）

读出一片新天地

近日阅读《语文教学通讯》，几篇关于语文阅读教学的文章吸引了我的注意，不仅是因为我也曾经就提升学生阅读能力进行过一些尝试，更因为在这些尝试中我也存在着纠结与困惑。

一、专业阅读让课堂教学更精彩

朱冬民老师的《专业阅读让课堂教学更精彩》一文从一线教师如何提升专业素养、教学能力的角度出发，谈到了专业阅读对课堂教学的重要性。他谈到的阅读文学原著，激活教师的教学思维和阅读互文性文本，深化教学文本解读等理论，既有对传统文学名著阅读方法的礼赞，又有自己独立思考并付诸实践的探索与尝试。特别是关于阅读作家资料，生成新的教学生长点这一观点所补充的事例——朱自清先生的散文《背影》。这篇初中学段课本中的名篇，虽然我也曾经讲过很多次，但仍然给予了我收获和启发。

文中提到文本其实并不完全是八年前“背影”故事的简单记录；两个时期作者的情感也不完全相同：写作《背影》时作者的情感是忏悔和歉疚，而“背影”故事发生时作者的情感是感伤和感动。不尽相同的情感会激发读者的思考和想象：八年间朱自清的家庭到底发生了哪些事，并导致了父子间情感的隔膜？经过指导学生课外阅读《朱自清传》等有关作者生平的资料，了解这八年间朱自清和父亲间发生的故事，由此，我们知道了八年间因经济等原因父子间有着较深的隔膜，是父亲来信中的一句话，唤醒了朱自清那被人生琐事遮蔽的人间真爱，激活了他沉睡胸中长达八年之久的“忏悔”之情。“子欲养而亲不待”，虽然写作《背影》时，父亲还生活在老家，但已离“大去之期不远矣”！朱自清读家书时的“悔”，勾起了多少读者心中对自己父母的悔恨之情，让多少读者得到了情感上的共鸣和灵魂上的洗礼。

从接受美学角度看，《背影》的魅力就在于读者阅读时的这种普遍的审美认同。读者在潜意识里认同了这种“悔”，并从作者身上看见了自己，照见自己日常生活中对父母亲的种种不敬和不孝。这正是读者读《背影》时为之动容，跟作者一同泪流满面的原因。这也印证了孟子在《孟子·万章下》：“颂其诗，读其书，不知其人，可乎？是以论其世也，是尚友也。”中的观点。孟子认为，文学作品和作家本人的生活思想以及时代背景有着极为密切的关系，因而只有知其人、论其世，即了解作者的生活思想和写作的时代背景，才能客观地正确地理解和把握文学作品的思想内容。

二、整本书阅读教学需要处理好四对关系

北京教育学院吴欣歆老师的《整本书阅读教学需要处理好四对关系》一文谈到了目前阅读教学的一些现状，如整本书阅读虽经受到普遍重视，很多学校开始了整本书阅读的教学探索，出现了相对集中的现象：教师要求学生每天提交“摘抄笔记”，学生摘抄的时间比阅读的时间还长；教师习惯于检测学生是否“记住”了书中的基本事实，导致学生为完成任务而阅读，根本没有个性化的阅读体验；教师选择整本书中的一个章节精讲精练，希望用一节语文课代替通读全书的整个过程；学校着力于帮助教师上好“展示课”，却忽视了引领学生“读好书”。在学校里，大量的时间被用于阅读指导，而不是学生实际的阅读；回到家中，大量的时间被用于应付阅读任务，而不是陶醉于自己喜欢的阅读内容。文中提及的一些现象，其实就是我曾经做过的，甚至现在正在实施的教学方法。而它背后出现的弊端，也引起了我的反思。

或许很多老师会和我一样，关注对学生阅读兴趣的培养，探索出各种培养策略，但忽视了学生阅读习惯的养成。兴趣，说到底是一种喜好的情绪，是人们做事时瞬间产生的心理状态。从这个角度来看，单纯凭借阅读兴趣引领阅读行为并不可靠。偶尔发生的兴趣像火柴擦燃发出的光，会很快熄灭。习惯才是稳定的光源，逐渐养成，不易改变。养成了阅读习惯，阅读就成为心理程序，成为固有的动作记忆，像呼吸、吃饭、睡觉一样自然。当学生养成了阅读习惯，在固定的时间自然进入阅读状态，自然和阅读同一本书的伙伴讨论交流，那么，在阅读收获的鼓励下，兴趣会更加稳定、长久。

文中谈到了阅读兴趣和阅读习惯的关系、自主阅读和教师指导的关系、整体梳理和局部精读的关系和共同知识和个人体验的关系，虽然所举事例是高中的阶段

的阅读篇目，但是文学没有边界，关于书籍的阅读感受也是相通的，特别曹文轩关于《老人与海》的个人体验更是引起了我的共鸣——我们一般认为《老人与海》中的大海是桑地亚哥活动的环境，是单纯的空间概念，但曹文轩先生有自己的解读："桑提亚哥老人眼下的浩瀚无涯的大海，始终是他的一个对手——这个对手存心给他制造困境，但并无恶意，它只是想通过自己的力量、自己的宏大，甚至是自己的狂暴，来激活老人的意志，帮助老人向世界证实他是一颗永远不会凋零的生命。"因此，厘清了这四对关系，我们教师就不会一味抱怨学生没有阅读兴趣，就不会用简单地监控学生的阅读行为，就不会理直气壮地干扰学生的阅读过程，就不会只关注阅读过程中的事实记忆。

我们可以为学生设计一张阅读计划表，让学生自主调控阅读的进度；我们可以设计一组言语实践活动，分阶段分层次地帮助学生完成阅读过程；我们可以组织一次面对面的课堂教学，一起解决阅读过程中的障碍和困难；我们会乐于停下来，听听不同学生发出的不同声音。特别需要强调的是，整本书阅读并不是语文课程的主要教学组织形态，但又确实是不可或缺的辅助形态，学生的阅读主要在课下完成，教师指导大多隐藏在活动设计中，师生可以借助网络平台、凭借多种媒体交流，最终使整本书阅读成为学生稳定的生活状态。如此，才能避免增加语文课程的负担，确保整本书阅读的可持续发展。

三、引领学生走入小说阅读的真境

姜丹老师的《引领学生走入小说阅读的真境》一文则聚焦小说阅读，只有充分发挥教师的引领作用，学生才能够做到深层次的阅读。从教学实践看，学生从"知"到"识"到"悟"既是学习的三个阶段，也是学习的三个不同层次和境界，这期间教师的引领作用必不可少。

文中首先谈到"披文入情，体验文本"。语文教学中"披文入情"是很重要的一种手段。优秀的作家在文学创作中总是浸润了专属个人的情怀，文本细读其实是读者与作者灵魂与灵魂的碰撞，情感与情感的互动，引导读者以自己的心灵为触角去探索另一个或为熟悉或为陌生的心灵世界。整体感知阅读是学生阅读小说的起点，也是许多教师引导学生了解文本的第一环节。在这一环节中，教师会采取各种办法引导学生，如：朗读、浏览、概括、复述、编写故事提纲等。方法本身无好坏之分，关键是看能否引导学生披文入情，真正走进文本，走进作者的生活。这个观点也和之前吴欣歆老师在《整本书阅读教学需要处理好四对关系》中提到的重视学生整本提要的重要性不谋而合。

文本的价值，是由读者在阅读鉴赏过程中得以实现的。学生阅读的过程，其实就是发现和建构作品意义的过程。教师应该鼓励学生用自己的情感、经验、眼光、角度去体验作品，对作品做出有个性的反应，对作品中自己特别喜爱的部分做出富有想象力的反应，这样的阅读才能入境入情。学生的理解、感悟应从自身的参与、体验中来，而不是从空洞的分析、说教中来。

另外关于“于无疑处质疑”这一观点所举的课例，也给了我很大的启发。在《林教头风雪山神庙》一课的阅读中，作者引导学生了解了林冲发展变化的思想个性以及文中“风雪”描写的作用之后，提出了这样一个问题：如果让你通过课文的交代，描绘一下林冲的外在形象，你印象最深的是什么？长相、身材，还是穿戴？学生开始思考，有的翻书细看，最后大家一致认为是穿戴写得比较具体。又问：在穿戴中作者多次强调的东西是什么？学生明确：花枪、尖刀和酒葫芦。又问：这三样东西是怎样来的？作者多次写它们的用意何在？学生的思维开始活跃，踊跃发言，认识到酒葫芦与林冲的囚徒生活以及安于现状的思想有关，刀枪则与林冲的复仇心理及反抗思想有关，并最终认识到小说构思中某些细节描写与表现人物思想性格的关系。

教师在指导学生阅读小说时，要从多读细读开始，只有多读，用心读，才能发现疑问。课堂上教师要用自己的提问来激活学生的疑问，用自己的提问来深化学生对文本的理解。对同一文本，教师和学生的理解不可能重叠，两种理解之间有深浅、高下的区别，这时教师就要想一想应该通过怎样的问题搭建桥梁，把学生的理解逐步提升到自己理解的高度，从而引导学生从文本表面走向文本深处。

（融　蓉）

师生共读,同生共长

一、买书如山倒,读书如抽丝

不大的书架上摆了近百本书,都是上班后买的,前些年买的书,很多,杂七杂八,畅销书、散文、小说,古今中外,但真正认真的从头到尾读完的,却寥寥无几,有些甚至封皮都没有撕。最近两年的书大部分是语文专业书籍和班主任工作方面相关的,几本而已。虽然少,却每一本都从头到尾细细读过,有笔记、有折角、有画线、甚至旁批。这几本皱皱巴巴,倒像是“古董”了。想起以前自己对新书甚是小心,满怀敬畏,生怕弄污了皱了破了,虽然在书架上摆了好多年,但绝对九九新。仔细想想,以前对书的敬畏感绝对源于自身的浅薄,我们应该敬畏的是知识,绝对不是书本;以前对书的敬畏感,更是源于自身的懒惰,明明过得很懒散,却总以为自己辛苦勤奋,结果大脑荒芜,一事无成。

二、读了多少书,文字会说话

自从知晓了人生不该虚度,就不再懒懒散散,不再徘徊犹豫。工作之余,一点点地读,一点点地写,一年坚持下来,也翻看了不少本。肖培东、于漪、陈日亮、黄厚江等也成了我“最熟悉的陌生人”,他们的教育思想渐渐深入我的脑海,走入我的课堂,这些阅读给我的语文课带来了很多精彩,更给我的教育教学带来了很多启示。

熊培云说,只要每天能够写点儿东西,我就觉得对得起这一天的粮食和蔬菜了,每次偷懒都会想到这句话,想想吃进肚子里的鸡鸭鱼肉,不觉又拿起了书。感恩读过的书,写过的字,那里都有自己的影子。

三、师生共读，同生共长

著名教育家苏霍姆林斯基，始终相信阅读是充满力量的。他用大量的事实证明："少年的自我教育是从读一本好书开始的，学生的智力发展取决于良好的阅读能力。一个真正的人，应当在他的灵魂深处有一个精神的宝藏，这就是他通宵达旦读过的一二百本好书。如果少年时没有品尝过阅读激动人心的快乐，没有自己心爱的书和喜爱的作家，其全面发展是不可想象的。"

部编版新教材的主编，北京大学中文系的温儒敏教授，尤其重视阅读。简单回顾一下温儒敏教授的阅读主张："海量阅读是培养学生阅读兴趣的重要手段和方法，甚至可以鼓励'连滚带爬'地读。学校是家庭的延续，语文老师要首先养成读书的良性生活方式，成为读书种子，这样你的学生才有可能喜爱阅读。"

在这样的阅读主张的指导下，部编版新教材特别重视阅读，教材编排上，各单元以课文为主，再加上两个单元的课外古诗词诵读和两本书的名著导读，共同构建一个从"教读课文"，到"自读课文"再到"课外阅读"的三位一体的阅读体系，更好的贯彻了《新课标》提出的"多读书，读好书，好读书，读整本书"这样的倡议，并达到课标提出的义务教育阶段学生课外阅读总量不少于400万字的要求。

鉴于我校近几年生源质量的大幅提升和新教材及课标的要求，每一学期，结合教材内容，从假期开始，就制定好本学期的阅读书目，和学生共同阅读，提高学生的阅读兴趣和能力，以达到提高语文素养和人文素养的目的。

本学期阅读推荐书目如下：

1. 木心诗集《云雀叫了一整天》

"赶走米老鼠/谨防文化鼠疫/迪斯尼乐园/都是长不大的孩子"

"记得早先少年时/大家诚诚恳恳/说一句，是一句

从前的日色变得慢/车，马，邮件都慢/一生只够爱一个人

从前的锁也好看/钥匙精美有样子/你锁了，人家就懂了"

木心的诗通俗易懂，木心的一生漂泊坎坷，充满苦难，但他的灵魂却是独特可爱、鲜活有趣。他说过，自己体内有三个人，作家和画家合伙谋杀了音乐家。他对学生们说："文学是可爱的，生活是好玩的，艺术是要有所牺牲的。"他，真正将生活过成了一首诗。

九年级下册第一单元是现代诗，结合教材，推荐木心的诗集，让学生浏览这些

诗歌，感受现代诗的魅力。

2.小说《契诃夫短篇小说选》《呐喊》

教材第二单元精选了契诃夫的《变色龙》和鲁迅先生的《孔乙己》，本着由“一篇文章延伸到一本书，由课内教材延伸到课外阅读”的原则，在学习了这两篇课文后，和学生共同阅读契诃夫和鲁迅先生的小说，感受不同作家的艺术风格，非常有必要。

3.梁衡《把栏杆拍遍》

梁衡的散文中有名人，有生命，有人生，有自然，读过之后，能感受到伟人的精神品质，能感悟生命的真谛，能领略祖国的大好河山，契合教材第四单元的哲理散文。

4.剧本《茶馆》

教材第五单元是戏剧单元，所以推荐经典话剧——老舍的《茶馆》

5.《儒林外史》《简·爱》

如果说以上书是为略读、浏览的话，那么这两本书就需要精读了。这是教材明确要求的名著阅读的篇目。《儒林外史》是清代吴敬梓创作的长篇讽刺小说，全书五十六回，学生每周分章节读完后，要独立撰写读书笔记，每两周有阅读分享。学生以小组为单位，梳理故事情节，分析人物形象，理清人物间的关系，提炼出每个人物的性格特点，找出作者塑造人物形象时运用的方法等，这样的精读，虽说也为考试准备，但最重要的是培养学生感悟经典的能力。《简·爱》也是同样。

就这样每个学期读几本书，精读的两本花的时间稍长，其他可以略读跳读，旨在提升学生的课外阅读量，从而提升学生的语文素养，继而辅助课内的阅读教学。

作为语文老师，让学生爱上阅读是我们的责任，为学生选好书目，带领学生读好书，在升学应试的紧张焦虑中寻求一丝阅读的乐趣，形成能够终生保有的阅读习惯，是我们的追求和理想。让我们和学生好书共读，同生共长。

（于　珍）

参考文献

[1]中华人民共和国教育部. 义务教育语文课程标准(2011 年版)[S]. 北京:北京师范大学出版社,2012.

[2]〔美〕戴卫·赫尔曼. 新叙事学[M]. 马海良译. 北京:北京大学出版社,2002(5).

[3]高语罕. 国文作法[M]. 北京:北京教育出版社,2014(3).

[4]〔美〕杰拉德·普林斯. 叙事学:叙事的形式与功能[M]. 徐强译. 北京:中国人民大学出版社,2015.

[5]姜建邦. 国文趣味[M]. 北京:当代中国出版社,2016(6).

[6]刘半农等. 怎样教作文[M]. 北京:北京教育出版社,2014(3).

[7]梁启超. 作文法[M]. 北京:北京教育出版社,2014(3).

[8]〔荷〕米克·巴尔. 叙述学:叙事理伦导论[M]. 谭君强译. 北京:北京师范大学出版社,2015.

[9]马浩岚编译. 美国语文[M]. 北京:中国妇女出版社,2009.

[10]潘新和. 不写作,枉为人[M]. 福建:福建教育出版社,2015(12).

[11]谭正璧. 文章体例[M],北京:北京教育出版社,2014.

[12]〔美〕W. C. 布斯. 小说修辞学[M]. 华明,胡苏晓译. 北京:北京大学出版社,1989.

[13]王纪人. 文艺学与语文教育[M]. 上海:上海教育出版社,2001.

[14]夏丏尊. 文章讲话[M]. 北京:北京教育出版社,2014.

[15]夏丏尊,刘熏宇. 文章作法[M]. 北京:中华书局,2016.

[16]叶圣陶,夏丏尊. 叶圣陶教你写作文[M]. 北京:新世界出版社,2016.

[17]叶圣陶. 叶圣陶教育文集(第三卷)[M]. 北京:人民教育出版社,1994.

[18]袁振国. 当代教与学[M]. 北京:教育科学出版社,2004.

[19]朱光潜. 谈写作[M]. 北京:北京教育出版社,2014.

[20]〔美〕莫提默·J. 艾德勒,查尔斯·范多伦. 如何阅读一本书[M]. 郝明义,朱衣译. 北京:商务图书馆,2012.

[21]李吉林,田本娜,张定璋. 李吉林情境教学——情境教育[M]. 山东:山东教育出版社,2001.

[22]严永金等. 名师最激发潜能的课堂提问艺术[M]. 重庆:西南师范大学出版社.

[23]李敏娇,汪颖. 走入"深度融合",注重课堂教学有效性. 徐福荫、黄慕雄. 教育技术协同创新与多元发展[M]. 北京:北京邮电大学出版社,2013.

[24]王荣生. 写作教学教什么[M]. 上海:华东师范大学出版社,2014.

[25]叶圣陶,朱自清. 略读指导举隅[M]. 北京:中华书局,2013.

[26]中央教育科学研究所. 叶圣陶语文教育论集[M]. 北京:教育科学出版社,1980.

[27]何克抗. 新课改·新课堂·新跨越,徐福荫,黄慕雄. 教育技术协同创新与多元发展[M]. 北京:北京邮电大学出版社,2013.

[28]〔美〕格兰特·威金斯,杰伊·麦克泰格. 追求理解的教学设计[M]. 严寒冰,宋雪莲,赖平译. 上海:华东师范大学出版社,2016.

[29]何克抗. 论教育信息化发展新阶段[M]. 北京:北京师范大学出版社,2016.

[30]倪文锦,谢锡金. 新编语文课程与教学论[M]. 上海:华东师范大学出版社,2014.

[31]顾小清. 终身学习视野下的微型移动学习资源建设[M]. 上海:华东师范大学出版社,2011.

[32]吴军其,李智. 移动微学习的理论与实践[M]. 北京:北京大学出版社,2015.

[33]左任侠,李其维. 皮亚杰发生认识论文选[M]上海:华东师范大学出版社,1981.

[34]王振宇. 儿童心理发展理论[M]上海:华东师范大学出版社,2016 (5).

[35]叶圣陶. 文章例话——叶圣陶的二十七堂作文课[M]. 沈阳:辽宁教育出

版社,2005.

[36]徐明聪.陶行知生活教育理论当代价值高端论坛论文集[C].南京:安徽教育科学研究院,2012.

[37]王竹立.最终改变课堂的或许是手机——关于学生自带设备进课堂的讨论[J].中国信息技术教育,2015(20).

[38]陈伟超.国内移动学习研究现状及发展建议[J].中国电力教育,2009(4).

[39]温儒敏,赵晓兰.读经典就是思想爬坡[J].环球人物,2015(7).

[40]严慧仁,李静.论文学叙事的起源和基础[J].创作评谭.2006(3).

[41]崔立红.信息技术与语文教学融合的研究[D],天津师范大学,2018.

[42]人民教育出版社课程教材研究所中学语文课程教材研发中心.义务教育教科书教师教学用书.语文八年级.上册.北京:人民教育出版社,2017.

[43]中华人民共和国教育部.义务教育教科书七年级上册.北京:人民教育出版社,2017.

[44]中华人民共和国教育部.义务教育教科书九年级上册.北京:人民教育出版社,2018.